2020年江苏省双创计划-双创博士资

U0608951

汉日指示词体系化对比研究

陈海涛／著

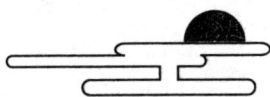

吉林大学出版社

·长春·

图书在版编目（CIP）数据

汉日指示词体系化对比研究 / 陈海涛著. —长春：
吉林大学出版社，2021.9
ISBN 978-7-5692-8797-4

Ⅰ.①汉… Ⅱ.①陈… Ⅲ.①汉语—词语—对比研究
—日语 Ⅳ.①H13②H363

中国版本图书馆 CIP 数据核字(2021)第 182381 号

书　　名：汉日指示词体系化对比研究
　　　　　HAN-RI ZHISHICI TIXIHUA DUIBI YANJIU
作　　者：陈海涛 著
策划编辑：杨占星
责任编辑：刘子贵
责任校对：杨　平
装帧设计：王付青
出版发行：吉林大学出版社
社　　址：长春市人民大街4059号
邮　　编：130021
发行电话：0431—89580028/29/21
网　　址：http://www.jlup.com.cn
电子邮箱：jdcbs@jlu.edu.cn
印　　刷：长春市中海彩印厂
开　　本：787mm×1092mm　1/16
印　　张：21.5
字　　数：300千字
版　　次：2022年5月　第1版
印　　次：2022年5月　第1次
书　　号：ISBN 978-7-5692-8797-4
定　　价：60.00元

前書き

　本書では、日中両語における文脈指示詞に関する体系的研究である。

　世界中の言語は、どの言語も指示詞を必ず持っている。中国語の指示詞においても、近称"这"と遠称"那"という2系列の体系を持っている。一方、日本語の場合はもっと複雑で、近称コ・中称ソ・遠称アという3系列を持っている。日中両語の指示詞は一対一の対応関係ではなく、複雑な対応関係を見せている。日本語における「コ・ソ・ア」指示詞と、中国語における"这""那"指示詞の使い分けにおいて、ずれがあり、それぞれの機能も異なっている。それは両言語における指示詞の体系が異なっているからである。

　今までの対照研究は、お互いに鏡として、両言語の相違点を生み出すということである。例えば、中国語の指示詞を基本にして、日本語にない用法を生み出すか、または、逆に日本語の指示詞を中心に、中国語にない用法を生み出すかという先行研究が多いという現状である。また、指示詞の使用法を究明するには、話し手が指示対象に対する知識の状態（黒田1979、田窪・金水1996、堤2012など）という二次的な用法を追求すると、確実に彼らの説には説明できない例文がある。やはり、指示詞の使い分けに関する先行研究において、指示詞の使用法を解釈するのは不十分であると考えられる。今まで、日中両言語における指示詞に関する研究は部分的なもので、全般的、体系的な研究は管見の限りない。よっ

て、指示詞の使用法の研究において、より抜本的な研究方法の提案が望まれる。

　中国語においても、日本語においても、指示詞は無意識のうちに使用される。言語使用の裏には、発話者の心的メカニズムが潜んでいると考えられる。言語における発話者の心的メカニズムは、言語の使用ルールと直接的に関連している。したがって、日中両語における指示詞の機能や、使用法における相違の根本的な要因は、それぞれ発話者が持っている認知モード（心的メカニズム）が異なっているということである。つまり、指示詞の使用法の根本的な決め手は、言語使用ルールの裏における話し手の心的メカニズムであると考えられる。

　本書では、日中両語の文脈指示詞を研究対象として取り上げる。認知言語学というアプローチを用い、日中両言語における文脈指示詞に焦点をあてて、両言語における指示詞の認知体系を究明した。つまり、発話者が指示詞を使用する際、どのような認知モデルをもち、指示詞を使い分けているのかという言語の裏にある心的モニター構造を明らかにした。また、話し手が指示詞を使用する際、どのような影響要素が働くかも究明した。

陳海涛

2021年6月

目　次

序　章

1．本研究に至った経緯

　世界中の言語は、どの言語も指示詞を必ず持っている。吉田
（1981:931）では、近接学理論に基づき、「479の言語から47の指示詞
の類型をえた。場所の副詞の類型を加えれば66の類型がみられる」と指
摘している。その中で、2系列型がもっとも普通の類型であると指摘し
ている。例えば、中国語、英語などは典型的な2系列型である。2系列
型の次に多いのは3分型である。例えば、日本語、韓国語などが挙げら
れる。また、中国語の場合、方言において3系列型もよく見られる。後
は4系列型もある。例えば、シンハラ語やタガログ語などは4系列型で
ある。

　本書では、指示類型の内で、出現率が高い2系列型と3系列型を研究対
象として取り上げるが、具体的には、それぞれ中国語指示詞と日本語指
示詞を研究対象として取り上げる。

　中国語の指示詞において、近称"这"と遠称"那"という2系列の体
系を持っている。一方、日本語の場合はもっと複雑で、近称コ・中称
ソ・遠称アという3系列（距離区分説）を持っている。日中両語の指示
詞は一対一の対応関係ではなく、複雑な対応関係を見せている。日本語
における「コ・ソ・ア」指示詞と中国語における"这""那"指示詞の
使い分けにおいて、ずれがあり、それぞれの機能も異なっている。それ
は両語における指示詞の体系が異なっているからである。

　文脈指示詞の使用法を究明するには、話し手が指示対象に関する知識
の在り方（黒田1979、田窪・金水1996、堤2012など）という二次的な用

法を追求すると、確実に彼らの説は説明できない例文がある。よって、指示詞の使用法の研究において、より抜本的な研究方法の提案が望まれる。つまり、指示詞の使用法の根本的な決め手は言語使用ルールの裏における話し手の心的メカニズムということであると考えられている。

　中国語においても、日本語においても、指示詞は無意識のうちに、使用される。言語の応用の決め手は発話者である。そして、言語使用の裏において、発話者の心的メカニズムが潜んでいると考えられる。言語における発話者の心的メカニズムは言語の使用ルールと精密に関連している。したがって、日中両語における指示詞の機能や使用法における相違の根本的な要因はそれぞれ発話者が持っている認知モード（心的メカニズム）が異なっているということである。

　以上の経緯から、指示詞の使い分けにおいて、その根本的な要因を究明するために、それぞれ発話者が持っている認知モデルを明らかにする必要があると考えられる。

2.　研究の課題

　Diessel（1999:6）によると、ほとんどの言語において、指示詞の実際の使用法は下記の図のように分類できる。

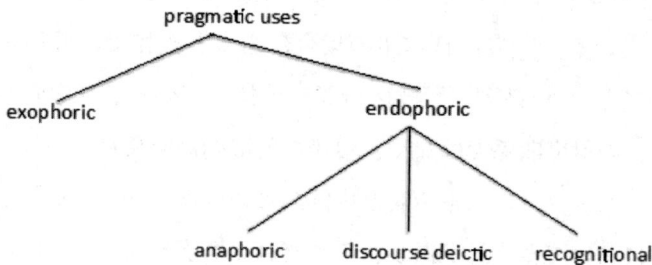

図1　The pragmatic uses of demonstratives

つまり、Diessel（1999:6）では、指示詞の使用法は現場指示（exophoric）と文脈指示（endophoric）に大きく分けている。また、文脈指示（endophoric）は前方照応（anaphoric）、談話内ダイクシス（discourse deictic）や観念指示（recognitional）と下位分類している。

I contend that the exophoric use represents the basic use from which all other uses derive.

（訳文：現場指示用法は指示詞の基本的な用法であり、他の用法はすべてこの用法からの拡張であると考える。）

Diessel（1999:7）（訳文は陳）

また、Diesselの説に従うと、指示詞の使用法において、現場指示が一番基本的な用法であり、一般的であるということである。中国語の場合では、現場指示が本質的な使用法で、現場指示から文脈指示へと拡張してきたと考えられる。詳しい内容は後述する。

しかし、日本語の場合、現場指示の使用法が指示詞の基本的な用法であるかどうか、まだ統一した見解がない。例えば、金水（1999：67）では、「ア系列およびコ系列では直示・非直示用法にわたってこの直示の本質が認められるのに対して、ソ系列はそうではないことを示す」と指摘している。また、堤（2012:6）では、「文脈指示用法のモデルを構築し、そのモデルを現場指示用法に拡張する方向」で議論を進めている。つまり、堤の説において、現場指示と文脈指示が関連しているという前提で、指示詞の使用法を論じている。

中国語の現場指示において、話し手は“这”が「近い」と“那”が「遠い」と認識している。日本語の現場指示において、話し手はコ系「近い」、ソ系「遠い」、ア系は「近くない」と認識していると考えられる。日中両語における指示詞の使用において、話し手が指示対象に対

して、「遠近」という認識が潜んでいると考えられる。そして、現場指示用法における「遠近」に対する距離上の認識がどのように文脈指示へと拡張してきたかを明らかにしたい。つまり、現場指示用法における「遠近」のメタファー化した用法を究明するのが本書の一つの目的である。また、日中両語における指示詞の使用法において、それぞれ、「遠近」に関する認識の幅に差があると考えられる。

発話者は指示詞の使用において、数多く要素を考慮している。また、要素において、出現順位により、表現するニュアンスにも相違がある。指示詞の使用法の根本的な原因を掘り起こすために、その要素を明らかにする必要があると考える。

本書は、日中両語における文脈指示詞に関する体系的研究である。したがって、以上の説を踏まえ、以下の三つの問題点を研究課題として、究明したい。

i. 現場指示における指示詞の基本的認識「近・遠」[①]は文脈指示用法でどのように拡張してきたか。

ii. 指示詞の使い分けにおいて、根本的な要因は何か。

iii. 日中両言語の指示詞の使用において、それぞれの認知モデルは何か。

3. 例文の出典

本書では、日中両語における指示詞の使用法を分析するために、多数の例文を収集する必要がある。したがって、本書では、先行研究における例文とそれを変形した例文を使用しているほか、『中日対訳コーパス』や『媒介コーパス』などを利用し、例文を収集する。

---

① その中で、ソ系指示詞は「遠い」という要因を基にして、文脈指示で話し手が指示対象に対してどういうふうに心内領域で認識しているかを究明したい。

　そのうち、『北京日本学研究センター日中対訳コーパス』とは北京日本学研究センターにより、開発され、制作されたコーパスである。中国語における文学作品は23編、日本語における文学作品は22編を収録している。全て、訳文が付いている。

　『媒介言語コーパス』とは、2008年から2013年まで収録された中国語における放送番組やテレビ番組が文字化されたものである。文字数の合計は200,071,896である。本書では、媒介言語コーパスに関する中国語に対応する日本語の翻訳は筆者によるものである。本書での全ての訳文は日本語母語話者に修正してもらったものである。

　以上のコーパスを利用する以外に、王海鴒《新結婚時代》と夏名漱石「こころ」も資料し、例文を収集している。そのうち、王海鴒《新結婚時代》の訳文は陳建遠・加納安實によるものである。

4.　本書の構成

　本書の構成は八つの章からなっている。

　序章では、本研究に至った経緯、研究課題、例文の出典や本書の構成からなっている。

　第一章では、両語の指示詞の使い分けに関する代表的な先行研究を概観した上で、先行研究における問題点を提示する。さらに、本書の位置づけについて述べている。

　第二章では、研究目的、具体的な研究方法や指示詞の概要（定義、構成体系など）について述べる。

　第三章では、指示詞の全般的なこと、すなわち、指示詞の分類、指示対象、指示詞の機能について考察する。

　第四章と第五章では、日本語の文脈指示詞における「コ・ソ・ア」や中国語の文脈指示詞における"这""那"の使用法に関する分析を行う。

　第六章では、指示詞の使用法を掘り起こすため、その周辺的な用法を考察する必要があると考えられる。よって、両言語における指示詞使用法から拡張した用法、即ち、指示詞系のフィラーについて考察する。また、フィラーの定義、分類をした上に、日本語における先行研究を参考にし、中国語におけるフィラーの使用法を究明する。さらに、両語における指示詞系のフィラーにおける対照研究を行う。

　第七章では、日中指示詞の使用法におけるそれぞれのモデルを構築する。指示詞の基本的な用法から、各用法への拡張方法を究明し、日中の共通の認識モデルを掘り起こし、指示詞上の共通のモデルを立てている。

　第八章では、本書の結論、本書が持つ意義や今後の課題を明示する。

第一章

先行研究と本研究の位置付け

1.0 序

　本章では、日本語の指示詞と中国語の指示詞に関する先行研究において、文脈指示詞の使い分けに関する主な先行研究を概観する。その上で、それぞれの問題点を提示する。文脈指示詞の使い分けは本書と深く関連するので、それに重点を置いてまとめる。また、現場指示詞の使用法から文脈指示詞の使用法までどのように拡張したかを究明するために、現場指示の使用法を詳述する必要があると考える。

　本書と関連あるその他の先行研究に関しては必要に応じて各章で言及する。

1.1 日本語における指示詞の先行研究と問題点

　近年、日本語における指示詞に関する研究が盛んに行われている。特に、意味論、統語論、歴史的研究、対照研究や第二言語習得など多数な分野で盛んに行われている。日本語における指示詞の使用法において、コ系指示詞に関する説明は大体一致している。ア系文脈指示詞の使用について「聞き手」の知識を含むかどうかには見解がまだ一致していない。小川（2008:62）では、「ソ系については、その意味・機能の規定に「聞き手」を含めるかどうかで未だ見解が一致していないと言える」と指摘している。

1.1.1 佐久間（1936・1951）と人称区分説

　日本語の指示詞について、佐久間（1951）は従来代名詞として捉えていた指示詞を「こ・そ・あ・ど」と名付けて、本質的な研究を行っている。それ以来、指示詞の研究は重視されて、様々な分野で研究が行われている。

　また、佐久間の重要な指摘は、今まで指示詞の使い分けに関するコ・ソ・ア系列はそれぞれ「近称・中称・遠称」と捉えられているという主流な「距離区分説」に関して批判を加え、人称区分説を提言した点である。人称区分説とは指示詞の指す領域を人称と関連させて区分する、すなわち、コを一人称領域、ソを二人称領域、アを三人称領域という概念をつけて指示詞の使用法を説明した。日本語の指示詞に関する本質的な研究は佐久間（1936）からスタートと言っても過言ではない。佐久間の人称区分説は長い間、指示詞の研究に大きな影響を及ぼしてきた。下記では、その著書の一節を紹介する。

　　　倫理的な概念をはなれて「直接に指示する」という動作を考えると、「これ」・「それ」・「あれ」とゆびさすのが本来のもので、それに伴って来る語こそ、他の語——物の名などよりも直接に対象を指示するというべきで、「代名詞」の方がむしろ直接に事物を指示する職能をもつものといわなくてはなりません。
　　つまり、代名詞は直接に事物を指す機能を持っておらず、「これ」・「それ」・「あれ」とゆびさすのは密着な関係で、かえって、事物を直接に指す機能を持っている。

佐久間（1951:4）

　しかし、ソ系指示詞は必ずしも聞き手の領域を指し示すとは言えない。高橋（1956）[①]、服部（1968）、阪田（1971）により、反論が提示されている。

1.1.2　三上（1970）

　コレ・ソレ・アレはtripletではなくて、double binaryである。

　コレ対ソレ

　コレ（ソレを吸収）対アレ

三上（1970：35）

　三上（1970：35）は、佐久間の提言したコ・ソ・アの三項対立に対して、反論を提示し、話し手と聞き手が視点を対立する「コレ対ソレ」と話し手と聞き手が視点を共有する「コレ（ソレを吸収）対アレ」という二項対立であると提言している。それに関する傍証は、「アチラコチラ」「ソココ」などのアとコ、コとソという組み合わせはあるが、アとソという組み合わせはないということである。

　また、完全に二項対立的立場をとる研究は三上（1970）、久野（1973）、庵（1997）などで取り上げられている。三項並立的立場をとる研究は佐久間（1936、1951）、堀口（1978）などに見られる。

　金水・田窪（1992：166）で、「そここ」「そうこうする」という慣用句の存在を指摘し、三上に対する反例を取り上げている。よって、「コ/ア」と「コ/ソ」の二項対立という提言に問題点がある。三つの指示詞を並列に使用できる例文もある。

　佐久間（1936、1951）と三上（1970）はいずれも現場指示詞に関する研究であるが、文脈指示詞に関する研究は定まらないところが数多く残っている。

1.1.3　阪田（1971）

　阪田（1971）では、文脈指示詞は会話と文章という下位分類をしている。

　「会話」では、話し手の発言内容は自分の領域の内としてコ系で、相手の発言内容は自分の領域外としてソ系で指示する。

　「文章」では、先行の叙述内容を主体的に捉えた場合は自分の領域内としてコ系で、客観的に捉えた場合は領域外としてソ系で指示する。

　阪田（1971）では、「対話」に関する解釈では、うまく説明できない例文がある。相手の発言内容であっても、コ系指示詞で指示することもできる。また、「文章」の場合、ただ話し手の主観により指示詞の使い分けをするのではなく、場面により相手（第三者）の領域も考慮しなければならない例文もある。

1.1.4　久野（1973）

　以下、久野の一般化を紹介する。

　　コ系列：その事物が目前にあるかのように生き生きと叙述する時に用いられるようで、依然として眼前指示代名詞的色彩が強いようである。話し手だけがその指示対象をよく知っている場合にしか用いられない。
　　ア系列：その代名詞の実世界における指示対象を、話し手、聞き手ともによく知っている場合にのみ用いられる。
　　ソ系列：話し手自身は指示対象をよく知っているが、聞き手が指示対象をよく知っていないだろうと想定した場合、あるいは、話し手自身が指示対象をよく知らない場合に用いられる。

久野（1973:69）

　久野は、話し手・聞き手が「よく知っているかどうか」ということを判断基準として、指示詞の使い分けを分析する。確かに、指示詞の研究に対して、大きな貢献とは言える。

　しかしながら、久野の解釈では、うまく説明できない例が、後に黒田（1979）によって反例として提出されている。

1.1.5　堀口 (1978)

　堀口（1978:84）は、「話し手の対象に対する関わりの気持ちの違いによって、コ・ソ・アが使い分けられる」ということを主張した。具体的な事は下記のように述べている。

　　堀口によると、コは指示の対象とする事柄・事物が自己に関わり強いものであり、ソは自己に関わり弱いものであり、平静なソと呼ばれる。アは自己に関わり強い遥かなものである。ここで、聞き手の知識を排除して、聞き手の知識要素を考えた時、言語法則としてではなく、社交の問題つまり、「社交の問題」という結論を導いた。

　　文脈指示の用法において、観念対象指示の用法の場合と同じく、ア系列の語は、話し手が自己に関わり強い遥かな存在だと捉えている事柄・事物の対象として、強烈に指示するのに用いられる。ただし、その対象が、聞き手にも同様に、自己に関わり強い遥かな存在だと捉えられる場合には、両者に一体感といった満足感が得られるが、そうでない場合には、話し手の一方的ななつかしみを表すことになるから、注意を要する。

堀口（1978:85）

1.1.6　黒田（1979）

　黒田は久野（1973）の提示した「知っている/知っていない」という説に対する反例を示し、「概念的知識/直接的知識」という概念を用いてその反例を解釈することを試みた。

　　　　今日神田で火事があったよ。<u>あの</u>火事のことだから人が何人も死んだと思うよ。

　　　　　　　　　　　　　　　（黒田1979：101）（下線は陳）

　黒田はこの例文は座り悪いと言いながら、分析を行っている。この例では、文の後では「よ」を使っているから、聞き手は火事のことを知らないということは判断できる。久野の理論によると、聞き手が知らないことだったら、「その」を使うべきなのに、実際に「あの」が使用された。「その」を使うと、非文になる。その原因は黒田の説によると、「あの火事のことだから」という言語表現から、「火事」が話し手にとって直接的知識ということが判断できる。話し手の直接的知識に基づいて、「何人も死んだ」という推論をおろしているということが説明されている。黒田は久野の提言した「知っている/知らない」を「概念的知識/直接的知識」という概念をより明確に提出して、その反例を解釈することを試みた。黒田は「独立的用法・照応的用法」に分類し、それに対して、統一的な説明を試みている。

　黒田は指示詞の選択について下記のような基準があると考えている。

　ア系（及びコ系）：直接的知識の対象として指向する。
　ソ系：対象を概念的知識の対象として指向する。

　　　　　　　　　　　　　　　　　　　黒田（1979：102）

　ところで、この意味での直接的知識・体験的知識というものの特
徴は、知識の主体はその対象について、原則上は、無限の知識を持っ
ているということである。言換えれば、我々がある対象を直接的に
知っていれば、我々は、原則上は、それについて不特定に多様な概
念的把握への可能性に開かれている。これに対して、ある対象につ
いての我々の知識が単に概念的であれば、我々の知識はその概念に
限定されている。

黒田（1979:98）

　黒田は指示詞の使い分けの基準は話し手にとって概念的知識である
か、または直接的知識であるかによって決まると考え、聞き手の知識は
無関係であるとした。

1.1.7　田窪・金水（1996b）

　指示詞における先行研究の中で、もっとも重要なのは、金水・田窪に
提示された談話管理理論というものである。これは、黒田が提示した
「概念的知識」「直接的知識」という概念に基づいて、発展させた「複
数の心の領域」を設定したものである。また、聞き手の知識という概念
を排除し、「聞き手の知識を想定しないモデル」を主張している。金水・
田窪（1990）をはじめ、談話管理理論という理論の枠組みの中で、指示
詞を捉えたことは評価できるし、また、指示詞の研究史の中で、その影
響は強い。

　金水・田窪は、話し手の心的領域を二つに分けて、それぞれに格納す
る領域をD-領域[1]とI-領域[2]と名付けている。

---

[1]　金水・田窪（1996b）によると、D-領域とは「直示的な指示に関わる直接経験領域」と
　いうことである。

[2]　金水・田窪（1996b）によると、I-領域とは「記述的指示に関わる間接経験領域」と
　いうことである。

D–領域（長期記憶とリンクされる）：ア系

長期記憶内の、すでに検証され、同化された直接経験情報、過去のエピソード情報と対話の現場の情報とリンクされた要素が格納される。

直示的指示が可能である。

I–領域（一時的作業領域とリンクされる）：ソ系

まだ検証されていない情報（推論、伝聞などで間接的に得られた情報、仮定などで仮想的に設定される情報）とリンクされる。

記述などにより間接的に指示される。

金水・田窪（1996b:263）

　田窪・金水（1996b）はコ/アとソが、その対象の指し方に関する対立であるが、実際の適用において、その差がそれほど明確ではない。

1.1.8　東郷（2000）

　東郷（2000）は談話モデル理論を提言して、談話モデルには導入される指示対象が登録され探索される領域として、「共有知識領域」「発話状況領域」「言語文脈領域」の三つあると指摘している。

　　共有知識領域は、世界についての一般的知識を格納する「百科事典的知識」と、個人的体験についての知識を格納する「エピソード記憶」からなる。「エピソード記憶」には、話し手だけが持ち、聞き手が共有しない知識も含まれる。

　　言語文脈領域だけが、談話の開始時点でその値がゼロである。この領域には、談話の進行に従って、話題に出た指示対象と、それに関する情報が登録される。

　　発話状況領域は、話し手と聞き手を含む発話の現場と、その場に存
在するものについての心的表象である。

東郷（2000:2）

　東郷の「共有知識領域」は本書の記憶指示に相当する。「言語文脈領
域」はいわゆる文脈指示で、「発話状況領域」とは「現場指示」と相当
である。

　　談話モデルを構成するそれぞれの領域を指す指示詞は次のよう
になる。
（ⅰ）共有知識領域：ア
（ⅱ）言語文脈領域：ソ 、コ
（ⅲ）発話状況領域：コ、ソ、ア

東郷（2000:4）

　東郷（2000）は田窪・金水（1996b）の聞き手の知識を想定しないモ
デルという説に批判を加えた後、やはり聞き手の知識をモデルの中に組
み入れた共有知識という概念が必要であると主張している。
　東郷はア系文脈指示の使用の必要条件を以下のように述べている。

　　(a) 指示対象についての概念的・間接的知識ではなく、体験など
　　　 に基づく直接的知識が必要な内容を述べている。
　　(b) 聞き手の談話モデルの状態の査定をいったん停止、または意
　　　 図的にカッコに入れている。

東郷（2000:38）

（16）^①今日神田で火事があったよ。｛？あの／＊その｝火事のこと
だから人が何人も死んだと思うよ。

（21）　A：Bさんが芸能界に入ったのはどんな時代でしたか？
　　　　B：あの頃は浅草オペラの全盛の時代でしたね。

東郷（2000：38）

　また、東郷（2000：38）が上の（16）（東郷が黒田から引用した例文）
と（21）の例文を示しながら、ア系文脈指示詞の規定について、重要な
観点を提示している。

　　話し手は（b）の操作を行なうことで、
　　（16）のような一方的断定というニュアンスや、
　　（21）の聞き手を置いてきぼりにして回想にふけっているという
　　　　ニュアンスが生じる。

東郷（2000：38）

1.1.9　呉人・芦・加藤（2005）

　呉人・芦・加藤（2005：7）では、照応用法において、コ・ソは文脈
指示（短期記憶）、アは既知指示（長期記憶）である。呉人・芦・加藤
（2005：8）では「直示のように目の前にあるかのように生き生きと叙述
する場合はコを用いる」と指摘している。「短期記憶」とは「言葉を介
した伝達が行われている場でやりとりしているうちに得た知識を短期記
憶」と呼ぶ。「長期記憶」とは、「会話が始まる前にもう既に持ってい
る知識のことである」と指摘している。

---

① 例文（16）と（21）が東郷の論文の中での順番である。

1.1.10　日本語の先行研究における問題点

　従来、日本語における指示詞の使用法では、「直接的知識」「よく知っている」や「経験」などの説が提案され、指示詞の使い分けを説明することを試みている。それらの概念に曖昧なところがあり、説明できない例文がある。本書では、今までの先行研究を踏まえ、どのぐらいの知識があれば「直接的知識」と言えるのかを明らかにしたい。つまり、抽象的な理論というものを具体的に解明したい。

1.2　中国語における指示詞の先行研究と問題点

　中国語の指示詞は近称の“这”と遠称の“那”の二つからなっている2系列である。劉（2012：112）によると、中国語の指示詞に関する研究史は概ね三つの段階に分けられていると指摘している。第一段階では、中国語の指示詞は“这”と“那”に関する史的研究が主流であった。第二段階では、構造主義言語学の観点から指示詞について考察を行っている。第三段階では、沈（1999）、胡（2006）、楊（2006、2011）などが代表的な研究である。主に指示詞の使い分けを述べている。劉（2012）が以上で述べた研究以外、張・方（2001）が“这”と遠称の“那”の虚化した用法に関する研究も近年注目が浴びている。

　以下では特に本書と関連深い指示詞の使い分けに関する先行研究を概観する。

1.2.1　呂（1980）

　呂（1980）では、指示詞“这”と“那”に関する基本的な用法は下記にように述べている。

汉日指示词体系化对比研究

"这"：指示比较近的人或者事物。（近くにいる人や事物を指す）

呂（1980：584）（訳文は筆者）

"那"：指示比较远的人和事物。（遠くにいる人や事物を指す）

呂（1980：351）（訳文は筆者）

1.2.2　江（1980）

江（1980：81）は指示詞の使いわけについて、下記のように述べている。

　"这"主要是用来指示身边不远的，或刚发生的，或刚刚说过的事物；有时用来强调不是别的事。"那"主要是用来指出不在身边的，或以前发生的事物的某项特点。

（訳文）"这"は主に身近から遠くない、今発生したばかり、あるいは話したばかりのことを指示する。時には他のことではないということを強調する。"那"は主に身の周りにない、あるいは、以前は発生したのある特徴を指示する。

1.2.3　梁（1986）

梁（1986：14）は指示詞の使い分けに、話し手要因のほかに、聞き手の要因も影響するということを主張している。

① 「这」は空間的、時間的に話し手に近いもの、また、空間的、時間的に話し手から一定の距離にあっても、聞き手にもよく知られ、精神的に近いと感じられるものを指示するのに用いる。
② 「那」は空間的、時間的に話し手から離れたもの、しかも聞き手がまだ知らないものを指示するのに用いる。

③ ただし、空間的、時間的に話し手から離れたものを指す場合、その指示対象の存在する場所と発生する時間の客観性が強調されるとき、聞き手が知っているものであっても、「这」で指すことができない。

1.2.4　木村（1992）

木村（1992：181）では、「話し手にとって近いものは"这"で指し、遠いものは"那"で指す」といった説明はどの辞書や文法書にも見られるものであり、事実は確かにその通りなのだが、それはあくまでも結果を述べているにすぎないのであって、問題は、何がどうある場合に、話し手は「近い」と認識し、あるいは「遠い」と認識するのかということである」と指摘している。そして、木村（1992）では、中国語の現場指示用法を分析し、指示詞の使い分けについて、「中国語の指示詞の運用はあくまでも自己中心的である」と指摘している。

　　指示詞の選択を決定するするのは、自分と対象との間に感じられる物理的・心理的な遠近間であって、相手の存在は、この遠近の認識を与える一要因にすぎない。

木村（1992：191）

木村（1992）は「遠近」という認識は中国語の現場指示用法において、どのように認識しているかを日本語と対応させ、詳しく分析を行った。しかしながら、中国語の文脈指示用法はほぼ触れていないという現状である。

1.2.5 外山 (1994)

　外山 (1994:1) では、「中国語では、話し手は聞き手の領域を意識することなく、自分から対象までの空間的、時間的、心理的遠近判断、及び親疎の感情によって指示しを使い分けている」と指摘している。

　外山 (1994:6) では、非現場指示詞の用法は下記のように述べている。

　　　ルール 1-0-近距離にある対象には「这」使う。

　　　　　　1-1-親しい人物には「这」使う。

　　　　　　1-2-発話現場にある/現場から姿を消したばかりの対象には「这」使う。

　　　　　　1-3-時間的に近距離にある対象には「这」使う。

　　　　　　　　（現在進行中、近い過去、近い未来）

　　　　　　1-4-今話している会話の内容には「这」使う。

　　　ルール 2-0-遠距離にある対象には「那」使う。

　　　　　　2-1-親しくない人物には「那」使う。

　　　　　　2-2-発話現場に存在しない対象には「那」使う。

　　　　　　2-3-時間的に遠距離にある対象には「那」使う。

　　　　　　　　（過去、未来のこと）

　　　　　　2-4-過去に話した会話の内容には「那」使う。

　　　　　　2-5-話し手がその指示対象を知っている場合には「那」使う。

　　　　　　2-6-多くの人に知られている対象には「那」使う。

（ルール2では、対象への親しさのレベルに差があるため、0-4をレベル、5、6をレベルとする）

外山 (1994:6)

外山（1994:6）の説に対して、いくつかの反例がある。例えば、親しい人物には、“那”使う場合もある。また、現場から姿を消したばかりの対象には、“那”使う場合もある。

1.2.6　呉人・芦・加藤（2005）

呉人・芦・加藤（2005:13）では、指示詞の使い分けについて、下記のような説明を行っている。

① 先行詞そのもの、あるいは先行詞から活性化された情報、すなわち、概念的知識を指示している場合、言い換えれば短期記憶に収めてある情報の場合には「这」を用いる。
② 長期記憶の中の情報を指示している場合には「那」を用いる。
③ 長期記憶の中にある情報であっても、直示のように目の前にあるかのように生き生きと叙述しようとする場合には「这」を用いる。

1.2.7　中国語の先行研究における問題点

先行研究において、“那”系遠称指示詞の記憶指示に関する研究はあまり重視されていない。中国語の指示詞の先行研究に関して、研究の結果がまだ統一されていないので、深い研究があまり行われていないという現状である。また、現場指示の使用法における「近・遠」は文脈指示使用法でどのように応用するかに関する研究は管見のかぎりない。中国語の先行研究における具体的な問題点は各章に応じて論じる。

1.3 本研究の位置づけ

　今まで、日中両言語における指示詞に関する研究は部分的なもので、全般的、体系的な研究は管見の限りない。今までの対照研究は、お互いに鏡として、両言語の相違点を生み出すということである。例えば、中国語の指示詞を基本にして、日本語にない用法を生み出すか、または、逆に日本語の指示詞を中心に、中国語にない用法を生み出すかという先行研究が多いという現状である。また、両言語における先行研究において、指示詞の使い分けについて、説明できない例文もある。やはり、指示詞の使い分けに関する先行研究において、指示詞の使用法を解釈するのは不十分であると考えられる。

　本書では、話し手は心内領域で指示対象をどのように捉えているのかに焦点を当てている。指示詞の使用法において、多数な影響要素があると考えられる。よって、それらの要素を明らかにし、指示詞の使用法の根本的な使い分けにおける要因を明らかにする。

第二章
研究目的と研究方法

2.1　研究目的

　日本語の指示詞は「コ・ソ・ア」の3系列で、中国語の指示詞は近称の"这"と遠称の"那"の二つからなる2系列である。

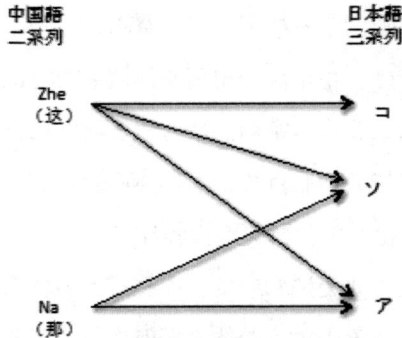

図2-1　日中文脈指示用法の対応関係（迫田1993）

　日中指示詞の指示体系が異なり、1対1の対応関係を持っていないため、日本人中国語学習者や中国人日本語学習者にとって、指示詞の習得が困難であると想像できる。第二言語を習得した際、学習者が母語における指示詞に対する認知モデルを第二言語における指示詞の使用法に当てはまる可能性があると思われる。

　日本語のコ・ソ・ア系指示詞に関する先行研究は佐久間（1936）からスタートしたと言っても過言ではない。佐久間以降、指示詞に関する一連の研究が盛んになっている。指示詞の使い分け、指示詞の歴史的変

遷、対照研究、指示詞から拡張したフィラー（あのー、そのー）などに関する研究は近年盛んに行われている。

　中国語の"这""那"指示詞に関する研究は大分行われている。特に呂叔湘（1981、1985、1992など）の一連の著作で、指示詞の機能に関する研究は詳しく論じられている。中国語の指示詞に関する先行研究はさまざまな方面から論じられている。古文との比較を通して、歴史的な研究、指示詞の出所という共時研究、指示詞の変遷、指示詞の機能、指示詞の文法化、対照研究、または方言における指示詞の研究まで、幅広く研究されている。

　近年、日本語における指示詞の先行研究において、指示詞の使い分けや歴史上の変遷などに関する研究が多く見られる一方、中国語の指示詞における先行研究では、指示詞の出所や、機能などに関する研究がかなり進んでいる。両語における指示詞に関する研究は、必ずしも同様の内容で同じ方向に進んでいるわけではない。両語における指示詞の研究はそれぞれの方面に特化して、研究が行われている。

　また、日中指示詞の研究において、それぞれの体系は異なると考えられる。では、どうしてそのような体系を形作っているのかという根本的な問題を解決するため、日中指示詞を対照し、お互いを鏡にして、それぞれの機能や見えないところなどを浮彫りにする。それは有益な解決案であると考えられる。

　また、日中指示詞の使い分けに関する先行研究において、従来、ある同一の平面上で捉えたものが多い。しかし、それらの説は説明できない例文があり、指示詞の使い分けについて、一つの原則[①]で、全ての用法

---

① 日本語の場合、黒田（1979:102）では、「ア系（及びコ系）：直接的知識の対象として指向する。ソ系：対象を概念的知識の対象として指向する」と指摘している。また、「直接知識・間接知識」（金水・田窪1996b）などの説を利用し、指示詞の使用法を分析する。中国語の場合、楊（2006）では、"这"は「一時的な記憶」に登録される対象を指し、"那"は「長期記憶」に登録される対象を指すと述べている。

を包括的に説明するのは不可能であると思われる。

　言葉は人間の心的メカニズムと密接に関わっている。指示詞の使い分けに関する決め手はあくまでも、話し手である。話し手が、必要な情報を心的に処理し、言語化して表出する。よって、指示詞の使用法は話し手の心内構造（主観的な認知）と深く関わっている。

　したがって、本書では、認知言語学というアプローチを用い、日中両言語における文脈指示詞に焦点をあてて、両語における指示詞の認知体系を究明したい。つまり、発話者が指示詞を使用する際、どのような認知モードをもち、指示詞を使い分けているのかという言語の裏にある心的モニター構造を明らかにしたい。また、話し手が指示詞を使用する際、どのような影響要素が働くかも究明したい。さらに、両語の類似や相違を明らかにした上で、両語における指示詞の使用における共通のスケールを設けたい。

2.2　研究方法

　指示詞の使用法を分析するにはどのような研究方法が適切であろうか、または、どのような研究方法を利用すれば、どのような研究結果が得られるかを予測する必要があると考えられる。

　山梨（1995:2-3）は「言葉は人間の心のメカニズムに密接に関わっている」と指摘し、また、認知言語学のアプローチは「認知科学の関連分野の知見を柔軟に取り込みながら、言葉とその背景の言語主体の認知のメカニズムの相互関係をダイナミックに捉えていく新しい言語学のアプローチである」とされている。

　言語体系により、言語の意識形態を規定する。言語の使用は人間の主観的な心的メカニズムと綿密に関わっている。発話者がどのように指示詞の使い分けをするかということは発話者の主観的な認知と関わってい

る。言語ごとに、指示詞の使用法や空間上の認識の仕方に差がある。それは発話者の持っている言語ルールと関わっているからである。また、人間の主観的な心的メカニズムは文法上における使用ルールという形で反映されている一方、言語の使用ルールは話し手の主観的な心的メカニズムにより支配されている。以上の説は下記の図2-2で反映する。

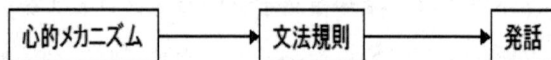

図2-2 発話における心的ルート

　指示詞の使い分けの基本的な要因は話し手の主観的な心的メカニズムと関わっている。よって、認知言語学のアプローチは指示詞の使い分けにおいて、不可欠な研究方法であると考えられる。発話者の認知の仕方を究明すると、指示詞の用法や、各用法との間で行われる拡張の方法なども明らかになるし、両語の対照を通して、指示詞の使用に対する人間の共通の認知スケールも明らかになるであろうと思われる。

　指示詞の使用法において、いくつかの用法がある。日中における指示詞の用法の拡張の仕方を究明するため、プロトタイプ的な用法（遠近という意味特徴）を規定する必要があると考えられる。それはプロトタイプ的な用法から、周辺的な用法へとどういうふうに拡張してきたかを究明するには、有力な武器であり、根本的な解決案としてもと考えられる。また、今まで一見無関係のように見える使用法を統一的に説明できると考えられる。日中両語における指示詞の類似と相違を根本的なところまで掘り下げて説明できる可能性も出てくると考えられる。

2.3　指示詞の概観

2.3.1　指示詞の定義

　指示詞を議論する前にそもそも「指示」とは何かを説明する。指示の

本質は事物を指し示して特定するということである。現場指示の場合、指差しを使用し、指示対象を指示する。文脈の場合、指示対象が具象物から抽象物に変わって、文脈もしくは記憶の中に存在していることを指示する。

Lyons（1977）によると、指示詞の場では、ダイクシスのほうが照応より先には発達し、より基本的な性質であると指摘している。

言語の最も基本的な機能はコミュニケーションであると考えられる。コミュニケーションにより、発話者の意図、情報、感情や疑問などを相手に伝達する。

指示詞を例として考えてみると、話し手はある手段（指示対象を特定できる文脈、指差しなど）により、指示対象を同定する。相手は話し手の発話内容（文脈指示の場合）や指差しなど（現場指示の場合）を参照し、指示対象を同定する。

話し手が発話内容をある情報として聞き手に伝達する。例えば、現場指示の場合、話し手が指示対象を知っているのに、わざわざ指差しなどを利用するのはなぜか。それは相手に指示対象を同定させるように、指差しなどを利用したからである。文脈指示の場合、話し手は、聞き手が指示対象を同定できるため、指示対象に関する文脈を提供している。

指示詞の使い分けにおいて、使用原則が潜んでいる。指示詞の使用ルールについて、暗黙のうち、話し手と聞き手が両方とも持っている。しかも、お互いの使用ルールが一致している。したがって、話し手が指示詞の応用について、言語規則に当てはまらないといけない。話し手の指示詞の使用に関して、聞き手が納得することが必要である。言い換えれば、指示詞の使い分けの応用において、聞き手も理解できるようにしないといけないと話し手は工夫している。

よって、指示詞の使用において、下記の原則がある。

i. 話し手は指示詞の使用において、指示詞の使用におけるルールを義務的に守るべきである。

ii. 聞き手が指示対象を同定できるようにする工夫しなければならない。

iii. 指示詞の使用により、聞き手は話し手が指示対象を心内でどのように捉えているのかを窺える。

　また、指示詞の使用において、相手に誤解されることや指示対象を同定できない場合もある。それは言語規則の違反ではなく、他の要因が考えられる（本書では研究対象外とする）。

　現場指示の場合では、話し手は指差しなどの動作により、指示対象を同定し、聞き手の共同注意を持たせる。文脈指示の場合では、指差しなどのような動作で指示対象を同定するのではなく、文脈や共有知識に基づいて、指示対象を同定する。同定する方法は指差しという動作に対する理解ではなく、文脈に対する理解に基づいて同定するという方法である。また、指示対象は現場にあるのではなく、文脈に存在するか、観念・記憶に存在するか、または、文脈によって推測したものなどに存在している。

　以上の説は下の表2-1に反映されている。

表2-1 現場指示と文脈指示

	現場指示	文脈指示
指示対象	現場	文脈や観念・記憶
同定方法	指差しなど	文脈との照応・推測、共有知識

　指示詞の定義に関して以下の先行研究を紹介する。

　金水（1999:70）では「指示表現は、一種の談話管理標識である。すなわち、指示対象の同定にあたって話し手が行っている心的な処理の状態をモニターしている訳である」とされている。

　李（2002:20）では、「指示詞とは何か」において、「指示とは話し手と聞き手の相互主観的行為であり、両者の協同行為である」と指摘している。

　堤（2013:4）では、「指示詞というものは外的世界と言語表現の間に存在する心的領域で行われる処理に関係するものであり、その領域の中に存在する要素を指す役割を有すると考える」と指摘している。

　本書では先行研究を参考し、本書の立場で、指示詞に対して、下記のように定義する。

　　指示詞とは、外的世界（現場・文脈）に存在する事柄を、心内の言
　　語構造により、言語化して指示詞の使い分けをする。

2.3.2　日中指示詞の構成体系

　佐久間（1936）は、代名詞から「コ・ソ・ア・ド」を分離させて、「指示詞」という概念を使用し始めた。本書では、「コ・ソ・ア」を取り上げ、「指示詞」という名称を用いる。

　中国語の指示詞の場合では、指示代詞（現代漢語）、指代詞（呂1985、冯2000、指詞（陳1990）、指別代詞（劉2002）、定指指代詞（呂1980）、指別詞（宋1992）、指称詞（胡1985）、指示詞（方2002）という名称がある。名前が違っていても、研究対象は大体一緒である。

　Diessel（1999）によると、指示詞は「demonstratives pronouns」と「demonstratives determiners」と分けている。日本語の場合では、例えば、コ系指示詞は「この・そこ・ここ」などの形がある。その中で、コ

は指示詞の「determiners」として存在している。「コ・ソ・ア」という形態素から、名詞、形容詞、副詞など生み出す。

中国語の指示詞は「demonstratives pronouns」指示代名詞で使用されている。また他の語彙（量詞、名詞など）と組み合わせて、使用されている。

表2-2　日中両言語の指示詞の形態的分類

	日本語	中国語
人	こいつ・そいつ・あいつ	这家伙・那家伙　这・那
もの	これ・それ・あれ	这・那　这个・那个
場所	ここ・そこ・あそこ	这里・那里　这儿・那儿
方向	こちら・そちら・あちら	这边儿　那边儿
性状/属性	こんな・そんな・あんな こんなに・そんなに・あんなに	这么・那么
指定	この・その・あの	这・那　这个・那个
様態/程度	こんなだ・そんなだ・あんなだ	这样・那样　这么・那么
方法	こう・そう・ああ	这样・那样
時間	この・その・あの時/頃	这会・那会　这时・那时

本書では、日本語の場合、コ系・ソ系・ア系指示詞という総称名称をとる。それは、単に形態と意味に基づいて名付けた総称名称である。中国語の場合、日本語の指示詞との言い方と統一するために、"这"と"那"指示詞という名称を用いる。

従来、日本語の場合、指示詞の使い分けに関して、人称区分説や距離区分説が主流である。

下記では両説を説明するが、まず、距離区分説を概観する。

　　それは人、事物、場所、方向等について、対手より話をする本人
に空間的に時間的に近いか、又は精神的に親しいものは之を近称と
いふのである。又話し手よりも対手に近いか親しいかの関係にある
ものが中称である…話手対手のどちらにも近いか親しいかの関係を
離れて指すものを遠称といふのである。

(『日本口語法講義』35-36)

　　佐久間（1955:34）では、距離区分説の代わりに人称区分説を提言し
ている。

表2-3　人称区分説

	指示されるもの	
	対話者の層	所属事物の層
話し手	（話し手自身）ワタクシ ワタシ	（話し手所属のもの）　コ系
相手	（話しかけの目標）アナタ オマエ	（相手所属のもの）　ソ系
はたの　人 もの	（第三者）（アノヒト）	（はたのもの）　ア系
不定	ドナタ ダレ	ド系

　　距離区分説と人称区分説でどちらが正しいかを論じるのは、本書の目
的ではない。コ・ソ・アに関する距離区分説や人称区分説をまとめてみ
ると、以下のことが言える。

表2-4　離区分説と人称区分説

	距離区分説	人称区分説
コ	対手より話をする本人に空間的に時間的に近いか、又は精神的に親しいもの	一人称領域
ソ	話し手よりも対手に近いか親しいか	二人称領域
ア	どちらにも近いか親しいかの関係を離れて指すもの	三人称領域

コ系に対して「一人称領域に属するもの」であっても、「相手より話をする本人に空間的に時間的に近いか、又は精神的に親しいもの」であっても、指示対象は話し手にとって近いと言っても差し支えない。ソ系に対して、「二人称領域に属するもの」であっても、また「話し手よりも対手に近いあるいは親しい関係にあるもの」であっても、話し手にとって心理的に遠いと心内領域で認識しているものである。ア系に対して同じように、「三人称領域に属するもの」であっても、また「話手対手のどちらにも近い、あるいは親しい関係を離れて指すもの」であっても、話し手にとって近くないと言っても差し支えないものである。

本書では、指示詞の基本的な使い方を下記のように規定している。

　コ系：話し手にとって近いと認識している。

　ソ系：話し手にとって遠いと認識している[①]。

　ア系：話し手にとって近くないと認識している[②]。

人間の認知は基本的な用法から他の用法へと拡張してきた。よって、本書では、距離区分説や人称区分説のどちらが正しいということを検討するのではなく、指示詞の使用法を統一的に解釈できるようにするため、話し手がコ・ソ・アの使用における「遠近」に対する基本的な認知を規定することを試みる。また、ソ・アに関する用法は一見似ているが、実際にそれぞれの差異は使用法に反映している。

---

① ソ系指示詞は「話し手にとって遠いと認識している」と規定している。それはソ系文脈指示詞の指示対象が不特定な特徴を持っているからである。

② ア系指示詞は「話し手にとって近くないと認識している」と規定している。ア系文脈指示詞は特定でき、時間上に過去に存在しているという主な特徴がある。

第三章

指示詞の分類とその機能

　本文に入る前に、分析を展開するため、必要な概念、指示詞の分類や指示詞の機能を概観する必要があると考える。

3.1　指示詞の分類
3.1.1　指示詞の分類に関する先行研究

　次に、指示詞の分類に関する先行研究について概観する。日本語の指示詞の分類に関する先行研究や中国語の指示詞の分類に関する先行研究に分けて述べる。

3.1.1.1　日本語の指示詞の分類に関する先行研究

　指示詞の分類に関して、簡潔に以下の三つの先行研究を概観する。

　A　堀口（1978b）
　堀口（1978b）は指示詞について「現場指示」「観念指示」「文脈指示」「絶対指示」に分けて論述した。

　　　現場指示とは、基本的には、対話・講演など話し手と聞き手が同一の空間を共有する場面において、多くの場合身振り・手ぶり・表情などの表現行為を伴いつつ、話し手が現に知覚していて聞き手にも知覚されるはずだとする事物を対象として、コ・ソ・ア系の語を

用いて指示する用法である。

堀口（1978b：75）

　もっとも、対話などの場にあって、話し手が聞き手の存在を考慮するという事実があり、たとえ自己に関わり強いとする対象であっても、それがよりいっそう相手に関わり強いとする場合には、自己抑制して、その対象を自分に関する自分に関わり弱いものとして、ソと指示するのである。したがって、対話においては、同一対象の事物を一方がコと指示すれば、他方はソとする場合が普通である。例えば、

A「コノ絵ハピカソダネ」
B「ウン、ソレハピカソダヨ」

堀口（1978b：76）

　観念指示とは、当人が知覚している事物を対象として言うものと、当人が観念の中に浮かべている事物を対象として言うものと、二つの型がある。

次のような独白の歌において、
多麻川にさらす手作りさらさらに何そ許能児（コノ子）のここだしき。
「コノ子」が作者の眼前にいるかどうか、議論の狩られるところである。

堀口（1978b：80）

A「アレヲ持ッテ来テクレ」
B「ハイ，承知シマシタ」

とか

A「君，アノ件ハ片付イタカイ」

B「ハイ，片付ケマシタ」

堀口（1978b:82）

　堀口（1978b:82）によると、「「アレ」「アノ件」は遥かな存在として話し手の観念にある事物である」と述べている。

　文脈指示の用法には、対話などにおいて、相手の表現した内容を指示の対象にするものと、対話などにかぎらず文章にも内言・独白にも用いるもので、自分の表現の内容を指示の対象にするものと、二つがある。

A「昨日友達ト京都ニ行キマシタ」

B「ソレハヨカッたデスネ、ソノ友達ハ田中サンデスカ」

と言う場合、「ソレ」は「昨日アナタガ友達ト京都ニ行ッタコト」を指示し、「ソノ友達」は「昨日アナタガ一緒ニ京都ニ行ッタ友達」を指示しているのであるが、ここでソを用いるのは、指示の対象とする事柄・事物が自己に関わり弱いものであり、平静なソで指示するのがふさわしいと判断したからである。

堀口（1978b:83-84）

　絶対指示とは、場所・時間に関するもので、常に特定の対象を絶対的に指示する用法である。

堀口（1978b:89）

　場所に関する一つの用法は、「ココ」「コチラ」「コノ町」「コノ国」などの近称で、常に話し手がその中に存在する場所を絶対的

に表すものである。対話や手紙などで聞き手が特定の場合には、「ソコ」「ソチラ」「ソノ町」「ソノ国」などの中称で、常に聞き手がその中に存在する場所を絶対的に表すものもある。

もう一つの用法は、「京都ヨリコチラ」「京都ヨリアチラ」などと言うものである。聞き手が特定の場合には、「京都よりソチラ」なども用いられる。

いずれも古代から用例が見られる。

時間に関する用法は近称だけである。「コレマデ」「コレカラ」「コノ頃」「コノ夏」「三年コノカタ」などと用いられるコは、いずれも、話し手の存在する時、すなわち現在を指示するのである。

堀口（1978b:89）

B　黒田（1979:91）

黒田（1979）では、指示詞を「照応的用法」や「独立的用法」に二分されている。

照応的用法は文脈に依存する。

阿武兎の観音と云うのが見え出した。それは陸と島との細かい海峡の陸の方の出鼻にあり…（志賀直哉）

黒田（1979:91）

指示詞「それ」は「阿武兎の観音」と照応詞、その句と同じ対象を指示する。

独立的用法は通念眼前の事物を指す。

　　「これでよかったら、お餞別に進呈しよう。」と謙作は今持っ
て帰った浮世絵を包のまま、滝岡の前へ出した。　　　（志賀直哉）
という場面において、謙作は「これ」を独立的に用いたのである。
この場面、滝岡の眼の前で謙作が包を手に保持しているという行為
が独立的に用いられた代名詞「これ」の指示機能を保障しているの
である。

黒田（1979:91）

C　堤（2012:11）[①]
　現場指示用法とは、その指示対象の同定に、言語的先行文脈が必要で
はない用法（ア系記憶指示が含み）

　（手に持っているボールペンを聞き手に見せながら）
　「このボールペン、とても書きやすいよ」

堤（2012:11）

　この例文が現場指示で、指示詞は発話時において現場に存在する事物
を指している。

　　あそこに行こう。

堤（2012:12）

　この例文は、記憶指示とも言える。堤（2012:13）によると、「記憶

---

① 堤の説において、本書でのア系記憶指示は現場指示用法の一つであるとされている。

指示の用法は、本書での文脈指示の定義（3）[①]からすれば、先行文脈が必要でない用法であるので現場指示用法である」と指摘している。

　　文脈指示用法とは、その指示対象の同定に、言語的先行文脈が必要な用法である。

　　　「わたしよりあとに冬眠した人はいないのですか」
　　　「たくさんありますよ」
　　　との返事。しめた。そいつらに対してなら、いばることもできるだろう。エヌ氏は元気づき、そういう人たちに会ってみた。

　　　　　　　　　　　　　　　　　　　　　　　　　　堤（2012：11）

　　この例文が文脈指示で、「そいつら」「そういう」が言語的先行文脈「冬眠した人」を指している。

　　上は三つの指示詞の分類について述べた。それ以外の指示詞の分類に対して、三上（1970）は「直接指示/文脈承前」、久野（1973）は「眼前指示/文脈指示」、黒田（1979）は「独立的用法/照応的用法」、金水（1999）は「直示指示/非直示指示」、田窪（2010）は「眼前指示/非眼前指示」を用いて説明する。一般的に使われるのは「現場指示・文脈指示」であろう。これらの用語は言い方が違うが、それらの意味する範囲はほぼ同じであると認めれば、差し支えないであろう。

―――――――――――――

① （3）は堤の著書の番号である。

3.1.1.2　中国語の指示詞の分類に関する先行研究

　方（2002）では、Himmelmann（1996）[①]の分類に基づき、指示詞の使用法を「情景用、示踪用、语篇用、认同用」と四つに分けている。それぞれ「現場指示、前方照応（語彙）、前方照応（文）、記憶指示」と対応している。下記ではその分類を紹介する。

　　(1)　情景用（situational use）：所指对象存在于言谈现场，或者存在于谈话所述事件的情景当中。

　　(訳文：指示対象は発話の現場に存在している。また、会話で述べている情景の中に存在している)

　「以前我在北方的时候，有这小米面饼子，现在还有吗？」

（方梅2002:344）

　　(訳文）大分昔、北の方に住んでいた時、粟餅あったんだけど、今もまだあるの？

　指示詞"这"は会話で述べている情景、すなわち"以前我在北方的时候（大分昔、北の方に住んでいた時）"、食べた"小米面饼子（粟餅）"を指示している。

　　(2)　示踪用（tracking use）：用在回指性名词之前。
　　(訳文：前文で出てきた語彙を指示する)

[①] Himmelmann (1996) distinguishes four basic pragmatic uses: (1) the exophoric use, (2) the anaphoric use, (3) the discourse-deictic use, and (4) the recognitional use (see also Diessel, 1999a: chap 5).

「对，乌贼，乌贼，他们常吃<u>那东西</u>。」

（方梅2002：344）

（訳文）そう、イカ、イカだよ。彼達はよくそういうものを食べ
　　　　てる。

　　この例文では、指示詞"那"は全文で出てきた"乌贼（イカ）"を指
示している。

　　(3) 语篇用（textual use）：所指为上文的陈述或者上文所述事件。
（訳文：前文で出てきた文を指示する）

「一听说你揍过他？」
「一揍，<u>这</u>你也听说过啦？」

（方梅2002：344）

（訳文）「一彼を殴ったって」
　　　　「一殴った？そんなことまで知ってたの？」

ここでの"这"は前出た「听说你揍过他？」という文を指している。

　　(4) 认同用（recognitional use）：用于引入一个可辨识性相对较弱的
　　　 谈论对象。
（訳文：同定しにくい指示対象を指示する）

「还有，还有那芝麻酱烧饼，我常常想起这个，想极了。」

（方梅2002：344）

（訳文）：また、あのゴマだれ餅、私しょっちゅうあれを思い出し
　　　　た。ものすごく食べたい。

指示詞"那"は話し手の観念に存在している"芝麻醤焼饼"を指示している。

　方は中国語の指示詞の用法を世界的に基準に合わせて四つに分けて分析を行っている。しかし、中国語における指示詞の現状は完全にそのような分類方法に当てはまるとは言えない。なぜかと言うと、呂叔湘が提言した「助指」という指示機能も入れていないためである。方の分類仕方によると、後文照応も入れるべきであるという。

　また、そういう分類の仕方は指示対象の出現場所により、その用法を分類している。それは一見正しいように思うが、よく考えて見れば、やはり問題がある。指示対象の文脈における出現位置により、指示用法を分類するのは、機械的な言語研究法にとどまってしまう。指示詞の各使用法における連続性が不明になる可能性がある。また、話し手の心的メカニズメを捉えることも不可能であると考えられる。

　中国語の指示詞の分類について、多くの先行研究、特に日中対照研究では、暗黙のうちに「現場指示」と「文脈指示」に分けて分析を行ってしまっている（劉2012、呉人・芦・加藤2005など）。それは日本語の分類に従い、中国語を分類していることを暗示している。また、木村（1997）では、中国語の指示詞は「現場指示・文脈指示・記憶指示」と三つに分けて分類している。

3.1.2　指示詞の分類

　上記のように、指示詞の分類の仕方は一致していない。それは分析の仕方や視点に相違があるからである。名称が違っていても、範囲や意味はそれほど差がない。どちらの分類がいいかとは言えない。ただ、分析する立場により、利点も見える。

　本書では、各指示詞の使用法における連続性を究明するために、指示詞は現場指示と文脈指示として大きく二つ分けて分析を行う。「文脈指示」に対して、指示対象の同定の仕方により「広義文脈指示（文脈指示）」と「狭義文脈指示（記憶指示）」に下位分類する。「記憶指示」は「現場指示」より「文脈指示」との性質が近いから、「記憶指示」と「文脈指示」は同じカテゴリに入れている。

3.1.2.1　現場指示

　人間はものを指し示す際、無言で、指差し、目つきや頷きなどの動作を利用し、指示対象を指定する場合もあるし、言葉を加えて、指差しなどにより、指示対象を指示する場合もある。言葉を加えた時、話し手は指示対象に対して、より詳しい説明を付け加え、聞き手もより精密に指示対象の存在場所が確認できる。

　聞き手は話し手の動作や文脈により、指示対象を同定する。話し手は一連の動作により、聞き手の注意を引く。つまり、指示詞の第一成果は「共同注意」であり、話し手と聞き手は指示対象に対する共同認識から求められる。それは、コミュニケーションの基本的な目的から生み出した用法であると考えられる。

　次に、現場指示における三つの種類に分けて紹介する。

　A　指差しだけがある場合

　（1）話し手は目の前にあるりんごを指差している。

　「指差し」という動作の意義を考えて見ると、聞き手の注意を呼び起こすということであると考えられる。聞き手との間でのコネクターとし

ても考えられる。指示対象は話し手にとって知っている対象で、心理的に同定できるものである。よって、「指差し」という動作の発生の目的は聞き手の注意を喚起し、聞き手が指示対象を察知させるということである。聞き手は指差しにより、指示対象がどちらかを判断する。ただし、指差しだけで指示対象を同定する場合もあるし、同定できない場もある。例えば、以下の例文を見てみよう。

(2)　どっちが好き？

　この例文において、指差しなどの身体言語（周辺言語）だけで指示対象を特定する場合もあるし、特定できない場合もある。それは現場における指示対象と関わっている。現場において、指差しが指示する範囲に指示対象が複数ある場合、指差しなどだけで指示対象を特定できない。

　B 指差しがない場合
　例えば、発話者は「どっちのノートが好きですか」と聞いたら、「このノートが好きです」という返事は成立できない。それは指差しがないので、「この」が何を指示するかは漠然すぎるからである。また、「このインク色でペンがついているノートが好きです」という返事は指差しがなくても、成立できる。
　つまり、指差しなどは指示対象を同定する。指示対象に対する描写はさらに指示対象を特定する。両方とも、指示対象の同定をサポートする。

　C 指差しと言葉がある場合
　話し手と相手は窓側に立ち、遠くにある富士山を指差して、次の発話をする。

(3)「あの山が日本のシンボルです。」

例文（3）において、指示対象は「山」である。話し手は指差しで指示対象を指示する。聞き手は指差しという動作により、話し手は何を指示するかを同定する。もし、上の例文では、指差しという動作がない場合、いきなり、以下の会話をすると、

(3-1)「あの山が日本のシンボルです。」

「あの山」はどの山を指示するかは相手が同定できない。つまり、現場指示対象を特定する際、話し手の指差し、目つきなどの動作により、話し手の指示対象をさらに明確にする。ただし、必ず必要ではないと考える。また、ただ指差しをして、話し手が何を指すかを聞き手が判断できない場合もある。つまり、指示対象についての言葉（描写）が必要である。

話し手は遠くにある複数のものを指差して、発話する。

(4)「あれはなに」

遠くにある複数のものがあるので、話し手はなにを指示するかは聞き手が判断できない。また、「あの赤いものはなに」という発話をすると、指示対象に対して具体的な描写を付け加えたので、聞き手が指示対象を同定できる。

したがって、指差しは指示対象を同定する基本的な手段で、指示対象に対する言葉は補助的な役目を果たしている。

D　指示対象が目に見えない場合

例えば、話し手は指で遠くにある山を指している。

　　(5)「富士山は<u>あそこ</u>にある」

　例 (5) では、話し手は指示対象（富士山がある場所）に対して、具体的なイメージを持っていると考えられる。それは発話時点で現場から獲得した一時的な知識ではなく、長期記憶データベースから獲得した長期記憶である。また、両方あって照合していることも事実である。

　指示対象が見えないので、話し手は指差しをしても、富士山がある具体的な場所を聞き手に伝えることは不可能である。よって、この例文では、話し手は指示対象が存在している大体の場所（方向）という情報を聞き手に伝えることができる。つまり、この場合には富士山が見えないので、その方向だけが実際の富士山を示すカギになる。話し手は指差しを利用し、「指示対象が目に見えない場合」より、「目に見える場合」のほうを想定しているので、後者が聞き手に伝えた情報量は多いと考えられる。

　指差しという動作があるということは現場指示として考えられる。現場指示の場合、話し手は指示対象に対する知識は一時的記憶として存在している。例 (5) では、指示対象が話し手の長期記憶に存在していることは記憶指示としても考えられる。よって、例 (5) は現場指示と記憶指示両方とも考えられる。しかしながら、聞き手は指差しという動作から指示対象を同定するので、「記憶指示用法」より、「現場指示用法」のほうが近いと考えられる。

　現場指示において、話し手は「指差し」を利用し、指示対象という具体的なものを指示する。話し手は指示対象に対する知識が知覚などにより獲得し、それを一時的記憶（新規記憶）として頭に格納している。そ

れを長期記憶に移行させる場合もある。例（5）において、指示対象が話し手にとって長期記憶として存在している。指差しを利用し、指示対象がある方向を示している。

　両方とも指差しを利用し、指示対象を同定する。また、両方とも指差しが話し手と指示対象の間でのコネクターとして存在している。ただプロトタイプ的な現場指示用法は指示対象に対するイメージを知覚で獲得し、例（5）において、話し手は指示対象に対するイメージを知覚で獲得するのではなく、長期記憶に依存している。また、長期記憶における指示対象に対するイメージは以前知覚で獲得し、長期記憶に転化したことである。例（5）において、指示対象に対する同定仕方はより抽象的である。したがって、それはプロトタイプ的な現場指示用法のメタファー化した用法であると考えられる。

　また、指示対象が見えない場合、話し手は指差しを利用しても、「あの山は日本のシンボルだ」という発話は不可能であると考えられる。なぜかというと、話し手は「あの山」に対して知識を持っている。それは発話する現場から獲得した新規知識ではなく、長期記憶としてすでに頭に格納している知識である。しかし、指示対象が目に見えない場所に存在しているので、指差しを利用しても、聞き手が指示対象を同定できないので、「あの山は日本のシンボル」という発話は不可能である。つまり、話し手が持っている知識（新規知識・長期記憶知識）は指差しという動作により、聞き手が同定できないのである。

　また、話し手は「ライトハウスコーヒーはあそこにあるよね」という発話をする。

　もし、指差しがある場合、現場指示として考えられる。指差しがない場合、記憶指示として考えられる。指示対象「ライトハウス」を表出する際、指示対象に対する知識は話し手の長期記憶に依存している。

　よって、指示対象が単に現場にあるかどうかは現場指示の判断基準にならない。本書では、「現場指示」は以下にように定義する。

　　現場指示：話し手が五感により、外的世界に存在する対象を認識
　　　　　　　し、指差し、目つきや身振りなどの動作により、指示対
　　　　　　　象を同定し、聞き手の共同注意を引くことができる指示
　　　　　　　をいう。

3.1.2.2　文脈指示

　本書では現場指示以外の用法は文脈指示と名付ける。その中で、文法化された用法を除いている。文脈指示の場合では、指示対象が現場に存在するのではなく、文脈や話し手の記憶の中で存在する（記憶指示）ということである。

　現場指示とは、指示対象が話している現場にあり、指差しなどの動作で指示対象を同定する。文脈指示とは、指示対象を文脈や記憶により同定する。

　指示対象が文脈に存在している場合、広義文脈指示（文脈指示）で、指示対象が記憶に存在している場合、狭義文脈指示（記憶指示）と名付ける。

　現場指示と非現場指示の根本的な差異は指示対象を同定する仕方や指示対象が存在している場所にある。現場指示の場合では、話し手は指差しにより、指示対象に関する情報を相手に伝える。文脈指示の場合では、話し手は文脈や記憶（共有知識）により指示対象に関する情報を相手に提供する。

3.1.2.2.1　広義文脈指示（文脈指示）

(6) 这也是何家村的规矩，吃饭只能男的上桌，女的得等男的吃完
　　了再吃。

王海鸰《新结婚时代》

（訳文）これもこの村のルールの一つなのだ。食事はいつも男たち
　　　　が先で、女たちは、彼らが食べ終わるのを待ってから、残
　　　　り物を食べる。

　上の例文は指示詞"这"が指示している対象は後文で捉えられる。つ
まり、後方照応である。文脈指示の場合は指示対象が文脈から捉えら
れる。

　日本語ではコ系指示詞もその機能を果たしている。中国語において
も、後方照応は近称指示詞"这"を使用するのは一般的である。それは
なぜか。近称現場指示詞"这"やコ系現場指示詞はいずれも基本的な使
用法は「話し手にとって近い」ということである。つまり、指示対象が
話し手にとって関心を持っていることである。指示詞を使用し、これか
ら出る文、すなわち後文を指示する。近称現指示詞"这"やコ系指示詞
における後方照応という用法は話題の提起と理解しても差し支えない。
これから話す内容を注意してほしいということを指示詞により聞き手に
伝達する。

(7) 我知道旁边就是柏油马路，不时有高级轿车从这路上驶过，路
　　的两侧是丰满而又恢宏的法国梧桐。

王蒙《活动变人形》

（訳文）傍らのアスファルトの道を高級車がしきりに駆けぬけてい
　　　　く。道の両側にはうっそうと繁ったフランス桐が立ち
　　　　並ぶ。

　話し手（作者）は自分の長期記憶の中に格納している内容について述べている。それは記憶指示として考えられる。しかし、指示詞"这"は前文で出てきた"柏油马路"を指示し、相手（読者）も文脈により、指示対象を同定するので、狭義文脈指示用法として考えられる。

　文脈指示用法において、指示対象を同定する仕方には多少程度差がある。指示対象は丸ごと出る場合もある。指示対象が文脈で提供した情報により、同定する場合もある。

> (8) 山田さんという人を待っているのです。<u>その人</u>はきっと遅れて来るのでしょう。
>
> 　　　　　　　　　　　　　　　　　　　　黒田（1979：99）

> (9) 小麦粉と牛乳をよく混ぜます。<u>それ</u>をフライパンについでください。

　例（8）において、「その」は前文ででてきた「山田」により、同定される。例（9）において、「それ」は指示する対象は「小麦粉と牛乳をよく混ぜ」たものを指している。推論によって指示対象を想定する。それはプロトタイプ的な文脈指示用法から拡張した用法であると考えられる。

3.1.2.2.3　狭義文脈指示（記憶指示）

　記憶指示とは、話し手の観念に既存していることを指示する。指示対象を同定するのは文脈に依存するより、共有知識に依存している。

> (10) 卖打鼓的。把<u>那</u>双鞋卖了，我早就说那双鞋穿不着，不如卖了。
>
> 　　　　　　　　　　　　　　　　　　　王蒙《活动变人形》

（訳文）屑屋だ。あの靴を売ろう、前から履けなかったんだもの、
売ったほうが得だ。

指示対象"鞋（靴）"を同定する内容は文脈に現れていない。どの
"鞋（靴）"であるかは文脈により同定できず、話し手と聞き手の共有
知識により同定する。

(11) 何をやってもうまく行くし、うまく行かなきゃまわりがうま
く行くように手をまわしてくれるしね。でも変なことが起っ
てある日全部が狂っちゃったのよ。<u>あれ</u>は音大の四年のとき
ね。わりに大事なコンクールがあって、私ずっとそのための
練習してたんだけど、突然左の小指が動かなくなっちゃっ
たの。

『ノルウェーの森』（下線は陳）

「あれ」は何を指すかというと、「音大の四年のとき」という時間を
指している。もちろん聞き手としての「私」は「あれ」は何を指すかと
いうことはまったくわからない。話し手としての主人公「レイコ」は自
分の過去の経験、即ち、自分の長期記憶に格納されていることについて
述べている。

(12) 我々は山手線に乗り、直子は新宿で中央線に乗りかえた。彼
女は国分寺に小さなアパートを借りて暮していたのだ。「ね
え、私のしゃべり方って昔と少し変った」と別れ際に直子が
訊いた。「少し変ったような気がするね」と僕は言った。
「でも何がどう変ったのかはよくわからないな。正直言っ
て、あの頃はよく顔をあわせていたわりにあまり話をしたと

　　　いう記憶がないから」

　　　　　　　　　　　　　『ノルウェーの森』（下線は陳）

　「あの」は「頃」を限定する。いつを指すかというと、前文「昔」と
「よく顔をあわせていたわりにあまり話をしたという記憶がない」とい
う文から「あの頃」を指示する内容を特定できる。「あの頃」は「私」
「直子」と「キズキ」は一緒にいる時のことを指している。また、話し
手「僕」と聞き手「直子」は指示対象をよく知っているので、ア系指示
詞を使用する。この例文では、ア系指示詞は話し手と聞き手が両方とも
知っている、長期記憶に存在している内容を指示する。

3.1.3　現場指示・文脈指示・記憶指示の間の関連性

　以下の例文を見てみる。

　　(13)「おでかけですか」

　　　　「ええ、ちょっとそこまで」

　　　　　　　　　　　　　　　　　金水・田窪（1990）

　上記の例文では、指差しはないので、現場指示として考えられない。し
かし、指示対象に対する同定できる文脈はないので、文脈指示としても考
えられない。金水・田窪（1990:103）では、「現場ではないが、現場の延
長という意識がある」と指摘している。それについて、賛意を表す。
　現場指示はもともと、現場にある具象物や場所などを指差しにより、
同定できるということである。上の例文では、具体的な場所を指すので
はなく、相手に具体的な行く場所を教えたくないので、直接に「言いた
くない」ということが失礼なことなので、「ええ、ちょっとそこまで」

という返事をする。指示詞は具体的な場所を指すことから具体的な場所を明示せず、曖昧な場所を指示する用法に拡張されたのである。指示詞の用法において、プロトタイプ的な用法からの拡張した用法であると考えられる。

　　言語哲学的研究（Bühler, 1934）や、意味論的研究（Lyons, 1977）においては、直示と照応では、直示の方が本来的で始原的な用法であり、直示から照応が派生したということが前提として共有されている。この考え方は指示詞研究でも共有されており、Fillmore（1971, 1982）、Anderson and Keenan（1985）、Levinson（1983, 2004）等の言語類型論的な指示詞研究では、指示詞のプロトタイプ的な用法は直示用法であり、照応用法を含む非直示用法は直示用法から派生した周辺的な用法として扱われている。

平田（2015:1）

　指示詞の使用法は現場指示から非現場指示へ拡張したという認知モデルを持っていると考えられる。

　現場指示において、指差しなどを利用し、指示対象を聞き手に同定させる。指示対象は具体的なものである。指差しなどにより、指示対象を指定する。指示対象に対する描写が十分な場合、指差しなくても、聞き手が指示対象を同定できる場合もある。話し手は指差しを利用し、指示対象に対する情報を新規知識として頭に入力する。

　広義文脈指示（文脈指示）において、指示対象に関する文脈により、指示対象を聞き手に同定させる。指示対象は話し手にとって長期記憶、または新規記憶である。聞き手は話し手が提供している文脈により、指示対象に関する情報を新規知識として獲得している。

　狭義文脈指示（記憶指示）において、指示対象に対する共有知識によ

り、指示対象を聞き手に同定させる。指示対象は概念知識である。話し手と聞き手もしくは、話し手が指示対象に関する知識は長期記憶として既存している。

　本書では、日本語指示詞の分類やその間の連続性を議論した。以下の結論を導いた。

　　現場指示から非現場指示まで、以下のような拡張が考えられる。

　　(1)　指示対象：具象物→抽象概念；

　　(2)　指示対象が存在する場所：現場→文脈または長期記憶；

　　(3)　同定仕方：指差し→文脈に対する理解または指示詞の機能
　　　　　（話し手と聞き手が指示対象に対する共有知識を呼び起こ
　　　　　す）に依存する；

　　(4)　指示対象が発話者にとっての知識状態：現場指示では、指示
　　　　　対象が一種の映像化として発話者の頭中に輸入し、短期記憶
　　　　　として保存される→文脈指示では、指示対象が話し手にとっ
　　　　　て長期記憶または短期記憶であり、聞き手にとって短期記憶
　　　　　である（文脈に依存する）→指示対象が発話者にとって長期記
　　　　　憶である。

3.2　日中指示詞における文法的な機能

　日本語の指示詞において、コ・ソ・アという語彙の意味を担う形態素は文法的意味を担う形態素と組み合わせ、いろいろな語彙を生み出している。例えば、「これ、その、あのような、ああ、ここ」などが挙げられる。本書では、品詞の分類（学校文法）により、指示詞を以下のように分類する。

　① 名詞類指示詞

自立語というカテゴリに属し、主語などとなる。

「これ・それ・あれ」「こいつ・そいつ・あいつ」「ここ・そこ・あそこ」「こっち・そっち・あっち」

　　<u>これ</u>はいくらでしょうか。

　　<u>こいつ</u>は悪い奴だ。

　　<u>ここ</u>は図書館です。

　　<u>こっち</u>に来て。

② 連体詞類指示詞

自立語であるが、活用をもたず、修飾語として名詞を修飾する。

「この・その・あの」

　　<u>この</u>本は読みがいがある。

③ ナ形容詞類指示詞

語尾は「な」で終わり、変形しない。修飾語として名詞を修飾する。

「このような・そのような・あのような」

　　<u>このような</u>甘い話は二度と来ないよ。

④ 副詞

物事の様子などを指し示す副詞で、主に動詞を修飾する。

「こう・そう・ああ」

　　私の動作をみて、<u>こう</u>包んでください。

⑤ フィラー

話者が心的情報を処理する際に用いる、場つなぎ的な言語表現で、心的な状態を反映している言語化された音声表記である。

「そのー・あのー」

あのー、すいませんが、ちょっと聞きたいことがあります。

中国語の指示詞において、自立語として使用される場合もあるし、他の語と組み合わせて使用される場合もある。

① 自立語（代名詞）
自立語というカテゴリに属し、主語などとなる。
「这・那」

这是什么？（手指着一个机器问）
（訳文）これは何？（機械を指差して）

② 他の語彙との組み合わせ
「指示詞＋（数詞）＋量詞＋名詞」

这　　（三）　个　人
この　（三）　個　人
「この三人組」

指示詞＋名詞

那是建国爹<u>这辈子</u>过得最满意的一个年。

王海鸰《新结婚时代》

（訳文）この年の春節は、義父にとって、かつてない満足な「お正
月」であった。

この例文では、指示詞"这"は名詞"辈子"を限定する。

指示詞＋量詞

你<u>这次</u>出国，东西都准备好了吗？

（訳文）今回留学の準備は済んだ？

③ 文法化された用法

A 副詞（強調）「指示詞＋動詞/形容詞」

你看两个小人儿<u>这个</u>哭哇。　　　　　　　　　　　（呂1985：230）

（訳文）この二人の子供は散々泣いたよね。

想着迎头……而叫的"桂姨"<u>那</u>甜，如今……　　　（呂1985：230）

（訳文）以前「桂おばあちゃん」ってうまく呼んだんでしょう。今
は……

"这个"は"哭"を修飾し、"哭"の程度を強調する。「散々泣い
た」ということを表している。"那"は"甜"を修飾し、随分、ものす
ごくという意味を表している。

B フィラー（独立語）

記者：您这个通知是什么时候发的？

张家祥：<u>这个……这个</u>我现在有事情，好不好啊，再见。

（訳文）記者：そのお知らせはいつ発表されたんですか.

　　　　張家祥：<u>それは…</u>今用事がありますから. では、失礼します.

　実質的な意味がなく、なくても意味が通じるということを指している。埋め言葉とも言える。詳しい内容は後文に譲る。

3.3　指示詞の機能

　吉田（1981:845）では、指示詞の機能としては、「空間的な指示機能、時間的な指示機能、anaphoricな機能、tacit（暗黙の）な機能があると考えられる」と指摘している。

　吉田が提言した「空間的な指示機能」は現場指示と理解しても差し支えない。「anaphoricな機能」は「前方照応」という機能で、「tacit（暗黙の）な機能」は「共有知識を前提としている機能」である。それは指示詞の使用上総合的な機能である。

　指示詞を観察する視点が異なっているから、分類に差がある。本書では、指示詞の使用法を観察した上、指示詞の語用的機能を究明する。

3.3.1　日本語における指示詞の機能

　（1）指示機能：指示対象を指示する。それは指示詞の一番基本的な機能であり、どの言語にもある。

　話し手は現場にあるものを指差して、発話する。

現場指示：<u>これ</u>はなんですか。

文脈指示：ダイアナという元王妃が亡くなりました。<u>その</u>王妃は世
界平和にとても貢献したのを知っていますか？

「これ」は現場にあるものを指示する。「その」は前文で出て来た
「ダイアナという元王妃」を指示する。

指示機能は指示詞における基本的な用法である。現場にある具体的な
ものを指示することから、文脈で出てきた捨象したもの（文・語彙）を
指示することまで、人間の認知の方向性が窺える。人間の認知は簡単な
認知から複雑な認知まで拡張していくと推測できる。

(2) 代用機能：同じことを二度繰り返すと、冗長なので、会話の効
率を図るため、指示詞を使用し、既出の情報を代用する。

人生ではお金より大切なものたくさんある。<u>これ</u>は誰でも知ってい
る話ですが、その通りに生きている人が少ない。

指示詞「これ」は前文で出てきた「人生ではお金より大切なものたく
さんある」という文を指示する。

「代用機能」を果たす同時に、「指示の機能」も含まれている。指示
機能があるからこそ、代用機能が生み出されたと考えられる。

(3) 限定機能

きのう銀座でわたしが教えている学生たちに会った。<u>その</u>学生た
ちはぜひつきあえと言ったが、用があったので付き合わなかった。

田中（1981：13）

　ソ系指示詞は前文で出たてきた学生を指示するのではなく、「わたしが教えている」という性質を持っている学生たちを指示する。つまり、ソ系指示詞は文脈情報の持ち込みで、学生たちを限定する。それは代用機能から生み出した用法であると考えられる。

　また、下記の例を見てみよう。

　　「そこ、コピーさせて」
　　「それ、コピーさせて」

　上記の例文において、「そこ」と言えば、あるもの（例えば、ノートとか地図とか参考書など）の特定のページを指しているが、「それ」といえば、その中の一部を指しているのではなく、全体（ノート、地図帳、参考書全体など）を指している。つまり、意味の限定から言えば、場所指示の「そこ」ともの指示の「それ」との違いがある。「そこ」が場所をより限定する機能がある。

　(4)　区別機能

　　こっちの本よりそっちの本のほうがおもしろそうだ。

金水・木村・田窪　(1989:29)

　この例文は現場指示用法である。「こっち」は他の本ではないという意味を持っている。指示詞は区別の機能が働いている。「こっち」と「そっち」がペアとして存在している。

　文脈指示の場合、指示対象を指示すると同時に、代用機能も働いている。代用機能は指示対象を代用することにより、文脈を含み込み、限定機能も働いている。限定機能は指示対象を限定するので、ある意味で指

示対象にラベルをつける。よって、他の指示対象と区別するので、区別
する機能も働いていると考えられる。

　つまり、「代用機能」「限定機能」や「区別機能」という三つの機能
は「指示機能」というものの素性である。その素性がいくつかあって指
示詞が成り立っていると考えられる。

3.3.2　中国語における指示詞の機能

　呂は《中国文法要略》（1982）では、「助指」という用法を提言し
た。また、《近代漢語指代詞》（1985）では、「代用機能」と「指示機
能」という基本的な用法を指摘している。さらに、呂（1990：595）の
論文《指示代詞の二分化と三分化》では指示詞の機能は「指示」「代
用」「区別」に分け、「指示」は根本的な用法と指摘した。また、呂
（1985：202）では、「当前指・回指・前指」という用法を指摘した。そ
れぞれは日本語の指示詞における「現場指示」「前方照応」や「後文照
応」という機能と対応する。

　次は「助指」について、説明する。

　　　　助指是说指称词要伴同其他加语才能产生指示\定的作用。

　　　　　　　　　　　　　　　　　　　　　　　　　　（呂叔湘1982：167）

　　（訳文）必ず他の修飾節を伴って、指示する作用が働く。

　例えば、次の例を見てみよう。

　　　　我昨天买的那本书。

　　　　（私が昨日買った<u>その</u>本）

　指示詞“那”は“我昨天买的（私が昨日買った）”という修飾語によって本を同定することができる。もし、“我昨天买的”を削除して、“那本书”になると、意味が通じるが、これは市場で買った本、友達からもらった本、先生から勧められた本など随意的になる。つまり、修飾節がないと、指示対象を同定することができない。陳（2009：31）によると、「助指」は指示詞の基本的な機能が弱くなったものと指摘している。

　本書では、「助指」は前方照応の下位分類として考えられる。その理由は以下のように考えられる。

　例文“我昨天买的那本书”において、指示詞“那”は指示対象“我昨天买的”により同定する。“我昨天买的”を削除して、“那本书（あの本)”になると、観念指示用法になる。

　　人生ではお金より大切なものがたくさんある。<u>これ</u>は誰でも知っている話だが、その通りに生きている人は少ない。

　この例文は指示詞「これ」は前方照応で、前文で出てきた「人生ではお金より大切なものがたくさんある」を指示する。もし、「人生ではお金より大切なものがたくさんある」を削除したら、「これは誰でも知っている話ですが、その通りに生きている人は少ない」という文になり、「これ」がなにを指示しているかは不明である。前方照応は、指示対象は前文にある一方、助指の指示対象は前文にあるのではなく、その文中の指示詞の直前にある。よって、「助指」は指示詞の基本的な機能が弱くなったものとすることには問題があると考えられる。よって、「助指」は「前方照応」の下位分類としている。日本語にも、同じ用法がある。

「一目会った」｛その/＊この/＊あの｝日から恋の花が咲くことも
ある。

金水（1990）

本書では、呂（1992）の先行研究を踏まえ、中国語における指示詞の
機能は「指示」「代用」「区別」として考えられる。日本語でも同じ機
能があるのに、このような区別はしない。それは研究内容が異なってい
るからである。以下では中国語における各機能を紹介する。

（1）指示機能
話し手は指差しをし、次の発話をする。

"<u>这</u>是什么？"（これはなんですか）
"这"は現場にあるものを指示する。

（2）代用機能
文を簡潔にするために、前文に出た指示対象を省略して、指示詞で代
用するということである。これは基本的には前に言ったことを指示して
いるから出てくることであると思われる。指示機能は現場指示にして
も、文脈指示にしても、いずれもある。つまり、指示機能は指示詞の一
番基本的な用法である。代用機能はすべての指示用法において、持って
いるわけではない。例えば、記憶指示用法において、代用機能を持って
いない。代用機能は先行文脈に依存している。つまり、指示機能の副次
的な機能であると考えられる。

<u>这</u>也是何家村的规矩，吃饭只能男的上桌，女的得等男的吃完了再吃。

王海鸰《新结婚时代》

（訳文）<u>これ</u>もこの村のルールの一つなのだ。食事はいつも男たち
　　　　が先で、女たちは、彼らが食べ終わるのを待ってから、残
　　　　り物を食べる。

　指示詞"这"は後文「吃饭只能男的上桌，女的得等男的吃完了再吃」
を代用する。

（3）区別機能

　区別機能とはいくつかの事物を区別する機能である。指示詞はそれぞ
れを区別する直示系である。呂（1985）によると、指示詞の主な作用は
区別である。指示詞の区別機能は"这""那"対で現れる時に、一番強
いと指摘している。

　你要住<u>这</u>间屋子还是<u>那</u>间屋子？
　（訳文）<u>この</u>部屋に、それとも、<u>その</u>部屋に泊まりたいですか？

　しかしながら、この例文において、指示詞は単に区別という機能を持
つのではなくて、指示機能も持っている。つまり、一次的には指示で、
副次的に区別の機能である。したがって、ここでいう区別の機能は対に
なっているから出てくる機能である。

第四章

日本語における文脈指示詞の使用法に関する考察

4.0 序

　近年の先行研究では、コ系文脈指示詞の使用には、「話し手だけがその指示対象をよく知っている（久野1973）」「直接的知識（黒田1979）」「話し手にとって指定的である（堤2012）」などの説がある。ソ系文脈指示詞における近年の先行研究では、「概念的知識（黒田1979）」「間接的知識（田窪・金水1996b）」などの説がある。また、ア系文脈指示詞の使用には、「聞き手」の知識を含むかどうかについて、見解がまだ一致していない。主な先行研究の中で、久野（1973）、東郷（2000）、迫田（2004）は、ア系文脈指示詞の使用を聞き手の知識と関連させて説明する一方、堀口（1978）、黒田（1979）、田窪・金水（1996b）は「聞き手の知識」を排除した。最近の先行研究では、ア系文脈指示詞の使用には、聞き手の知識が不要という見解が多くなり、定説化される勢いがある。しかし、それらの説では解釈できない例文がある。

　日本語における文脈指示詞の使用法において、話し手が指示対象に対する知識の状態だけを判断するという二次的な用法を追求すると、正確には判断できない場合がある。よって、指示詞の使用法の研究において、より抜本的な研究方法の提案が望まれる。

　指示詞の使い分けに関する決め手はあくまでも、話し手[①]である。話し手が、必要な情報を心的に処理し、言語化して表出する。言葉は人間の心的メカニズムと密接に関わっている。「コ・ソ・ア」において、どちらの指示詞を使用するかの決め手はあくまでも、話し手である。また、指示詞の使用は話し手の心的なメカニズムを隠している。話し手は幾つかの要素（話し手・聞き手が指示対象に対する知識量や聞き手への配慮など）を考慮し、指示詞の使い分けをする。指示詞の使用において、話し手が考慮する影響要素により、心的なメカニズムが異なる。心的なメカニズムは指示詞の使用における影響要素からなっているとは言える。

　したがって、本章では、指示詞の使用の裏に隠れている話し手の認知メカニズムに焦点を当てて、コ・ソ・ア系指示詞の使用法を考察する。

4.1　コ系文脈指示詞の使用法に関する考察

　金水（1999:67）では、「ア系列およびコ系列では直示・非直示用法にわたってこの直示の本質が認められるのに対し、ソ系列はそうではないことを示す」と指摘している。また、金水（1999:71）によると、「ア系列およびコ系列の非直示用法[②]がともに直示用法の拡張である」と指摘している。

---

① 本文では、会話の順序において、発話する人は話し手、発話に応じて答える人は聞き手という決め方ではない。陳が指示詞を使用する理由を究明したいので、指示詞を使う人を敢えて話し手と定義する。文の場合では、指示詞を使用して、発話する人は話し手と定義する。

② 大きくいうと、金水が用いる「直示」を本書での現場指示として考えられ、「非直示」を文脈指示として考えられる。

　コ系現場指示の基本的な意味は「話し手にとって近い」というところに求められる。そして、コ系現場指示用法「話し手にとって近い」という判断基準は文脈指示用法において、どういうふうに応用されているか、すなわち、文脈指示用法において、どの要素が話し手にとって「近い」と認識されているのかということを究明したい。つまり、現場指示のメタファーとしての用法を見極める必要がある。

　まず、コ系文脈指示詞は時間や空間を指示する際、その使用法を究明する。

4.1.1　時間・空間
4.1.1.1　現在

　(1) 曾根二郎は、この時だけ静かに言った。

　　　　　　　　　　　　　井上靖「あした来る人」（下線は陳）

　この例文では、コ系指示詞を使用し、話し手（曾根）が発話する時、すなわち、現在を指示している。

4.1.1.2　未来

　(2) この連休には旅行を予定しています。

　　　　　　　　　　　金水・木村・田窪（1989:84）（下線は陳）

4.1.1.3　過去

　(3) この三月、大学を卒業しました。

　　　　　　　　　　　金水・木村・田窪（1989:84）（下線は陳）

　金水・木村・田窪（1989：84）によると、『「この」と「春、五月、水曜日、連休、…」などの時期の名前を組み合わせて、現在から最も近いその時期を表すことができる（過去でも未来でもよい）』と指摘している。

　よって、例（2）では、現在から近い連休を指している。例（3）では、現在から近い過去を指している。

4.1.1.4　現在地

　（4）だって、君の言って来た条件ではこんなところしかないよ。
　　　知っている学生が<u>ここ</u>に居るんだ。

　　　　　　　　　　　　井上靖「あした来る人」（下線は陳）

　この例文は、小説の中の会話である。「ここ」は話し手が現在いる場所、すなわち、現在地を指示している。

　以上では、話し手は時間や空間における「遠近」への認識について考察を行った。時間において、話し手は「現在」を「近い」と認識している。また「過去」や「未来」まで拡張してきた。空間において、話し手は「現在地」を「近い」と認識していると考えられる。

4.1.2　コ系文脈指示詞の基本的な用法（聞き手の存在を考慮しない場合）
4.1.2.1　現場指示の平行用法

　金水・田窪（1990：139）では、「文脈指示のコは現場指示の一種である」と指摘している。

　現場指示の場合、話者はまず、現場に存在している指示対象を視覚などで認識し、それを映像として頭に導入する。さらにそれを言語ルール

に基づき、言語化して表出する。話し手は指差しなどを利用し、現場に
ある指示対象を同定し、相手の注意を喚起する。

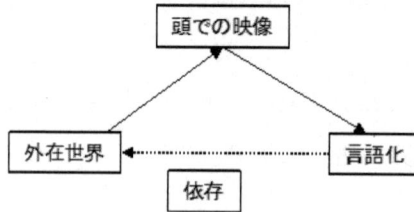

図4-1　現場指示

　目の前の状況の描写であっても、頭に存在している状況の描写であっ
ても、それらを言語化して表出するルートは現場指示と類似するところ
がある。それは両方とも頭に存在している映像を言語化して表出すると
いうところである。一種映像のように読者に映し出している。その場
合、指示詞の使用は描写している映像の中での時間や空間と関わってい
る。よって、現場指示の一種と考えられる。以上の説明は下記の図4-2
で表記する。

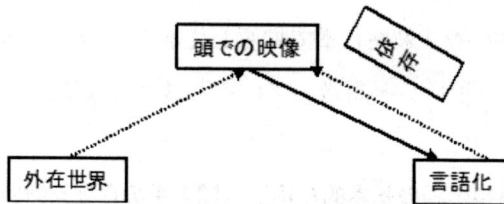

図4-2　文脈指示（文章の場合）

（5）さすがに身体は疲れている。リュックサックの重みが、ずっし
　　　りと肩にくいこんでいる。どこを見ても人間が多い。こんなに
　　　多くの人間が一体ここで毎日何をしているのか。

夏目漱石「こころ」

(6) そういう有様を目撃したばかりの私の眼には、猿股一つで済ま
　　して皆の前に立っている<u>この</u>西洋人がいかにも珍しく見えた。

夏目漱石「こころ」

　この二つの例文では、作者は第一人称「私」で語っている。話し手は
目の前の状況を描写している。それは映像のように、読者の目に映る。
そのため、一種の現場指示と見なされる。例（5）の話し手（私）は現
在いる場所を描写しているので、「ここ」を使用し、自分が現在いる
場所を指示する。例（6）では、指示対象（西洋人）が「前に立ってい
る」ので、コ系指示詞を使用する。話し手は指示対象「西洋人」と距離
的に近いということを読者に示している。

(7) 曾根は朝食をすますと、リュックサックから、ワイシャツ、
　　靴下、ハンカチ、はだ着類などを取り出して、<u>それ</u>を風呂敷
　　に包んで部屋のすみの小さい机の上に置いた。それから手回
　　り品のこまごましたものをも取り出し、<u>これ</u>も机の上にき
　　ちんと並べた。こうしたところは、見かけによらずきれい好
　　きである。

井上　靖「あした来る人」

　この例文では、曾根が自分の荷物を片付けている状況を描写してい
る。描写している内容が映像のように反映している。描いている対象は
ソ系指示詞で指示している対象もあるし、コ系指示詞で指示している対
象もある。それは視点の移動であると思われる。
　この例文では、時間の推移が、指示詞の使い分けに影響する。まず、
曾根は「リュックサックから、ワイシャツ、靴下、ハンカチ、はだ着類
などを取り出し」て、それから「部屋のすみの小さい机の上に置い」

て、また、「手回り品のこまごましたものをも取り出し」て、「これも
机の上にきちんと並べた」という順番である。

　この例文では、コ系を使用し、「手回り品のこまごましたもの」を指
示する。ここでのコ系指示詞を使用したのは時間的にも空間的にも「手
回り品のこまごましたものをも取り出し、これも机の上にきちんと並べ
た」時と場所を、動作が発生した時と場所に設定したためである。よっ
て、それ以前のことはソ系を使用し、一見過去に発生したことのように
感じられる。読者は話し手の指示詞の使用により、話し手の視点の移動
を読者に示している。時間的に言うと、「それ」の指示対象は、コ系指
示対象より、時間的に早めに出ている。この例文では、指示詞の使用は
話し手の視点の移動により決まる。

　時間（現在）や場所（現在地）を指示する際、「話し手にとって近
い」と認識し、コ系指示詞を使用する。それは、時間や場所を指示する
際、現場に依存性が高いからである。即ち、現場指示用法における心内
構造をそのまま文脈指示用法に当てはまって応用されると考えられる。

　コ系文脈指示詞の使用法は話し手が持つ指示対象に対する知識量と関
わっている。コ系指示詞の用法を掘り出すため、幾つかの知識の状態を
設定し、コ系指示詞の用法を究明したい。

　よって、本節では、三つのレベルを設定し、分析を行う。それぞれ、
「話し手が指示対象についての知識を持っていない場合」「話し手が指
示対象についての文脈レベルで要求される知識を持っている場合」「話
し手が指示対象についての知識を最大に持っている場合」という三つの
下位分類である。

4.1.2.2　知識を持っていない場合

　（8）実験をすれば、その/＊この結果が得られる。

(9)　もしあの時買った宝くじが当たっていたら、＊この/その金を
　　　頭金にして家が買えたのになあ。

　　　　　　　　（堤2012による金水・田窪（1990:137）を修正）

(10)　もし、私に子供がいたら、＊この/その子にピアノを習わせ
　　　よう。

　　　　　　　　　　　　　　　　　　　　　　　堤（2012:129）

(11)　どうして電子計算機はこれだけ広い範囲で利用され、しかも
　　　あらゆる人々から関心を持たれているのか。それ/＊これは
　　　電子計算機の万能性のためである。

　　　　　　　　　　　　　　　　　　　　　　　　　　（坂井）

　三上（1955:334-36）では、コ系指示詞は条件節中の仮定された事物
を指すことができない、質問文の内容も指示できないと指摘している。
上記の例文では、仮定された文や質問文の内容を指し示している時、コ
系指示詞は使用できないのに対して、ソ系指示詞は使用できる。三上の
説は上の例文をうまく説明できる。吉本（1992:115）では、三上の説に
基づき、コ系文脈指示詞の指示対象は「実質的なければならない」と指
摘している。しかしながら、三上の説に対しては反例がある。

(12)　「こういう実験をしたらこういう結果になるかもしれないと
　　　いう予測は誰が考えついたの？」

　この例文では、指示対象（実験）が仮定された文にあっても、コ系指
示詞の使用が可能であるのはなぜか。それはコ系指示詞の使用法は指示
対象が条件節や質問文にあるかどうかという文の構造から求めるべきで
はなく、話し手は指示対象を心内領域でどういうふうに捉えているの

か、即ち、話し手が指示詞を使用する際、持っている認知メカニズムに焦点があるからであると考えられる。

　まず、上の例文でコ系指示詞が使用できない理由を説明する。(8)-(10)の例文は、下記のような説明ができる。「実験」をまだやっていないので、どのような結果が出るかは発話時点では、まだ不明である。つまり、話し手は指示対象「結果」に対して、知識を持っていない。同じように、「宝くじ」はまだひいていない。「子供」はまだ産んでいない。よって、まだ、ひいていない「宝くじ」や産んでいない「子供」についての知識を話し手は持っていない。心理的に近いとは言えないので、ソ系指示詞を使用する。

　例(12)では、「こういう」は前文で出てきた「実験」を指し示している。問題は指示対象「実験」が仮定された文にあるのに対して、コ系指示詞を使用するのはなぜかである。

　まず、「実験」が前の「こういう」で修飾されているので、話し手が実験に対してある程度の知識を持っているということが推測できる。また、後文で「予測」ということから見ると、話し手はどのような実験をしたら、どのような結果が出るかということを全般的に把握していると考えられる。よって、この例文でコ系指示詞を使用できる要因は、話し手が指示対象に対して、知識を持っていることである。即ち、指示対象「結果」の内容について把握している。よって、話し手は心理的に指示対象に対して「近い」と認識し、コ系指示詞を使用しているのである。

　話し手は指示対象が「近い」と認識できるレベルの知識を持っている際、「近い」と認められると考えられる。また、日本語のコ系指示詞の使用では、心理的に「近い」という認定には幅がある。その幅について、以下で詳しく論じる。日本語の近称コ系文脈指示詞と比べると、中国語の近称"这"系文脈指示詞の使用法のほうが、指示対象が話し手にとって心理的に「近い」と認識する要素の幅が大きい。

　日本人は自分にとって、心理的に近いと認めることは必ずよく知っていることであると推測できる。同じ指摘を久野（1973：69）は、「話し手だけがその指示対象をよく知っている場合にしか用いられない」と指摘している。本書では、久野（1973）の提言した「よく知っている」という言い方が曖昧で、具体的な判断基準が必要であると考えている一方、コ系指示詞の使用法には他にも要因があると考えている。それについては、後文で詳しく論じる。

* コ系指示詞を使用できない要因は指示対象が仮定された文や質問文にあるという文の構造に求めるべきではなく、話し手が指示対象に対して、知識を持っているかどうかということである。
* 話し手は指示対象に対して知識を持っていない場合、ソ系指示詞を使用する。

4.1.2.3　文脈レベルで要求される知識を持っている場合

　話し手は指示対象に対して、知識を持っている場合であっても、必ずコ系指示詞を使用するわけではない（条件付き）。よって、コ系指示詞の使用に対するほかの要因を抽出する必要があると考える。

　(13) 僕は昨日生協でぜんざいを食べたけど、その/このぜんざいはおいしかったよ。

堤（2012：121）

　例（13）では、話し手（僕）が実際にぜんざいを食べたので、指示対象「ぜんざい」に対して、知識を持っていると推測できる。話し手は指示対象に対して、知識を持っているので、心理的に近いと認識し、近称

指示詞を使用できる。「この」を使用する場合、指示対象「ぜんざい」が目の前にあるように生き生きとしているイメージがあり、指示対象と一体感が感じられ、心理的に近く感じられるので、より自分に引きつける効果がある。

「その」を使用する場合、冷静に指示対象「ぜんざい」を指示するという語感があり、主観関与ということを強調せずに、客観的に事実を述べている。

また、例（13）の例文を以下のように変えると、「この」の使用は不可能になる。

　　（14）僕は昨日生協でぜんざいを食べたけど、<u>その/＊この</u>ぜんざいの主産地を知りたいなぁ。

　　　　　　　　　　　　　　　　　（堤2012：121の例文の変形）

例（13）は例（14）と同じように、話し手が指示対象「ぜんざい」を食べたので、「ぜんざい」に対してある程度、もしくは、ある方面の知識を持っていると判断できる。

黒田（1979：98）によると、「ア系（及びコ系）の指示詞に対応する直接的な知識ということは、直接体験に基づく知識ということであろう」と指摘している。黒田の説明に従うと、話し手が「ぜんざい」を食べて直接に体験したので、話し手にとって直接的な知識であると判断できる。よって、コ系指示詞を使用すべきである。しかし、例（14）ではコ系指示詞の使用は不可能である。よって、コ系指示詞の使用法は話し手が指示対象に対して直接的な知識を持っているかどうかということから求めるべきではなく、他の要因を追求しないといけないと考えられる。

例（13）と例（14）はいずれも、話し手は指示対象「ぜんざい」に対して、知識を持っている。例（13）では、コ系指示詞が使用できる一

方、例（14）では、コ系指示詞は使用できない。それはなぜか。つまり、コ系指示詞の使用法は話し手が指示対象について知識を持っているということだけでは不十分で、「条件付き」ということを究明する必要があると考えられる。

　例（13）において、話し手は「おいしい」かどうかは知っているので、コ系指示詞を使用できる。つまり、話し手は「ぜんざい」の後ろの文「おいしかったよ」というレベルの知識を持っている。しかし、例（14）において、「ぜんざいの主産地」という方面の知識を持っていない。即ち、文脈レベルで要求されている知識を持ってないので、コ系指示詞を使用できない。

図4-3　ぜんざいに対する知識

　「ぜんざい」には、いくつかのレベルの知識がある。例えば、ぜんざいの「味」「大きさ」「色」「重さ」や「主産地」などである。例（13）では、話し手は「ぜんざい」を食べたので、「味」「大きさ」「色」「重さ」に対して、知識を持っていると推測できる。そして、「このぜんざいはおいしかったよ」というレベルのことは言える。即ち、「ぜんざい」が「おいしい」かどうかというレベルの知識は持っている。しかし、話し手は「ぜんざい」を食べても、「ぜんざい」の主産地を知らないので、「このぜんざいの主産地を知りたいなぁ」という文は成立できない。コ系指示詞の使用法は話し手が指示対象に対して文脈レベルで要求されている知識を持つことを要求している。よって、他の

制限がない場合、コ系とソ系は両方共使用できる。また、話し手（私）は今日ではなく、「昨日食べた」ので、ソ系指示詞を使用し、淡々と過去のことを述べているという語感がある。

　また、書かれた文章の場合、作者は読み手を対象として、情報を伝達している。その場合、聞き手という要素が直接に介入せずに、指示詞の使い分けをしている。

　下記で紹介する例文は上での例文と異なり、小説の一文である。小説の場合、物語の展開に必要な内容を導入する。つまり、話し手は頭に格納している情報を言語化して表出する。そして、頭に格納した情報は話し手にとって「直接経験情報」なのか、または、「間接的情報」なのかは判断できない例文もある。そのため、金水・田窪（1996b）が示している指示詞の使い分けに対する基準は、書かれた文章の場合には効かないと思われる。

　金水・田窪（1996b）では、指示詞の使い分けを下記のように述べている。

　　D−領域（長期記憶とリンクされる）：ア系
　　：長期記憶内の、すでに検証され、同化された直接経験情報、過去
　　　のエピソード情報と対話の現場の情報とリンクされた要素が格納
　　　される。
　　：直示的指示が可能

　　I−領域（一時的作業領域とリンクされる）：ソ系
　　：まだ検証されていない情報（推論、伝聞などで間接的に得られた
　　　情報、仮定などで仮想的に設定される情報）とリンクされる。
　　：記述などにより間接的指示される。

　　　　　　　　　　　　　　　　　　　　　金水・田窪（1996b:263）

(15) 上京に、平林という人がいた。この人のところへ、田舎から手紙をたのまれた男がいたが、この男はひらばやしという名を忘れて、人に読ませると「たいらりん」と読んだ。

（興津要「落語の歴史」）

李（2012：74）は、上の例文について、「話し手が指示対象に対して情報的に優位に関わっており、話し手の情報提供者としての立場の優位がここに反映されていると考えられる」と指摘している。

問題は特に物語において、話し手が指示対象に対して情報的に優位に関わっているのにもかかわらず、ソ系指示詞も使用できることをどういうふうに解釈すればいいかである。実は上の例文では、コ系指示詞の代わりに、ソ系指示詞も使用できる。

(15) ＊上京に、平林という人がいた。この/その人のところへ、田舎から手紙をたのまれた男がいたが、この/その男はひらばやしという名を忘れて、人に読ませると「たいらりん」と読んだ。

また、下記の例文にも、コ・ソ系、両方の指示詞が使用できる。

(16) 昔むかし、あるところにおじさんが住んでいました。その/このおじさんは、山へ柴刈りに行きました。

話し手は指示対象に対して、「情報的に優先に関わって」いても、コ・ソ系両方とも使用できる。よって、話し手が指示対象に対して「情報的に優先に関わる」ということはコ系指示詞の使用法の決め手ではないと思われる。

　以上の二つの例文は小説（落語）や物語（昔話）から取られた文である。話し手は文章や物語を書く時、指示対象に対してある程度の知識を持っていると推測できる。指示対象に知識を持っていないと、物語の展開や指示対象に対する描写はできない。本書では、コ系指示詞を使用する際は、指示対象に焦点を当て、話し手のところに引き寄せるので、一種の心理的親密性が生まれる。ソ系指示詞を使用する際は、客観的に物事を描くと解釈する。

　　　＊　小説の場合、コ系指示詞の使用法は直接知識と間接知識とに関係なく、話し手が指示対象に対して詳しい知識を持っていれば、コ系・ソ系指示詞の両方とも使用できる。ただし、文学上の効果に差がある。

4.1.2.4　知識を最大に持っている場合

　次に指示対象が固有名詞の場合、指示詞の使用法がどうなるかを分析する。

　　　(17) こないだ2のコンサートに行ったよ。＊その/このバンドは、やっぱり人気があるね。会場は超満員だったよ。

　　　　　　　　　　　　　　　　　　　　　　　　　堤（2012:38）

　堤（1998:48）では、「先行詞が固有名詞の場合には「この」が使用され、「その」は使用できない」と指摘している。本書では、その記述が正しいと認めた上で、その理由を究明したい。
　この例文では、話し手は指示詞「この」を使用し、「2（コンサートの名前）」という固有名詞を指示している。話し手は指示対象に対

78

して、ある程度の知識を持っていると推測できる。固有名詞は唯一性を持っているので、特定しやすいという特性を持たせる。また、上林（2000：44）では、「記述説と言われる一派の主張は固有名は非常に豊富な意味内容を持っているというものだった」と指摘している。よって、話し手は固有名詞を指示する際、話し手が指示対象について、豊富な知識を持っていることを暗示している。知識量から言うと、「豊富な知識」は「文脈レベルで要求される知識」より多い。よって、本書では指示対象が固有名詞の場合、話し手は指示対象についての知識を最大に持っているとして議論を進める。知識量を判断できる範囲で、指示対象が固有名詞の場合は、話し手が指示対象についての知識量を最大に持っているとする。コ系指示詞の使用は知識量と関わっている。したがって、指示対象が固有名詞の場合、コ系指示詞の使用が示唆される。しかし、指示対象が固有名詞の場合、話し手が指示対象についての知識量を最大に持っているかというと必ずしもそうではないこともある（後文で論じる）。

(18) 今日、ダイアナ元王妃が亡くなったという話を聞いたんですが、一体この/その人はどのようなひとですか？

（堤2012：117の例文の変形）

堤（1998：48）では、「先行詞が固有名詞の場合には「この」が使用され、「その」は使用できない」と指摘している。しかし、この例文では、指示対象が固有名詞であっても、ソ系指示詞の使用ができるのはなぜか。

例（18）では、話し手が指示対象「ダイアナ」という固有名詞の前に「という」を使用していないので、話し手は指示対象に対して、知識を持っていると推測できる。堤（2012）の説によると、「指示対象は固有

名詞の場合、コ系指示詞の使用が義務的である」と指摘している。しかし、この例文では、指示対象が固有名詞であっても、ソ系指示詞の使用ができるのはなぜか。

　「一体この/その人はどのようなひとですか」という文から見ると、話し手は指示対象「ダイアナ」の人柄という方面の知識を持っていないと判断できる。よって、文脈レベルで要求されている知識（文脈に基づいた話し手が示している知識）を持っていないのである。この例文では、話し手は指示対象についての知識を最大に持っているのではなく、指示対象に対する「豊富な知識」から「文脈レベルで要求される知識」を引いたレベルの知識しか持っていない。知識量が減ったので、ソ系指示詞も使用できる。

　上の説は下記の図で表記する。話し手の指示対象に対する知識量を黒い影で表記する。

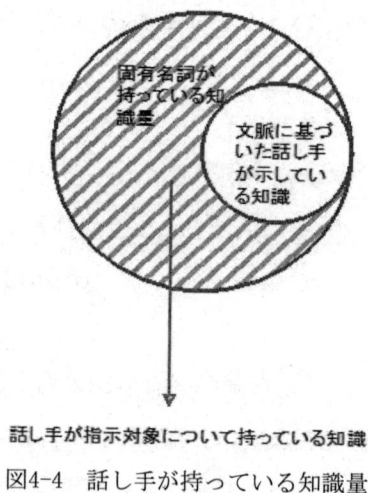

話し手が指示対象について持っている知識
図4-4　話し手が持っている知識量

　しかし、同じ状況で、指示対象が普通名詞の場合はコ系指示詞の使用は不可能である（例14）。その理由を後文で説明する。

4.1.3　コ系文脈指示詞の基本的な用法（聞き手の存在を考慮する場合）

4.1.3.1　話し手が発話場面に介入する場合

　指示対象が第三者の領域に属する場合、第三者の領域を吸収する場合と吸収しない場合がある。それは話し手が発話場面に介入するかどうかにより決まると考えられる。

　　　(19)「やあ失敬」先生はこう/そういってまた歩き出した。

　　　　　　　　　　　　　　　　　　　　　　　　夏目漱石「こころ」

　　　　　　　　　　　　　　　　　　　　（下線および「そう」[①]は陳）

　この例文は、私小説の中の文で、作者は第一人称（私）で、語っている。登場人物（先生）が言ったことは第三者の領域に属するので、ソ系指示詞を使用するのが一般的であろう。上の例文では、第三者が言ったことをコ系指示詞で指示するのはなぜか。

　話し手（私）は「こう」を使って、第三者（先生）の発言内容「やあ失敬」を指示している。話し手（私）は第三者（先生）の発言内容を叙述し、ある情報として、読者に伝達している。つまり、発言する前に、話し手は第三者（先生）の言ったことをすでに自分の記憶の中に収めていることが推測できる。それを表出する際、記憶データベースに格納した情報を活性化し、言語化して表出する。つまり、話し手（私）は第三者（先生）の領域を吸収して共有領域を形成し、指示対象が自分の領域に属するように一種の説明文のように情報を伝達する。よって、コ系指示詞が使用できる。

---

① 本書では、指示詞の使用容認度は全て日本語母語話者に依頼し、アンケートしてもらった。

また、小説の場合、全て第三者の領域を吸収できるわけではない。例えば、下記の例を見てみよう。

(20) 先生はまたぱたりと手足の運動をやめて仰向けになったまま浪なみの上に寝た。私も＊この/その真似をした。

夏目漱石「こころ」

（下線および「この」は陳）

この例文は私小説の中での文である。作者は第一人称（私）になって、物語を展開する。話し手（私）は指示詞「その」を使用し、先生の水泳姿勢「またぱたりと手足の運動をやめて仰向けになったまま浪なみの上に寝た」ということを指示している。指示対象は第三者（先生）の領域に属しているので、コ系指示詞の使用は不可能で、ソ系指示詞を使用する。

　例（19）と例（20）は両方とも、話し手（私）は指示詞を使用し、第三者（先生）の領域に属することを指示している。しかし、それぞれはコ系指示詞とソ系指示詞を使用しているのはなぜか。それは例（19）では、話し手（私）は第三者（先生）の領域を吸収して共有領域を形成することができる一方、例（20）では、話し手（私）は第三者（先生）の領域を吸収することはできないからである。

　例（19）では、話し手は第三者の発言に関する描写なので、指示対象がどちらの領域に属するかは明示する必要がない。つまり、話し手が第三者（先生）の領域を区別する必要はない。第三者（先生）に対する描写なので、指示詞の使用要素において、話し手は発話場面に直接に介入していないからである。よって、話し手（私）は第三者（先生）の領域を吸収し、共有領域を形成することができる。言い換えれば、話し手（私）の領域と第三者（先生）の領域を融合して、共有領域を形成して

いる。また、コ系指示詞の使用は、一種現場指示のようである。話し手
（私）が第三者（先生）の行動を描写し、現実性を強調している。

　例（20）では、話し手（私）は「その」を使用し、「真似」を修飾
し、すなわち、自分が他人のことを真似していることを暗示しているの
で、第三者（先生）の領域を吸収することはできない。指示詞の使用法
において、話し手が発話場面に介入しているので、指示対象が第三者
の領域に属することを明示しないといけない。言い換えれば、話し手
（私）の領域と第三者（先生）の領域は対立して、指示対象が第三者
（先生）の領域に属するので、ソ系指示詞が使用される。

4.1.3.2　聞き手が知識を持っていない場合

　指示対象が固有名詞の場合、すべてコ系指示詞を使用するわけでは
ない。

　　（21）ダイアナ元王妃が亡くなりました。この/＊その王妃は世界
　　　　　平和にとても貢献したのを知っていますか？

　　　　　　　　　　　　　　　　　　　　　　　　　　　　堤（2012：117）

　堤（2012：117）上記の例文に関して、下記のように述べている。

　　ソノの使用が完全に容認できないわけではなく、？？？という判
　　断をする話者が存在する点である。これは恐らく（32a）[①]の後文の
　　内容と関係しているように思われる。（32a）の後文は「〜知ってい

---

① 堤の論文の中での順番。

ますか？」と、あたかも聞き手がダイアナ元王妃を知らない可能性を話者が想定しているような文になっている。

　本書は、堤の説に賛意を表す。そして、コ系指示詞を使用するルールとは一体何かという問題を追求する。指示対象が固有名詞の場合、どのような場面で、コ系指示詞を使用できるのか、または、どのような場面でソ系指示詞を使用できるのかを究明したい。

　よって、「ダイアナ」という固有名詞の前に「という」を使っていないということから、聞き手は、指示対象（ダイアナ）に対して知識を持っていると話し手は思っているということが推測できる。また、「王妃は世界平和にとても貢献したのを知っていますか」という文から、聞き手が「王妃は世界平和にとても貢献した」というレベルの知識を持っていない可能性があると話し手は想定している。

　したがって、上記の例文では、指示対象は固有名詞であるが、話し手は聞き手に対する配慮（聞き手が指示対象（ダイアナ元王妃）に対して知識を持っているかどうか）という要素を加えた場合、ソ系を全く使えないのではなく、使用の容認度は増える。本書の説に従えば、聞き手が指示対象に対する知識量は指示詞の使用に対する一種の束縛変量で、コ系指示詞の優先地位を揺れさせ、ソ系指示詞の使用容認度が高くなると考えられる。詳しい内容は後文で論じる。

　　(22) ぼくは大阪にいるとき山田という先生に習ったんだが、君も
　　　　その先生につく気はありませんか。

（金水・田窪1990:95）

　金水・田窪（1990）によると、命令、質問などの発話行為は聞き手の知識を考慮しなければ成り立たないということを提言しているが、詳しい理由は述べられていない。

　この例文では、指示詞ソ系は前文で出てきた「山田」という人を指示している。指示対象「山田」は話し手が導入した内容で、話し手は聞き手より指示対象についての知識をより多く持っている。この二つの有力な要因はコ系指示詞の使用は推測できるが、しかし、実際にはソ系指示詞を使用している。それは、この二つの要因より、ほかの強力な要因が働くからであると考えられる。

　話し手は「山田という先生」に習ったので、指示対象「山田」に対してある程度の知識を持っていると推測できる。田窪（1989）では、「という」は固有名詞を不定名詞化する働きがある。よって、「山田」という固有名詞の前に「という」を使っているということから、聞き手にとって、未知の知識であると話し手は思っているということが推測できる。

　この例文は質問文である。聞き手に対して、質問するので、聞き手の指示対象に対する知識量も考慮しなければならない。よって、話し手は指示対象との親密な関係を強調するより、聞き手へ質問することを優先しなければならない。つまり、この例文では、話し手が指示対象に対して知識を豊富に持つことより、聞き手への配慮（聞き手が指示対象について知識を持っていないこと）が指示詞の使用において重要な要因になっている。

　例（22）において、聞き手が指示対象に対して知識を持っていないと話し手は想定している一方、例（21）において、聞き手が指示対象に対してある程度の知識を持っていると話し手は想定している。例（21）と例（22）はいずれも、話し手は指示対象に対して知識を持っている。よって、話し手が指示対象に対して知識を持ち、聞き手が指示対象に対して知識を持っていないと話し手は想定している場合、ソ系指示詞を使用すると考えられる。

例（21）において、聞き手が指示対象に対してある程度の知識を持っていると話し手は想定している。よって、ソ系指示詞の使用容認度が低い。ソ系指示詞を使用すると、かえって、話し手は聞き手が指示対象に対して知識を持っていないと想定し、聞き手のメンツを潰す。例（22）において、聞き手が指示対象に対して知識を持っていないと話し手は想定しているため、ソ系指示詞を使用している。

4.1.4　コ系文脈指示詞の使用法における特性
4.1.4.1　指定できる場合

(23) 太郎は羊を飼っていて、それを育てて売ることで生計を立てている。花子は＊この/その羊にえさをやる。

堤（2012:127）

堤（2012:127）によると、「コノが使用できないことは、コノがこのような非特定的な状況を表現するのには適さないものであるということを示している」と指摘している。堤（2012）によると、コ系文脈指示詞の使用法は「話し手にとって指示的」であると指摘している。本書では、堤の説には補助条件が必要であると考えている。話し手は指示対象を言及した時、特に説明文の場合、詳しい知識を持っているので、全ての指示対象は「話し手にとって指定的」であると判断できる。しかし、そういう場合ではソ系も使用できる例文が多数存在する。よって、堤の説には経験の問題があると考える。

上の例文では、太郎は複数の羊を飼ってそれを売ることで生活している。よって、指示対象の「羊」が特定な羊ではなく、しょっちゅう動的に変化する羊の集団の中での羊である。

つまり、ソ系指示詞は文脈で提供している「太郎は羊を飼っていて、それを育てて売る」という種類の羊を指示している。花子は羊にえさを

やるので、えさをやられた羊は花子にとって指定的であると推測できる。なぜかというと、それは、花子がえさをやるという動作自体、羊を見ながら、えさをやるので、羊が花子にとって指定的である可能性があるからである。ではなぜこの例文では、コ系指示詞の使用は不可能であるか。それは文脈で提供している情報からは、「太郎が羊を飼っていて、育てて売る」以外の情報はないため、花子にとって羊は不特定的であるためである。

　話し手は指示対象を指定できないので、心理的に疎遠感を感じる。よって、近称コ系指示詞を使用できないのである。

4.1.4.2　主題性

　　(24) 先日行った実験は、その/＊この結果が学会で評価された。
　　(25) 先日、実験を行った。その/この結果が、おもしろいことがわかった。

　金水（1999:67）によると、「コ系列の非直示用法は「談話主題指示」、すなわち先行文脈の内容を中心的に代表する要素または概念を指し示すものと考える」と指摘している。

　上の例文では、庵（1995a）では、以下のように解釈している。単一文中で充足する代行指示の「その」は「この」に置き換えられないが、非単一文ではそれが可能になる。しかし、その理由には触れていない。本書では、文としての話題性または主体性が関係あると考える。

　　先日行った実験は、その/＊この結果が学会で評価された。→中心部「実験」→先日行った実験の結果が学会で評価された

　　先日、実験を行った。→中心部「実験」

　　<u>その/この</u>結果、おもしろいことがわかった。→中心部「結果」

　「先日行った実験は、<u>その/＊この</u>結果が学会で評価された」という文では、主語は「実験」で、発話の主題となっている。「<u>その/＊この</u>結果が学会で評価された」という文は文法的にいうと、主格補語となっている。「先日行った実験の結果が学会で評価された」という文と統語的には異なっていても、意味は同じである。「実験」と「結果」は従属関係であると考えられる。コ系指示詞を使用する場合、話し手は指示対象を引き寄せるという効果がある。例（24）、「結果」の前に、「この」を使用すると、前の文の主題「実験」の主導権（主題性）を奪うので、「この」の使用は不可能である。しかし、二文から成る例（25）の場合では、それぞれの文にそれぞれの主題があるので、「この」の使用は可能であると考えられる。

4.1.4.3　一致性

　他の影響要素では、聞き手に対する配慮など以外、指示対象に対する情報提供の一致性にもコ系指示詞の使用に影響する。下記の例を見てみよう。

　　（26）順子は「あなたなしでは生きられない」と言っていた。<u>その/？？この</u>順子が今は他の男の子供を2人も産んでいる。

庵（2007:98）

　例（26）では、指示対象「順子」は「『あなたなしでは生きられない』と言っていた」順子である。つまり、話し手は「『あなたなしでは生きられない』と言っていた」という順子を文脈で提供している。

「あなたなしでは生きられない」と言っていた」から「いま、その男と幸せな生活を過ごしている」と推測できる。

しかし、後ろの文から見ると、「順子が今は他の男の子供を2人も産んでいる」ということになっている。つまり、「他の男の子供を2人も産んでいる」順子と、前文で提出した情報「あなたなしでは生きられない」と言った順子とは矛盾するので、情報の提供に対して、一致性を欠くことになる。故に、この例文では、「この」の使用は不適切である。即ち、「この」の使用は前文で提出した情報と後文が一致することが必要であると考えられる。話し手は文脈で描いている固有名詞の性質が変わった場合、コ系指示詞の使用は不可能である。そういう場合では、話し手は心理的に遠いと認識するので、ソ系指示詞が使用されている。

4.1.5　考察

上記の例文では、指示対象が固有名詞の場合と普通名詞の場合では、指示詞の使用法が異なっているので、下記で上掲した例文をもう一度引用し、分析を行う。対比するため、三つの組に分けて分析する。

一：
    (13) 僕は昨日生協でぜんざいを食べたけど、その/このぜんざいはおいしかったよ。
    (17) こないだ2のコンサートに行ったよ。＊その/このバンドは、やっぱり人気があるね。会場は超満員だったよ。

上記の二つの例文は、両方とも、話し手は指示対象に対して、文脈レベルで要求される知識を持っている。しかし、例（13）では、ソ系指示

詞を使用できる一方、例（17）はソ系指示詞を使用できない。例（13）と例（17）の区別は指示対象が固有名詞か、あるいは、普通名詞かということである。

二：

(14) 僕は昨日生協でぜんざいを食べたけど、<u>その/＊この</u>ぜんざいの主産地を知りたいなぁ。

(18) 今日、ダイアナ元王妃が亡くなったという話を聞いたんですが、一体<u>この/その</u>人はどのようなひとですか？

この二つの例文では、両方とも、話し手が指示対象に対して、文脈レベルで要求される知識を持っていないが、例（14）ではコ系指示詞が使用できない一方、例（18）では、コ系指示詞が使用できる。一組と同じように、ここでの例文の唯一の区別は指示対象が固有名詞かどうかということである。

三：

(21) ダイアナ元王妃が亡くなりました。<u>この/＊その</u>王妃は世界平和にとても貢献したのを知っていますか？

(22) ぼくは大阪にいるとき山田という先生に習ったんだが、君も<u>その</u>先生につく気はありませんか。

この二つの例文では、例（21）はソ系指示詞の使用容認度が低い一方、例（22）では、ソ系指示詞が使用できる。この二つの例文において、例（21）の指示対象は固有名詞で。例（22）の指示対象は「固有名詞＋という」（固有名詞を不定化にすること）である。

　上記で述べている三つ組の例文を分析すると、指示対象が固有名詞の場合、コ系指示詞の使用容認度が高くなる。それはなぜか。上林（2000：44）では、「記述説と言われる一派の主張は固有名は非常に豊富意味内容を持っているというものだった」と指摘している。固有名詞は「非常に豊富意味内容を持っている」ということから、広い意味の内容を持っているということが推測できる。つまり、本書での説に従うと、多数のレベルの意味合いを持っていて、普通名詞より包括的な意味合いを持っていることが推測できよう。

　三組の例文の対比に従うと、コ系指示詞の使用法は一つの影響要素によって決まるのではなく、複数の要素によって決まると考えられる。

　一組における分析を下記の表4-1で表記する。

表4-1　文脈レベルで要求される知識がある場合

	類似点	指示対象	知識量	指示詞
（13）	文脈レベルで要求される知識あり	普通名詞	少	コ/ソ
（17）		固有名詞	多	コ

　表4-1では、指示詞が固有名詞の場合、知識量が豊富ということを暗示している。例（17）において、話し手は指示対象に対する知識量の貯蔵が「非常に豊富に持っている」ので、コ系指示詞の使用を示唆し、ソ系指示詞は使用できない。二組における分析を下記の表4-2で表記する。

表4-2　文脈レベルで要求される知識がない場合

	類似点	指示対象	知識量	指示詞
（14）	文脈レベルで要求される知識なし	普通名詞	少	ソ
（18）		固有名詞	多	コ/ソ

　表4-2では、話し手は指示対象に対して文脈レベルで要求される知識を持っていない場合、コ系指示詞の使用は不可能であることが示され

る。つまり、「文脈レベルで要求される知識」を持つのはコ系指示詞の使用の最小限の要求であると考えられる。また、話し手は指示対象に対して、「文脈レベルで要求される知識」を持たなくても、指示対象が固有名詞の場合、「豊富な意味内容を持っている」ことを暗示しているので、ある程度の知識量を保証するので、コ系指示詞が使用できると考えられる。

三組における分析は下記の表4-3で表記する。

表4-3 聞き手へ配慮する場合

	類似点	指示対象	知識量	指示詞
(21)	聞き手への配慮	固有名詞	多	コ/＊ソ
(22)		固有名詞が不定名詞化する	少	ソ

例（21）においては、聞き手が指示対象に対して知識を持っていると話し手は想定しているため、コ系指示詞を使用し、ソ系指示詞の使用容認度が低い。

例（22）においては、固有名詞の後に「という」をつけているので、固有名詞が不定名詞化されるため、知識量が少なくなっている。固有名詞が不定名詞化される要因は聞き手が指示対象に対して知識を持っていないと話し手は想定している。よって、ソ系指示詞を使用している。

これらの結果より、コ系文脈指示詞の使用法は指示対象に対する直接的知識を持っているかどうかということではなく、話し手が指示対象に対して文脈レベルで要求している知識を持っているというのが要因であると言える。上限は固有名詞が持っているレベルの知識量で、下限は文脈レベルで要求されている知識であると考えられる。

以下はコ系指示詞の使用法に対するまとめである。

ある程度の知識を持っている場合はK_1で表記する。文脈レベルで要求されている知識を持っている場合はK_2で表記する[①]。固有名詞の場合、知識量が豊富なので、K_{Max}で表記する。以上の説明は、表4-4で表記する。

表4-4　まとめ

指示詞	知識量	影響要素
コ	K_{Max} あり	0
コ/ソ	K_{Max} あり、　K_2なし	0
コ/ソ	K_2あり	0
ソ	K_2 あり	聞き手への配慮
ソ	K_1/K_2なし	0
ソ	K_{Max}あり	一致性を欠く
ソ	K_1あり	指定できない

　ここでいう「聞き手への配慮」は「聞き手が指示対象に対して知識を持っていない場合」と「聞き手の領域に属する場合」ということである。

　表4-5を以上の説に利用し、もう一度説明する。

　知識量が多い場合、＊の数で表記する（比較の為、以下の段階を設定している）。

① 固有名詞の場合（K_{Max}）＊＊＊＊＊（仮定）

② 文脈レベルで要求される知識（K_2）＊＊＊（仮定）

③ 指示対象に対する知識があり、文脈レベルで要求する知識を持たない＊（仮定）

上の三つの段階をまとめると表4-5なる。

---

① 話し手はある程度の知識を持っている場合、文脈レベルで要求される知識を持っているわけではない。文脈レベルで要求される知識を持っている場合、必ずある程度の知識を持っている。つまり、知識量から言えば、$K_1 < K_2$。

表4-5 まとめ

	知識量	影響要素
コ	＊＊＊＊＊	K_{Max}
コ/ソ	＊＊＊＊＊以下	K_{Max}＋Kなし
コ/ソ	＊＊＊	K_2あり
ソ	＊＊＊	K_2あり＋聞き手への配慮
ソ	＊	K_1があり、 K_2なし
ソ	ゼロ	K_1なし

4.1.6 まとめ

以上の分析に従って、本書では、以下の結論を導いた。

1. コ系指示詞の根本的な使用法は話し手が指示対象に対する知識量と関わっている。すなわち、文脈レベルで要求される以上の知識量を持つ場合、コ系指示詞を使用する。

2. 聞き手への配慮も指示詞の使用法に影響する。それは効く場合もある（文脈レベルで要求される知識を持つ場合）が、効かない場合もある（指示対象が固有名詞の場合）。

3. 話し手は指示対象に対して、知識を持たない、指定できない、情報の提供の一致性が欠く場合、「近い」として認められないので、ソ系指示詞を使用する。

4. コ系文脈指示詞は時間や場所を指示する際、現場に対する依存性が高い。

4.2 ソ系文脈指示詞の使用法に関する考察

「ソ系の現場指示」の基本的な使い方は「話し手にとって遠い」ということである。よって、そのような距離の認識は「文脈指示用法」におい

て、どの要素が話し手にとって「遠い」と認識しているのかということを明らかにし、ソ系指示詞の本質を探る。

　ソ系指示詞の使用において、幾つかの心的なメカニズム（認知モデル）がある。それらの心的なメカニズムの類似性が「話し手にとって遠い」という基本的な距離上の認識に求められる。

4.2.1　時間・空間

　現場指示用法において、指示対象がある特定の時間や空間の中に定位させて発話している。そして、時間や空間を指示する際の使用法は現場指示と一番密接に関わっていると考える。そして、まず時間や空間を指示する際の使用法を究明する。

4.2.1.1　過去

(1) 私が先生と知り合いになったのは鎌倉である。その時私はまだ若々しい書生であった。

夏目漱石「こころ」

　この例文は、私小説の中での文である。作者は第一人称（私）になって物語を述べている。ソ系指示詞の使用法は前方照応であり、過去に発生した「私が先生と知り合いになった」ということを指示している。この例文では、話し手（私）は自分の思い出について、述べている。思い出というのは話し手にとって長期記憶であることが判断できる。よって、この例文では、ソ系指示詞が指示している内容は発話現場や話し手の作業記憶から獲得した要素ではなく、発話する前に、すでに、長期記憶として記憶データベースに格納しているということである。

　田窪・金水（1996b）では、「ソ系列は、基本的に談話の中で呈示され、一時的記憶領域の要素とリンクされる」と指摘している。実際に

は、「談話の中で呈示された」要素は「一時的記憶領域」だけに属するのではなく、長期記憶領域に属する場合もある。例（1）では、ソ系指示詞は長期記憶に属することを指示している。つまり、田窪・金水（1996b）の予測違反である。

　引用した小説の場合、話し手（作者）は相手（読み手）が指示対象に対する知識を想定するわけではない。それはどのような読み手がいるかを想像できないからである。小説の場合（会話を除く）、話し手の思い出を叙述する場合もあるし、ふいに思い出したことについて述べる場合もある。よって、私小説の場合（会話を除く）、指示対象が「直接的知識（登場人物である私）」であるか、「間接的知識（登場人物の解説者である私）」であるかを判断できる場合（例1）もあるし、判断できない場合もある。小説の場合、よく「コ・ソ」系指示詞を使用するのは特徴である。例（1）において、登場人物の解説者である私としての話し手は一般的な情報（例c）を述べているのではなく、登場人物である私としての話し手の思い出を述べているので、ア系指示詞が使用できる。すなわち、指示詞の使用について、指示対象が話し手の過去の思い出であるという特徴を持っているので、ア系指示詞の使用を示唆している。

　例（1）において、話し手が指示対象に対する知識から指示詞の使い分けをするのではなく、話し手は指示対象を心内でどのように捉えるかにより決まる。また、指示詞の使用により、話し手が指示対象に対する心理的な距離も窺える。

　例（1）において、「この」も使用できる。この場合、「コ・ソ・ア」系指示詞の使い分けは発話効果に求められると考えられる。コ系指示詞の使用は話し手が発話時点を強調し、あたかも眼前に発生しているかのように生き生きしている語感がある。ソ系指示詞を使用し、ただ過去のことに対して距離感が感じ、冷静に客観的に述べているというニュアンスが感じられる。ア系指示詞の使用は回想場面における懐かしい感

情を示している。「コ・ソ・ア」の談話効果はそれぞれの基本的な意味、指示詞の距離上に認識から求められる。指示詞の使用権は全て話し手により決まっている。これについては本書の目的ではないため、これ以上立ち入らないことにする。

4.2.1.2　未来

> (2)　来年イタリアへ旅行する予定だが、<u>その</u>ときはワインを友人への土産に買おう。

前田（2005:55）

この例文では、ソ系指示詞は「来年イタリアへ旅行する予定」ということにより同定されている。話し手が「来年イタリアへ旅行する予定」であるので、発話時点では、まだイタリアへ行っていないことが推測できる。また、「そのときはワインを友人への土産に買おう」という文から見ると、話し手は来年一年中を使って、友人へお土産に買うのではなく、来年におけるある日を使って友人にお土産を買うということが推測できる。この例文では、ソ系指示詞は、まだ発生していないこと、即ち未来の事を指示している。

「そのとき」は文脈において先行している年（来年）を指示している。話し手は必ずイタリアに行くかどうかは発話時点では分からず、単に予定であるから、指示対象が話し手にとって、不特定であると判断できる。

コ系指示詞は未来のことも指示することができる。しかしながら、例（2）において、コ系指示詞は使用できない。その原因を究明するため、まず下記の例を見てみよう。

> (3)　<u>この</u>三月、大学を卒業します。

金水・木村・田窪（1989:84）（下線は筆者）

この例文では、「この」は「三月」を限定している。時間的広がりを指示している。話し手が卒業する時間は「三月」である。よって、「この三月」は不特定の時間ではなく、話し手にとって知識があり、特定できる時間である。よって、この例文では、コ系指示詞を使用できる。例（2）では、指示対象は話し手にとって不特定な日であるから、コ系指示詞の使用は不可能であると考えられる。

指示対象が特定できる場合、話し手にとって心理的に「近い」と認識し、コ系指示詞を使用するということが解釈できよう。また、指示対象が不特定な場合、心理的に疎遠であり、コントロールしにくいので、「心理的に遠い」と認識し、ソ系指示詞を使用するということも考えられる。

4.2.1.3　現在地ではない場所（不特定）

(4) 来年イタリアへ旅行する予定だが、＊ココ/？ソコ/アソコではワインを友人への土産に買おう。

前田（2005:55）

前田（2005:55）によると、例（4）では、「未来の文にアが使用されているが、アの指示対象はイタリアという実体であり、これは文脈指示というべきものではなく、むしろ現場指示用法である」と指摘している。

前田（2005:55）の説には、二つの問題がある。まず、実際に日本語の母語話者に調査してみたら、この例文では、16%の被調査者が「あそこ」を選択し、83%の被調査者が「そこ」を選択している。これは前田の予測に違反すると考えられる。

次は、前田（2005:55）の解釈「アの指示対象はイタリアという実体であり、これは文脈指示というべきものではなく、むしろ現場指示用法

である」という説には問題があると考えられる。場所を指示する際、指示対象が大体実体である。前田（2005）考え方を取ると、指示対象が場所である場合、指示詞の使用法は現場指示であるということになる。場所を対象とする場合が現場指示とするのが通常の理解ではない。指示詞の用法の分類について、ただ指示対象の状態だけを考察すると、断片的な結論を導く可能性がある。指示対象の使用におけるより深い要因、即ち、話し手の認知的メカニズムから求めるべきであると考えられる。よって、指示対象が物理的な「実体」であるかどうかが現場指示の判断基準になるのは問題があると思われる。

> （4-1）来年イタリアへ旅行する予定だが、＊ココ/ソコ/？アソコ
> 　　　ではワインを友人への土産に買おう。

この例文では、ソ系指示詞の使用は指示とメトニミーという別個の事象の組み合わせである。「ワインを買う」なら、店で買うのは一般的な認識であると考えられる。この例文では、「そこ」は「イタリア」を指示するのではなく、「イタリアにある店」を指示している。この例文では、指示対象が現在地でもない、具体的な場所でもない。よって、話し手は指示対象について、詳しい知識を持っていないので、曖昧な指示として考えられる。例（4-1）では、現在地ではないので、コ系指示詞の使用は不可能である。

また、例（4-1）におけるソ系指示詞の用法は現場指示でもよく見られる。下記の例を見てみよう。

> （5）A:「おでかけですか」
> 　　　B:「はい、ちょっとそこまで」

　藤本（2012:1）によると、例（5）における「そこ」の用法は曖昧なソ系列指示詞と呼ばれている。「そこ」を使用し、具体的な場所を明示することを避ける。また、文脈において、例（5）のように、話し手Bが具体的な場所を決めていない時、ソ系指示詞の使用が可能である。例（5）では、「そこ」はAとB実際のある場所を認識化で共有する場合もある。しかし、それは指差しなどないと成立しない。この用法はイデオム化した特殊用法と考えられる。

　また、例（4）を変形して、下記のようになる。

　（6）来年イタリアへ旅行する予定だが、あそこには美味しい店が
　　　　いっぱいあります。

（前田（2005:55）の変形）

　例（4-1）と例（6）という二つの例文では、両方とも、話し手は「来年イタリアへ旅行する予定」である。しかし、例（4-1）において、「ワインを友人への土産に買おう」とする。つまり、イタリアにある具体的な店で買うのではなく、そういう予定があるということを表している。また、例（6）において、「あそこには美味しい店がいっぱいあります」ということから見ると、指示対象「イタリア」に対して、「美味しい店」があるかどうかというレベルの知識を持っていると推測できる。

　よって、例（4-1）において、話し手は指示対象に対して未知（不特定）の知識を持っている一方、例（6）において、指示対象に対して具体的な知識を持っている。話し手が指示対象について、文脈で提供している知識から心理的な「遠近」により、判断する。指示対象に対して、具体的な知識を持っていない場合、心理的に「遠い」と認識し、ソ系指

示詞を使用する。指示対象に対して、具体的な知識を持っている場合、ア系指示詞を使用する。

　また、なぜ指示詞の使い分けを話し手が指示対象に対する知識から求めるのではなく、話し手が文脈で提供している知識から求めるのか。理由は次のように考えられる。一番簡単な情報伝達（話し手が、聞き手が指示対象に対して知識を持っているかどうかを考慮しない場合）を分析する。

　まず、言語の最も基本的な目的は伝達（情報交換）である。話し手は言語により、聞き手に情報を伝達する。聞き手は話し手の発話から情報を獲得する。次に、指示詞の使い分けは話し手だけが決めた恣意的な使用法ではなく、一定の決まっているルール（文法規則）に従って行う。即ち、指示詞の使い分けに対して、話し手と聞き手が持っている文法規則が一致する必要がある。つまり、話し手が指示詞の使い分けに対して、聞き手の承認をもらう必要がある。したがって、聞き手は文脈により指示対象に対する知識を獲得するので、指示詞の使い分けは話し手が指示対象に対して保持している知識から解釈すべきではなく、文脈で話し手が提供している知識に基づいて指示詞の使い分けを行うべきであると考えられる。また、文脈で提供している知識はある程度話し手が指示対象に対する知識量を反映している。

　また、もし、話し手が指示対象に対する知識に基づいて、指示詞の使い分けをすると、（あたかも話し手が「聞き手は既に知っているもの」として）、聞き手に対して負担をかける（話し手が指示対象に対する知識は聞き手にとってわかるはずがない）。下記の例を見てみよう。

　(7)　僕は昨日生協でぜんざいを食べたけど、<u>その/この</u>ぜんざいはおいしかったよ。　　　　　　　　　　　　　　堤（2012：121）

「ぜんざい」には、いくつかのレベルの知識がある。例えば、ぜんざいの「味」「大きさ」「色」「重さ」や「主産地」などである。この説は下記の図4-5で表記する。

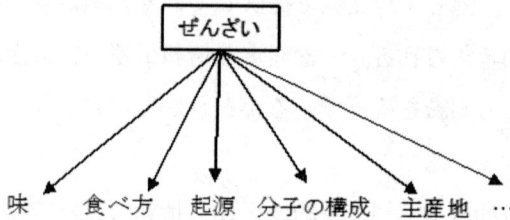

図4-5　ぜんざいに関する知識としての素性

また、話し手は「ぜんざい」に対する全ての知識を持っているわけではない。その中での一部の知識を持っていると推測できる。この説は下記の図4-6で表記する。

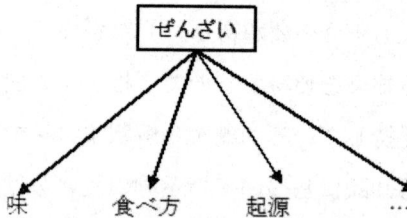

図4-6　話し手のぜんざいに関する知識

聞き手は話し手が指示対象に対してどのぐらいの知識をもっているかは文脈で提供している知識から判断する。言い換えれば、話し手は指示対象に対してどの程度の知識を持っているかを文脈により表明している。この例文では、話し手（僕）が指示対象（ぜんざい）に対して「昨日生協で食べた」という文脈で提供している、特定の知識を表明している。それにより、話し手は指示詞の使い分けをし、聞き手も文脈で提供している知識から指示詞の使用の正確さを判断する。

　現場指示では、時間・空間における「遠近」に対する認識は指示詞の使い分けにおいて、重要な基準になっている。

　文脈指示において、空間を指示する際、現在地ではない（従って、「ここ」などの場所指示には文脈指示詞は使いにくい）、すなわち話し手にとって「遠い」場合、コ系指示詞を使用できず、ソ系・ア系指示詞を使用する。よって、空間を指示する際、現場に対する依存性が高いと思われる。

　しかし、時間の場合、現場に対する依存性が低い。コ系は「過去・現在・未来」を指示する。ソ系指示詞は「過去・未来」を指示する。ア系指示詞は「過去」を指示する。時間を指示する際、コ・ソ・ア系指示詞の使用法において、多様性が見える。

4.2.2　ソ系文脈指示詞の基本的な用法（聞き手の存在を考慮しない場合）

　話し手が発話する際、聞き手の存在を考慮する場合と考慮しない場合がある。

　話し手は指示対象をある情報として聞き手（読み手）に伝達している。話し手と指示対象がリンク（関係）あり、聞き手とリンクしないので、聞き手の存在を考慮しない。言い換えれば、読み手の存在を一時的に無意識的に無視している。この説は下記の図4-7で表記する。

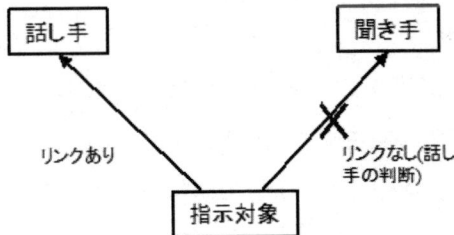

図4-7　聞き手の存在を考慮しない場合

4.2.2.1　知識を持たない場合

4.2.2.1.1　指示対象が不特定の場合

 (8) 梶は、六十年の処世の知恵で、十分か十五分対座している
   と、大抵の人間なら、<u>その</u>いいところも悪いところも判る
   が、自分の婿である克平だけは、六年もつき合っているが、
   どうも苦手だった。

井上靖「あした来る人」

　この例文は小説の中での文である。話し手（作者）は登場人物である
梶の立場に立ち、物事を述べている。その内容は聞き手にはわからない
という前提で、小説の筋書きに沿って進めている。ソ系指示詞の指示す
る内容は「大抵の人間」ということである。また、「大抵の人間」と
は、すでに決まった具体的な人物ではなく、仮定した、不特定、誰でも
いい人物である。つまり、梶にもわからない仮定された対象である。話
し手（梶）は指示対象に関する具体的な情報（知識）を持っていない上
に、不特定ので、心理的に疎遠感がある。よって、この例文では、コ系
指示詞の使用は不可能で、ソ系指示詞を使用し、客観的に物事を述べて
いる。

　しかしながら、指示対象が仮定したことであっても、全てソ系指示詞
を使用するわけではない。

 (9) もし私が家を立てることができるなら、高原の森のなかに
   ロッジ風の家を立てたいね。<u>この/その</u>家には、板張りの広い
   リビングを作って、大きな暖炉をしつらえるんだ。

　この例文では、指示対象は仮定された対象で、現実には存在していな
い。話し手が指示対象に対して、具体的なイメージ（想像）を持ってい

れば、指示対象は心理的に近いので、コ系指示詞の使用は可能である。
よって、指示詞の使い分けは話し手が指示対象に対する知識量と関わっ
ていると考えられる。その知識量は話し手の文脈で提供した知識量によ
り決まっている。この例文では、「この・その」両方とも使用できるの
はなぜか。それは話者が指示対象に対する知識量の多寡における心的な
メカニズムと関わっている。例（9）と例cはいずれも、話し手は指示対
象に対して文脈レベルで要求される知識を持ち、聞き手の存在を考慮す
る必要はないため、コ・ソ系指示詞両方とも使用できる。この場合、
コ・ソ系指示詞の使い分けは発話効果に求められる。ソ系指示詞の使用
は、冷静に客観的に指示対象を指示する語感が感じられる。

4.2.2.1.2　経験したことがない場合

(10) 非常に美味しいものに頬落という言葉を使うらしい。私は
そんな美味しいものを食べたことがない。

前田（2005：55）

　例（10）では「そんな」を使用し、「美味しいもの」を指示する。人
間は少なくとも、一度は美味しいものを食べたことがあるものと推測で
きる。この例文では、ただ「美味しいもの」を指すのではなく、文脈で
提示するレベルの「美味しいもの」、すなわち、「頬落」という程度の
「美味しいもの」を指している。よって、話し手は「非常に美味しいも
のに頬落」するほどのものをまだ食べた経験がないため、具体的な知識
を持っていない。よって、指示対象は話し手にとって未知で、詳しい知
識を持っていない。よって、ソ系指示詞を使用する。

4.2.2.2　ある程度の知識を持っている場合

4.2.2.2.1　知識を持たない部分を強調すること

(11) 門の前に1人の男がたっていた。<u>その/？この男</u>は私が出て
　　　行くと近づいてきた。

堤（2012:64）

　　この例文では、話し手はソ系指示詞を使用し、「門の前にいる1人の
男」を指示する。「門の前に1人の男がたっていた」という文から見る
と、話し手は指示対象「男」に対して、ある程度の知識を持っている。
「男」の「格好」、「身長」、「性別」などを話し手は観察できると推
測できる。しかし、指示対象である「男」は話し手にとって、見知らぬ
人であるので、指示対象に対して、知識を持っていても、誰か見知らぬ
人、すなわち、不特定な人（身分不明）である。よって、ソ系指示詞を
使用する。一種心理的に、近づきたくないという語感を味わう。

　　この例文では、コ系指示詞は完全に使用できないわけではない。コ系
指示詞を使用する場合、これから「男」に関する話を続けるということ
を暗示している。つまり、指示対象が話題の中心になって、もっと詳し
く描写する。言い換えれば、指示対象に対する知識を有する文脈をさら
に提供して（例（11-1））、心理的に「近い」と認識する場合に、コ系指
示詞を使用する。

(11-1) 門の前に1人の男がたっていた。<u>この男</u>は私が出て行くと
　　　　近づいてきた。そして、大声で「敵が来た」と叫んだ。

4.2.2.2.2　推論による場合（既存していない）

(12) 卵一個と牛乳1カップを小麦粉に入れてかき混ぜます。<u>これ
　　　/それ</u>を熱したフライパンに注ぎます。

　この例文では、指示対象は前文「卵一個と牛乳1カップを小麦粉に入れてかき混ぜます」という文の中には存在していない。「卵一個と牛乳1カップを小麦粉に入れてかき混ぜ」という手順をしてから、指示対象が出てくる。つまり、指示対象は発話時点で現実の世界で存在していない。

　この例文は料理教室の先生の発話である可能性が高い。よって、話し手は指示対象に対して、十分知識を持っていることが推測できる。つまり、「卵一個と牛乳1カップを小麦粉に入れてかき混ぜ」、どのようなものが出るかは十分な知識を持っている。話し手が指示対象に対する知識は文脈で提供している情報を利用し、推測したもので、具体的（確定）な知識を持っていない。

　つまり、前文から推測が十分可能な指示対象を指しているのである。また、時間的にいうと、指示対象が未来に存在して未発生なことであるので、ソ系指示詞を使用する。この例文では、「これ」も使用できる。それは現場で料理の手順を演じて、出来上がったものを指示していると考えられる。

4.2.2.3　知識を持っている場合
4.2.2.3.1　一致性を欠く場合

(13)　「お前のよく先生先生という方にでもお願いしたら好いじゃないか。こんな時こそ」母はこうより外に先生を解釈する事ができなかった。<u>その</u>先生は私に国へ帰ったら父の生きているうちに早く財産を分けて貰えと勧める人であった。卒業したから、地位の周旋をしてやろうという人ではなかった。

夏目漱石「こころ」

この例文は、地の文である。「お前のよく先生先生という方にでもお
願いしたら好いじゃないか。こんな時こそ」というのは小説の中での人
物「母」の台詞である。指示対象「先生」の前に、「その」を使用して
いる。ソ系指示詞が指示する内容は「お前のよく先生先生という方にで
もお願いしたら好いじゃないか。こんな時こそ」と、話し手（私）の母
が持つイメージの「先生」である。つまり、ソ系指示詞は話し手の母が
思っている先生を指示している。

　母が思っている先生は「お前のよく先生先生という方にでもお願いし
たら好いじゃないか。こんな時こそ」という文から推測すると頼りがい
のあるイメージを持った人である。実際には、先生は「私に国へ帰った
ら父の生きているうちに早く財産を分けて貰えと勧める人であった。卒
業したから、地位の周旋をしてやろうという人ではなかった」と「私」
に勧めている。それは、「母」が思っている「先生」と異なっている。

　前文で提供する先生に関する情報と後文で提供する情報が矛盾してい
る。ソ系指示詞で持ち込んでいる先生に関する情報（母が思っている先
生）と実際の先生（後文で提供している先生に関する情報）が異なって
いる。そういう差を強調する為に、話し手はソを使用し、前文で自分の
母が言った先生を指示し、実際の先生と対比する。一種の心理上の疎遠
感があるので、ソ系指示詞を使用する。

4.2.2.3.2　記憶指示

　（14）私はその人を常に先生と呼んでいた。だからここでもただ先生
　　　　と書くだけで本名は打ち明けない。これは世間を憚かる遠慮と
　　　　いうよりも、その方が私にとって自然だからである。私はその
　　　　人の記憶を呼び起すごとに、すぐ「先生」といいたくなる。

　　　　　　　　　　　　　　　　　　　　　　夏目漱石「こころ」

作者は第一人称になって、「先生」に関することを紹介している。すなわち、私小説である。この小説では、主に「私」と「先生」との物語である。話し手（私）は「先生」に対して詳しい知識を持っていると推測できる。上記の例文は小説の初めの冒頭の部分である。ソ系指示詞は指示する対象は後文で出てきた「先生」である。田窪（2008）によれば、「ソノ＋名詞」は言語的先行詞を必要とすると指摘している。実際に、ソ系指示詞の使用は「言語的先行詞」がない場合も使用できる。記憶指示の一種として考えられる。

4.2.2.3.3　客観的・冷静な描写

(15) 浜名湖の湖面には春の陽が散っているが、湖面の色も、湖の流れ方も寒々としている。まだ冬の感じである。湖面の海への切り口に、白い波濤が、<u>これ</u>も冷たく砕けている。曾根二郎はちょっと考える風にしていたが、網棚の方へ手を伸ばして、重そうなリュックサックを降ろすと、<u>それ</u>を肩にかけて歩き出そうとした。

井上靖「あした来る人」

この例文は小説の中での地の文である。書き手はある情景を描写し、映画のように読者に反映するように述べている。指示対象「リュックサック」は話し手にとって、「直接的知識」なのか、または、「間接的知識」なのかは判断できない。なぜかというと、指示対象「リュックサック」は話し手の長期記憶の中に存在している可能性もあるし、その場で考えて表出した短期記憶の中に存在している可能性もある。よって、ここで指示詞の使用に影響する要素は「直接的知識」や「間接的知識」ということではなく、話し手が指示対象を認識する心理的な距離に関係する。ここでは、指示対象の使い分けの決め手は話し手の主観関与であると思われる。

　　まず、書き手は「浜名湖」での情景を描いている。次に、「曾根二郎」という人の様子を紹介する。この例文では、話し手は自分の周りの風景を描写しているのではないので、「白い波濤」と「リュックサック」という指示対象が話し手と物理的に「近い」のか、または、「遠い」のかは判断できない。

　　「白い波濤が、これも冷たく砕けている」というふうに書いてある。実際に「白い波濤」が「砕けている」時、「冷たい」かどうかは一種の話し手の主観的な判断である。「これも冷たく」という文はあたかも波に触ったような感じを表現しているが、書き手の心の在り方を表現しているとも見ることができる。

　　一方、指示対象「リュックサック」の描写においては、「それを肩にかけて歩き出そうとした」というふうに書いてある。主観的な感情を入れずに、ただ客観的な事実を淡々と述べている。また、話し手はある文学的効果を満たすために、コ系やソ系の使用することで達成する。「白い波濤」は、コ系指示詞で指示し、一種話し手は自分の主観感情を指示対象に与える。また、ソ系指示詞を使用した時、話し手は客観的に指示対象を描写する。

　　　(16) 私は先生に手紙を書いて恩借の礼を述べた。正月上京する時
　　　　　に持参するからそれまで待ってくれるようにと断わった。
　　　　　そうして父の病状の思ったほど険悪でない事、この分なら当
　　　　　分安心な事、眩暈も嘔気も皆無な事などを書き連ねた。最後
　　　　　に先生の風邪についても一言の見舞を附け加えた。私は先生
　　　　　の風邪を実際軽く見ていたので。
　　　　　私はその手紙を出す時に決して先生の返事を予期していな
　　　　　かった。

　　　　　　　　　　　　　　　　　　　　　　　　夏目漱石「こころ」

(17) 私の選択した問題は先生の専門と縁故の近いものであった。

　　　私がかつて<u>その</u>選択について先生の意見を尋ねた時、先生は

　　　好いでしょうといった。

夏目漱石「こころ」

　例（16）と例（17）では、話し手（登場人物としての私）は指示詞を使用し、自分で書いた「手紙」や自分の「選択」を指示している。指示対象は読み手と関係なく、話し手と密接に関わっているが、コ系指示詞を使用せずに、ソ系指示詞を使用している。それは、小説の場合（会話を除く）、読み手の領域という要素を考慮する必要がない、すなわち、読み手という要素は積極的に指示詞の使い分けに影響していない。よって、話し手と読み手の対立関係が薄くなり、コ・ソ両方とも使用できる。コ系指示詞の使用は一種話し手と指示対象が心理的に近いということを示している。ソ系指示詞の使用は話し手が相手のことを冷静に淡々と述べるという効果が出る。

4.2.3　ソ系文脈指示詞の基本的な用法（聞き手の存在を考慮する場合）

　指示対象は聞き手にリンクがあり（指示対象が聞き手の領域に属する場合）、もしくは、指示対象が聞き手をリンクさせる（聞き手への配慮する場合や聞き手の知識量を考慮するなど）場合、聞き手の存在を考慮しないといけない。この説は下記の図4-8で表記する。

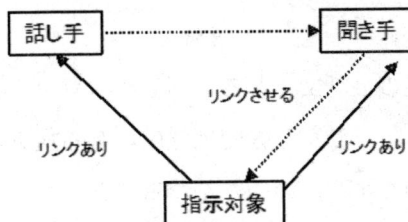

図4-8　聞き手の存在を考慮する場合

4.2.3.1　聞き手の領域に属する場合

(18) 彼は昨日生協でぜんざいを食べたそうなんだけど、＊この/＊
あの/そのぜんざいはうまかったそうだ。

堤（2013：129）

　この例文では、話し手は指示対象「ぜんざい」を指すのではなく、
「彼が昨日生協で食べたぜんざい」を指示している。指示詞は指示対象
を指すのではなく、文脈で設定させた指示対象（文脈意味の持ち込み）
を指している。

　「彼は昨日生協でぜんざいを食べたそうだが」という文から見ると、
「ぜんざい」は「彼」という第三人称が食べたので、話し手は「彼が食
べたぜんざい」に対して、知識を持っていない。つまり、心理的に近い
とは言えない。よって、この例文では、ソ系指示詞を使用する。

(19) 私はやや安心した。私の変化を凝と見ていた先生は、それか
らこう付け足した。

「しかし人間は健康にしろ病気にしろ、どっちにしても脆い
ものですね。いつどんな事でどんな死にようをしないとも限
らないから。」

「先生もそんな事を考えておいでですか」お出ですか。

夏目漱石「こころ」

　この例文は私小説の会話文である。話し手（登場人物としての私）は
「そんな」を使用し、「しかし人間は健康にしろ病気にしろ、どっちに
しても脆もろいものですね。いつどんな事でどんな死にようをしないと
も限らないから」を指示する。指示対象は相手（先生）の発話なので、

相手の領域に属している。よって、指示対象が話し手にとって心理的に近いとはいえないので、コ系指示詞の使用は不可能である。

　しかし、中国語の場合では、相手が言ったことであっても、話し手が近称指示詞"这"を使用して指示することは可能である。それは話し手が相手の言ったことを自分の領域に吸収し、心理的に近いと認識するからである。この点から見ると、日中両語における文脈指示詞では、「遠近」における認識上に差がある。これは両言語における認知システムが異なっているからである。

(20)　「一歩進めていうと、あなたの地位、あなたの糊口の資、そんなものは私にとってまるで無意味なのでした。どうでも構わなかったのです。私はそれどころの騒ぎでなかったのです。」

　　　　　　　　　　　　　　　　　　　　　　　夏目漱石「こころ」

　この例文は小説での登場人物（先生）のセリフである。話し手（先生）は相手（登場人物としての私）の「地位」「糊口の資」に対して評価している。「地位」「糊口の資」のみを取り上げたら、「山田、田中、中村…」それぞれの領域に指示対象が属する可能性がある。ここでは、文脈で提供した情報により、指示対象「地位」「糊口の資」が属する領域を同定する。すなわち、聞き手（私）と関わっている「地位」「糊口の資」を指示する。よって、話し手と関わりがない。「地位」「糊口の資」が相手（私）の領域に属しているので、ソ系指示詞を使用する。例（20）において、話し手は指示対象「地位」「糊口の資」に対して、自分の考え方「私にとってまるで無意味なのでした」を述べている。話し手の考え方について、聞き手が知っているわけではない。つまり、話し手が思っていることは聞き手が知らないと推測できる。よって、これもソ系指示詞を使用する要因として考えられる。

　指示対象は聞き手の領域に属し、話し手と関わりがない（知識を持っていない）場合、コ系指示詞の使用は不可能であると考えられる。その説は下記の図4-9で表記する。

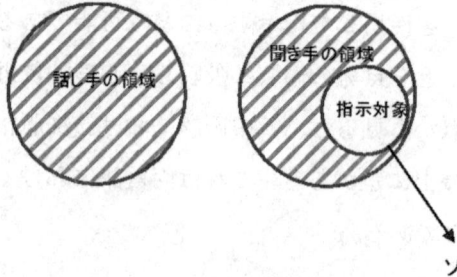

図4-9　聞き手の領域に属する場合

4.2.3.2　話し手の領域が介入する場合

　(21)　曾根二郎は笑い顔を作った。<u>その</u>笑い顔がひどく人なつっこかった。彼は数え年で三十八歳だが、笑うか、口をきくかしないと、正確な年齢は現われない。黙っていると、<u>その</u>律儀で素朴な感じの顔はひどく老けてみえる。

井上靖「あした来る人」

　この例文では、作者は小説の中で出てきた主人公（曾根二郎）のことを描写している。ソ系指示詞は曾根二郎の笑い顔を指し示している。話し手は主人公（曾根二郎）の笑い顔がどんな様子かをよくわかっている。この例文では、話し手は小説の中の主人公のことを描いている。つまり、自分ではなく、他人のこと（笑い顔）を述べている。よって、話し手は指示対象と近いとは言えない。ソ系指示詞を使用する。

　しかしながら、「この」が使用できるのは、なぜか。それは、指示詞の使用において、領域という要素が介入していない、指示対象が自分の記憶データベースから取り出したからである。つまり、話し手は指示対

象に対して、詳しい知識を持っているので、コ系指示詞の使用も可能である。ただし、コ系とソ系指示詞の使用は語感に差が生じる。

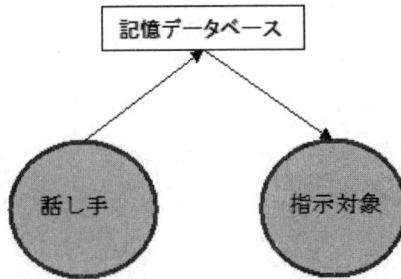

図4-10　指示対象の出所

(22) 先生はまたぱたりと手足の運動を已やめて仰向けになったまま浪なみの上に寝た。私も＊この/その真似をした。

夏目漱石「こころ」

(23) 先生が最後に付け加えた「妻君のために」という言葉は妙にその時の私の心を暖かにした。私は＊この/その言葉のために、帰ってから安心して寝る事ができた。

夏目漱石「こころ」

　例文（22）、例文（23）では、小説の中の文である。作者は第一人称（私）になって、物語を展開している。例（22）では、話し手（私）は指示詞を使用し、先生の水泳姿勢「またぱたりと手足の運動を已やめて仰向けになったまま浪なみの上に寝た」ということを指示している。それは相手（先生）の領域に属し、話し手の領域と関わりがないので、コ系指示詞の使用は不可能である。相手の領域のことをソ系指示詞で使用する。

例（23）でも、話し手（私）は相手（先生）が言った言葉「妻君のために」を指示している。それは相手の領域に属することで、話し手と直接に関わっていないので、ソ系指示詞を使用する。

相手の動作や相手が言ったこと、話し手と直接的な関係を持っていない場合では、コ系指示詞を使用せず、ソ系指示詞を使用する。なぜかというと、話し手は指示対象が相手の領域に属していることを強く意識して、発話するからである。よって、ソ系指示詞を使用する。

ここでは、会話の場合と同じである。会話の場合は相手が現場にいる。文章の場合では、話し手は相手（読み手）の存在を頭の中で想定している。そして、会話の場合でも、文章の場合でも、話し手の心内における指示対象の捉え方は同じである。

(24) 梶が言うと、克平は、さもおかしそうに声を出して笑った。
　　　いい男だが、冷たいところがあるなと、いつものことだが、
　　　その時も梶は<u>その</u>笑い声を聞きながら思った。

井上靖「あした来る人」

作者は梶の立場に立って、現場の情報を描いている。「その」が指示する対象は相手（克平）の笑い声である。ここでは、指示詞の使用要素は話し手（梶）、相手（克平）と指示対象である。話し手（梶）は相手の笑い声を指示するので、近称指示を使用することはできない。なぜかというと、話し手（梶）は指示対象を相手の領域（克平）から獲得したからである。つまり、話し手は指示対象を相手の領域から獲得したので、その獲得したルートを無視すべきでないので、ソ系指示詞の使用は義務的になる。

この例文では、指示対象は相手の領域から獲得したので、ソ系指示詞を使用している。

　しかし、指示対象が相手の領域に属する場合、すべて、ソ系指示詞を使用するわけではない。まず、下記の例を見てみよう。

(25)　「そういう元気なら結構なものだ。よっぽど悪いかと思って
　　　来たら、大変好いようじゃありませんか」兄は<u>こんな</u>事をい
　　　いながら父と話をした。<u>その</u>賑やか過ぎる調子が私にはか
　　　えって不調和に聞こえた。

夏目漱石「こころ」

　この例文は私小説の中での文である。相手（兄）が言ったことを「こんな」を使用し、指示する。相手の領域に属することはソ系指示詞を使用するのが一般的であろう。この例文では、相手（話し手の兄）の領域に属することをコ系指示詞で指示するのはなぜか。それは話し手（私）が指示対象（兄が言ったこと）を相手（兄）の領域から取り出したのではなく、自分の記憶から取り出したからである。言い換えれば、話し手と相手（兄）との対立関係をなくして、話し手は相手の領域を吸収した。その吸収できる要因は話し手が発話に直接に介入せずに、情報を伝達しているという立場に立っている。

　つまり、例（22）、（23）、（24）において、話し手が相手の領域に介入し、相手と対立した関係を持っているので、ソ系指示詞を使用し、相手の領域に属することを指示している。例（25）において、話し手の領域が介入せずに、相手と融合関係を持っている。よって、話し手は指示対象に対して知識を持ち、コ・ソ系指示詞を自由に使用している。

4.2.3.3　話し手が知識を持ち、聞き手が知識を持たない場合

　佐久間（1955）の指示詞に対する人称区分説以来、ソ系指示詞と聞き手が関連するという説が長い間重要な位置を占めてきた。黒田

（1979）、田窪・金水（1999）は指示詞の使い分けに対して、聞き手へ
の配慮は語用論的な計算の効果によるものであるとする説を唱え、指
示詞の使用において、聞き手という要素を排除している。また、久野
（1973）、東郷（2000）は指示詞の使用上、聞き手という要素が必要で
あると主張している。本書では、認知言語学的アプローチの観点から、
指示詞を使用する際、聞き手への配慮は指示詞の本質に組み込むべきで
あると主張する。指示対象が聞き手の領域に存在している限り、聞き手
への配慮がソ系指示詞の使用に影響すると考えられる。

(26) ぼくは大阪にいるとき山田という先生に習ったんだが、君も
その先生につきなさい。
(27) ぼくは大阪にいるとき山田という先生に習ったんだが、君も
その先生につく気はありませんか。

金水・田窪（1990:95-96）

金水・田窪（1990）によると、命令、質問などの発話行為は聞き手の
知識[①]を考慮しなければ成り立たないということを提言しているが、詳
しい理由は述べられていない。

話し手が「山田という先生」に習ったので、指示対象「山田」に対し
てある程度の知識を持っていると推測できる。よって、「山田」という
固有名詞の前に「という」を使っているということから、聞き手にとっ
て、未知な情報であると話し手は思っているということが推測できる。

[①] 金水・田窪（1990）では、指示詞の使用において、聞き手の知識を要求すると提言し
ている。しかしながら、金水・田窪（1996b）では、聞き手の知識を想定しないという
説にかわって、「聞き手の知識への配慮」を語用論的に処理している。しかし、本書
では、「聞き手の知識への配慮」をソ系指示詞の意味の規定に内包させるべきである
と考えられている。

　例（26）と（27）では、ソ系指示詞は前文で出てきた「山田」という人を指示している。指示対象「山田」は話し手が導入した内容であり、話し手は聞き手より指示対象についての知識をより多く持っている。

　例（26）と（27）は命令文・質問文である。聞き手に対して、命令し、勧誘するので、聞き手の指示対象に対する知識量も考慮しなければならない。この二つの例文において、話し手が指示対象に対して知識を豊富に持っていることより、聞き手への配慮が指示詞の使用における強力な要因になることが示されている。この二つの例文において、ソ系指示詞の使用は聞き手の存在を大前提としている。

　よって、この二つの例文では、コ系指示詞を使用すると、話し手は指示対象に対する親密感を主張することになるので、質問文・命令文は聞き手への配慮とは一致していない。よって、話し手はソ系指示詞を使用し、指示対象との親密関係を強調せずに、聞き手への配慮を優先的に考慮する。

4.2.3.4　話し手と聞き手が知識を持たない場合

> （28）「私は死ぬ前にたった一人で好いから、他を信用して死にたいと思っている。あなたはその/＊この/＊あのたった一人になれますか。なってくれますか。あなたははらの底から真面目ですか」。
>
> 夏目漱石「こころ」
> （下線および「＊この/＊あの」は陳）

　例（28）では、小説の中での人物「先生」の発話である。話し手（先生）はソ系指示詞を使用し、「他を信用して死にたい」により、指示対象を同定する。「あなたはそのたった一人になれますか」から見れば、

話し手（先生）が小説での主人公（私）に対して、そのような役割を期待しているが、指示対象「信用して死にたいと思っている」人はまだいない。指示対象は不特定である。よって、話し手は指示対象についての知識を持っていない。また、それを前提として、聞き手に対して発話している。聞き手は指示対象に対する知識を話し手から獲得する。指示対象は話し手が仮定した人であるから、聞き手も指示対象に対して知識を持っていないと推測できる。すなわち、話し手と聞き手は両方とも指示対象に対して知識を持っていない。よって、この例文では、コ系・ア系指示詞を使用できず、ソ系指示詞を使用する。

　　(29) もし特急電車が停まっていたら、それに乗って行こう。

田窪・金水（2000：278）

　例（29）では、話し手は指示対象「特急電車」に対してある程度の知識（「特急電車」はどのようなものであるかなど）を持っていると推測できる。指示対象「特急電車」はまだ停まっていないので、指示対象は仮定上のものである。また、文脈において、どのような「特急電車」が停まるかについての情報を提供していない。また、話し手がどの電車が停まるかわかっていても、聞き手にはわからない。

　この例文では、文脈からみると、話し手は指示対象に対して具体的な知識を持っていない、指示対象が不特定のもので、聞き手にも指示対象に対して知識を持っていないので、ソ系指示詞を使用する。

4.2.4　まとめ

　本書の論点は以下の図のようにまとめることができる。

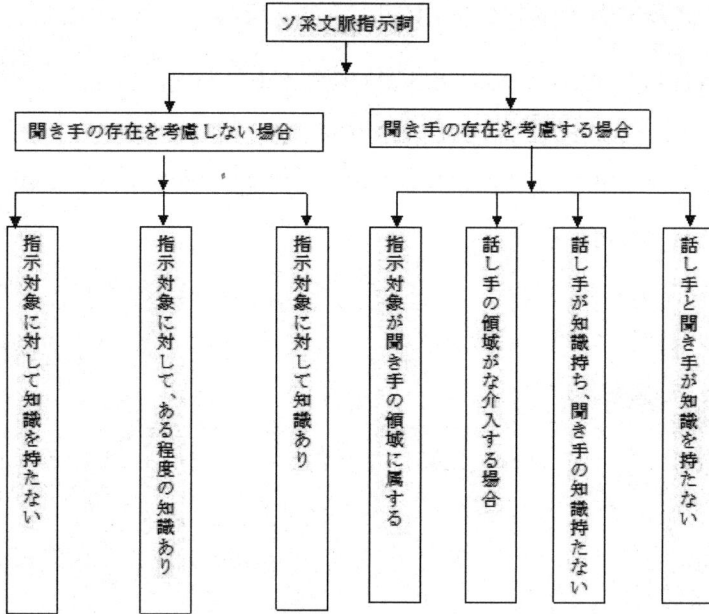

図4-11　ソ系文脈指示詞の使用法

　　本書では、以下の結論を導いた。

1. ソ系文脈指示詞は時間や場所に対して、現場に対する依存性が高い。

2. ソ系指示詞の根本的な使用法は聞き手の存在を考慮しない場合で
   は、基本的に話し手が指示対象に対する知識量と関わっている。聞
   き手の存在を考慮する場合、指示対象が聞き手の領域に属すること
   や話し手は聞き手への配慮を考慮することは、ソ系指示詞も使用
   する。

3. 話し手は指示対象に対して、「知識を持たない」「知識を持ってい
   ない部分を強調する」「指定できない」「聞き手の領域に属する」
   「知識を持ち、聞き手を配慮する」「情報の提供の一致性が欠く」
   場合では、「遠い」と認識し、ソ系指示詞を使用する。

4. 指示詞の使用は話し手が指示対象に対する心理的距離を計算でき
   る。

4.3　ア系文脈指示詞の使用法に関する考察

　現場指示用法において、指示詞の使用がある時間（現在）と空間（話し手から指示対象までとの距離上の認識）的座標において、使用される。よって、次は文脈指示用法において、指示対象が時間・空間の場合、指示詞の用法を考察する。

4.3.1　時間・空間
4.3.1.1　過去

　(1)　あの時、あなたに助けていただいて、ほんとうにうれしかったです。

金水・木村・田窪（1989:34）

　この例文では、「嬉しかったです」という文から見ると、「あの時」は過去のことを指している。「あなたに助けていただいて」という文から見れば、話し手は聞き手が過去のことを知っていると想定している。つまり、ア系指示詞を使用し、話し手と聞き手が両方とも知っている過去を指示している。

　ア系指示詞は過去のことを指示する際、話し手だけが指示対象に対して知識を持っている場合（回想）もあるし、話し手と聞き手が両方とも、指示対象に対して知識を持っている場合もある。それについて、後文で詳しく論じる。

4.3.1.2　現在地ではない（特定）

　(2)　来年イタリアへ旅行する予定だが、＊ココ/ソコ/？アソコではワインを友人への土産に買おう。

すでに4.2で述べたように、ソ系・ア系指示詞は両方とも、現在地ではない場所を指示することができる。しかし、ソ系指示詞は話し手にとって不特定な場所（具体的な場所ではない）を指示している一方、ア系指示詞は話し手にとって、特定できる場所（具体的な場所）を指示している。したがって、例（2）において、指示対象が話し手にとって不特定な場所なので、ソ系指示詞を使用する（詳しい分析は4.2を参照されたい）。

しかし、下記の例文を見てみよう。一見反例のように見える。

(3) 30メートル先、セブンイレブンがあります。車は、<u>そこ</u>に止めましょう。

ソ系指示詞は「セブンイレブン」を指示している。厳密に言うと、「そこ」はセブンイレブンというところを指示している。「30メートル先、セブンイレブンがあります」という文から、話し手は指示対象に対して、知識を持っていると判断できる。さらに、「そこに止めましょう」という文からみると、話し手は車を止まる具体的場所を知っているので、話し手は文脈で要求されている知識を持っていると言えよう。

例（3）において、話し手は指示対象に対して、具体的な知識を持っているので、ア系指示詞を使用すべきである。しかし、この例文では、ソ系指示詞を使用するのはなぜか。

(4) 神戸にいいイタリア料理店があるんですが、こんど<u>そこ</u>に行ってみませんか？

この例文では、ソ系指示詞は「神戸にいいイタリア料理店」を指示している。指示対象が神戸にあるので、現在地ではないと推測できる。

また、話し手が指示対象に対して、知識を持っている。もし話し手は指示対象に対して、知識を持っていないならば、「神戸にいいイタリア料理店がある」という評価ができないと考えられる。よって、この例文では、ア系指示詞を使用することができるように思うが、しかし、この例文では、ソ系指示詞を使用しているのはなぜか。

　例（3）と例（4）において、話し手は聞き手が発話内容を参加させているので、聞き手への配慮を考えないといけないと思われる。つまり、聞き手の知識の多寡と考慮する必要がある。

　例（3）において、話し手は「30メートル先、セブンイレブンがあります」という情報を聞き手に伝達している。この文から見ると、話し手は聞き手が指示対象に対して知識を持っていないと思っている。もし、話し手は聞き手が指示対象に対して知識を持っていると思っている場合、「30メートル先、セブンイレブンがあります」という発話をしないと考えられる。よって、この例文において、話し手が指示対象に対して知識を持ち、聞き手が指示対象に対して知識を持っていないと話し手は想定しているので、ソ系指示詞を使用していると考えられる。

　例（4）において、「神戸にいいイタリア料理店があるんですが」という文から見ると、聞き手が指示対象に対して知識を持っていないと推測できる。よって、ソ系指示詞を使用し、話し手が指示対象に対する知識量に関するレベルを下げて、両方の間の距離を縮めるという効果がある。

　ア系指示詞の分析において、聞き手の存在を考慮する場合と聞き手の存在を考慮しない場合に分けて、分析を行った。下記の例文は聞き手を考慮しない場合である。

　　（5）今度京都へ行ったら、あそこへ行こう。一休和尚ゆかりの大
　　　　徳寺へ。

　この例文では、ア系指示詞は「一休和尚ゆかりの大徳寺」というところを指示している。指示対象は「京都」にあるということから、話し手は指示対象に対して、知識を持っていると推測できる。しかし、聞き手は指示対象に対する知識を持っているかどうかは判断できない。持っている場合もあるし、持っていない場合もある。

　本書の立場に従うと、ア系指示詞は共有知識を要求していると考えられる。しかし、この例文では、共有知識を要求していない。そして、この例文では、なぜア系指示詞を使用できるのか。

　それもア系指示詞が持っている現場指示用法にける心内メカニズムから求められると考えられる。

　話し手は指差しをし、「あそこには青いビルがある」という発話をする。

　この例文では、話し手は指示対象「青いビル」に対して視覚から獲得した知識である。話し手は指差しを利用し、聞き手に情報を伝達する。

　以上の説は下記の図4-12で表記する。

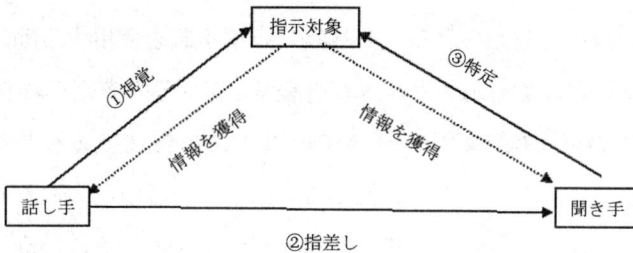

図4-12　現場指示

　つまり、現場指示において、話し手は視覚により、指示対象に対する情報を獲得する。次は指差しにより、聞き手の注意を呼び起こす。聞き手は指差しや話し手の発話などにより、指示対象を特定し、視覚などで指示対象に対する情報を獲得する。

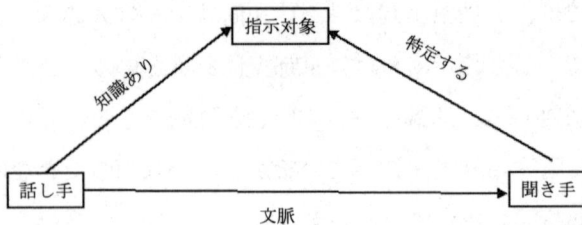

図4-13　文脈指示

　文脈指示において、話し手は指示対象に対して、知識を持っている。話し手は文脈（発話）により、指示対象に関する知識を提供している。聞き手は文脈により指示対象に関する知識を獲得し、指示対象を特定する。

　例（5）において、現場指示用法と類似なところを覗ける。

　まず、話し手は指示対象に対して、知識を持っている。話し手は指差しという動作ではなく、「今度京都へ行ったら、あそこへ行こう。一休和尚ゆかりの大徳寺へ」という文脈により、聞き手に情報を伝達する。この例文では、話し手はある情報を聞き手に伝達するので、共有知識を要求していないと考えられる。それはア系指示詞を使用する際、話し手は現場指示における心的メカニズムを使用していると考えられる。

　また、この例文は一般の叙述文ではなく、広告文であると考えられる。つまり、この「あそこ」を使うことにより、場所を先取りし、あたかも既にその場所に行って、そこを知っているかのようにいうことで、その場所を印象付けることである。それが広告の役目である。

　本節では、ア系指示詞の使用法は文脈レベルで要求する知識が必要である場合もあるし、共有知識を要求している場合もある。共有知識はア系指示詞の副次的な用法として考えられる。以下では、ア系指示詞における共有知識の応用について考察を行う。

4.3.2　共有知識の不要という考え方

　堀口（1978）、黒田（1979）、田窪・金水（1996b）、は「聞き手の知識」を排除した。本節では、ア系文脈指示詞の使用には、「共有知識を想定すると、無限に続く」（田窪・金水：1996b）という考え方に対して、不備なところを指摘し、対抗案を示していく。

4.3.2.1　共有知識のパラドクスに関する提案

1. 話し手がPを知っている.
   1'. 聞き手がPを知っている.
2. 話し手が1'を知っている.
   2'. 聞き手が1を知っている.
3. 話し手が2'を知っている.
   3'. 聞き手が2を知っている.

田窪・金水（1996b:253）

　これは、いわゆる、共有知識のパラドクスである。
　田窪・金水（1996b:252）によると、「よく知られているように知識の共有性はこれを話し手と聞き手の知識の相互的共有と考えた場合、かならず無限遡求に陥る」と指摘している。そして、「言語形式の使用法の記述は、その中に聞き手の知識の想定を含んではいけない」（1996b:256）という原則を示し、聞き手の知識を排除した。具体的な内容について、後文で説明する。

4.3.2.2　共有知識と実際の応用

　人間がお互いに考えていることを感知することは不可能である。相手が指示対象に対して、確実に知識を持っているかどうかは確認しにく

い。話し手と聞き手が一緒に経験したことであっても、聞き手が忘れて
しまっていたら、共有知識にならない。また、お互いがお互いに知って
いると思っていても、その対象物や出来事が別のものを指すことがある
のはだれしもが経験することである。

　田窪・金水（1996b）が提示した「共有知識」は話し手の知識と聞き
手の知識の間のリンクにより、確かめられると考えられる。そういう
「共有知識」を追求すると、無限遡及になるし、現実にはいくら追求し
ても、お互いの共有知識を確認することは不可能である。それは、話し
手の知識は直接、聞き手の知識とつながっていないからである。しかし
ながら、ア系指示詞を使用する際には、実際には、談話上想定した共有
知識のリンクを前提にしているのである。以上の説明を下図4-14で示す。

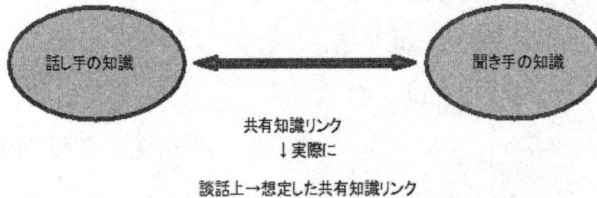

共有知識リンク
↓実際に
談話上→想定した共有知識リンク

図4-14　共有知識リンク

　発話する時は、瞬間的に反応し、心的モニターにおけるものは言語化
して表出する。人間の認知、知識範囲や年齢などにより、発話が必ず理
論上で正しい、検証されたものとは限らない。つまり、実際の発話に
は、「談話上の共有知識」が用いられる。言い換えれば、話し手の知識
と聞き手の知識の間のリンクは共有知識のリンクがあるという前提が
あって成り立っているものなのである。話し手、あるいは聞き手がその
ような知識をリンクさせようという円滑な談話成立を可能にする積極的
意志がある。そのような知識があることを前提にして談話をすすめてい
るのである。そういう談話上の共有知識のリンクを追求すると、無限遡
求に陥らないと考えることができる。

　同じ指摘は東郷では、「神の視点」[①]により、「パラドクス」を回避できると指摘している。つまり、「パラドクス」の成立条件は「神の視点」であり、「その一部は現実の談話には不要である。われわれは現実には話し手の側からの一方的な想定に基づいて談話を構築する」（東郷2000：38）と指摘している。

　この「談話上の共有知識」とは、話し手の認識上の問題であって聞き手が指示対象を知らなかったり、失念したりすることがあるが、話し手自身が、聞き手が知っているという前提でもって話を進めることである。発話の進め方とは、人間の心はお互いに相手の心を読めないから、話し手は自分の判断により、指示詞の使い分けをしているのである。

　または、田窪・金水（1996b：255）では、「三段階の埋め込みでさえ計算には負担がかかわることである」と指摘している。実際には、田窪・金水の言う共有知識を用いずに、談話上の共有知識を用いるから、そういう心理的な計算負担は起こらない。

　東郷（2000：38）は、話し手の視点のみに立つことにより、「話し手がPを知っている」と「話し手は聞き手がPを知っていることを想定している」という二つの条件だけで十分だと指摘している。つまり、現実では、共有知識の追求は無限遡求に陥らないのである。

---

① （東郷2000：42）によると、「ここで「神の視点」と現実の人間の視点のちがいを理解するために、次のような思考実験をしてみよう。旧知の間柄のAとBが交差点で出会うという状況を想定する。その交差点は高い塀で囲まれていて、道路を歩く人には別の方角から来る人は見えない。Aは交差点に北から、Bは東から近づく。ふたりは交差点でばったり出会い驚く。AとBの視点からは、この出会いはまったくの偶然に見える。しかし、この交差点を高いビルから見下ろしている人を想定しよう。この視点視点から見れば、AとBはともに交差点の方向に歩いているのだから、ふたりが出会うのは偶然ではなく、逆に必然である。この視点は神の視点である。現実の談話を構築する人間は、このような神の視点を取ることはできず、塀に囲まれた道を歩いている人の視点しか取りえない。

本書で用いる「談話上の共有知識」を以下のように定義する。

　　共有知識とは、話し手の知識に関するリンクと聞き手の知識に関す
　　るリンクが直接につながるものではなく、話し手が聞き手も同じ知
　　識を持っていると想定する知識である。

　話し手が聞き手に対してリンクさせようとする、話し手が一方的に
持っていると考える共有知識である。共有知識といっても、一方的なの
で、時にはリンクしないこともあると考えられる。

4.3.3　共有知識の使用に関する考察

　金水・田窪は、話し手の心的領域を二つに分けて、それぞれに格納
する領域をD-領域とI-領域と名付けている。いわゆる、「談話管理理
論」である。

　ア系列はD-領域に属している。つまり、ア系文脈指示詞は直接的知識
を指している。

　　D-領域（長期記憶とリンクされる）：ア系
　　：長期記憶内の、すでに検証され、同化された直接経験情報、過去
　　　のエピソード情報と対話の現場の情報とリンクされた要素が格納
　　　される。
　　：直示的指示が可能
　　I-領域（一時的作業領域とリンクされる）：ソ系
　　：まだ検証されていない情報（推論、伝聞などで間接的に得られた
　　　情報、仮定などで仮想的に設定される情報）とリンクされる。
　　：記述などにより間接的指示される。

　　　　　　　　　　　　　　　　　　　　　金水・田窪（1996b：263）

　以上の解釈だけでは、ア系文脈指示詞の使用について、説明できない例文がある。よって、本節では、ア系は話者の文脈レベルで要求される知識に属することを認めた上で、さらに、共有知識有無の判断が必要だと考えている。

　本節では、ア系文脈指示詞の使用場面を、三つに分けて分析する。すなわち、①全共有知識を持つ場合、②部分共有知識を持つ場合と、③共有知識を持っていない場合である。

　以下では、それぞれについて考察を行う。

4.3.3.1　全共有知識を持つ場合に関する考察
4.3.3.1.1　相手（聞き手）の知識の有無による共有知識

　(6)　A「三年前、いっしょにスキーに行ったのを覚えていますか」
　　　　B「はい、よく覚えています。あの時は、ほんとうに楽しかったですね」

　　　　　　　　金水・木村・田窪（1989：34）（下線は陳）

　Aは質問をし、話し手Bが「いっしょにスキーに行ったの」を覚えているかどうかを確かめている。Aが質問を通して、自分が「いっしょにスキーに行った」という記憶があるということを話し手Bに表明した。

　話し手Bは聞き手Aの質問に応じて、「覚えています」という返事をして、話し手Bもそういう記憶があるということを表明している。

　つまり、会話のやりとりを通して、話し手Bは自分と聞き手Aが両方共に、「いっしょにスキーに行った」という記憶を持っていることがわかる。

　以上の例文では、話し手は、聞き手が知っていると思っていることではなく、聞き手の知識の有無によって決まることがわかる。話し手は一緒に経験したことを聞き手による質問という形で確かめられることによって、共有知識があることを確定している。

ところで、話し手と聞き手が話している「いっしょにスキーに行った」という事実がお互いに同一の出来事かどうかは別の問題になる。

東郷（2000:39）によると、「相手の共有知識についての査定が間違っていれば、指示詞はうまく理解されないことがあるが、このような齟齬が生じたときには、すみやかに修復過程repairが実行される」と指摘している。

つまり、会話している時、誤解した場合には、その直後の談話により、修正することができるということである。しかし、全て修正することができるとは限らない。極端な場合には、間違ったままの場合もある。しかし、そのような場合は、本書の議論の対象外なので、ここでは触れない。

4.3.3.1.2　一般的常識による共有知識

まず、「一般的常識」を定義する。

> 話し手が、その話し手と同じ特定の文化圏内いる社会一般の人に共有されていると認識する知識を指す。一般常識と地方や話し手の知識範囲などによって得られた常識の範囲には相違がある。

つまり、一般的常識に対して、地域差や個人差もある。例えば、福岡の名物について、福岡生まれ育ちの人であれば、何が名物かは一般的に知っている。しかし、例えば、北海道の生まれ、育ちの人であれば、地理的に非常に遠い福岡の名物を知らないことが多いであろう。

例えば、以下の例文のように、大学生が集まって、夏目漱石のことを話しているとする。

(7)　「最近、夏目漱石の『こころ』を読んだんですけどね。<u>あの</u>
　　　本はほんとにすばらしい本ですね」

（作例）

　「最近、夏目漱石の『こころ』を読んだんですけどね」という発話か
ら、話し手が指示対象を知っていることは判断できる。以上の発話だけ
からでは、聞き手が指示対象である「こころ」という夏目漱石の本を
知っているかどうかは判断できない。

　「あの」は『こころ』という本を指している。ア系文脈指示詞は、話
し手は現実で起こったことをある形で、記憶に格納し、保存している。
使用する時、記憶に保存した要素を抽出し、言語化して表出する。

　夏目漱石はとても有名な文学者であり、その小説『こころ』を知って
いるのが一般的常識だと考えている。この例文では、話し手は指示対象
を一般的常識として、両方とも持っているという前提で発話を行ってい
る。暗黙のうちに、話し手は指示対象が文学者として知られる人物であ
ることを一般的な常識とし、話し手は聞き手が指示対象を知っているこ
とを一方的に前提にすることによって、「あの」を使って談話上の共有
知識としたと考えられる。

4.3.3.1.3　観念による聞き手の知識を想定する場合

　堀口は、観念による聞き手の知識を想定する用法を「観念指示用法」
と名付け、次のように分析した。

(8)　A「アレヲ持ッテ来テクレ」
　　　B「ハイ、承知シマシタ」
とか
　　　A「君、アノ件ハ片付イタカイ」
　　　B「ハイ、片付ケマシタ」

133

とかいうように、積極的に用いられることがある。「アレ」「アノ件」は遥かな存在として話し手の観念にある事物であるが、同じ環境にある相手も、同じ事物を遥かな存在として同じように観念に浮べてくれる、という期待を前提とした表現だといえよう。近称・中称がこの種の表現として積極的に用いられないのは、他人の観念にある遥かでない存在を推察するということは、きわめて困難だからであろう。相手の推察の成功にたよるこの種の表現も、相手に推察不能の場合には

　　　B「アレトハ何デスカ」

という返答があるであろう。しかし、推察が成功した場合には、たがいに一体感・仲間意識といった満足感が感じられるのである。

堀口（1978b：82-83）

　確かに、そういう会話自体が存在している。しかしながら、堀口（1978b：83）によれば、「「アレ」「アノ件」は遥かな存在として話し手の観念にある事物であるが、同じ環境にある相手も、同じ事物を遥かな存在として同じように観念に浮べてくれる、という期待を前提とした表現だといえよう」と指摘している。

　なぜ、ア系文脈指示詞を使用する時は、相手がそういう期待に応じないといけないかについて、堀口は説得力ある理由を示していない。

　本書では、ア系文脈指示詞の使用には、相手が「同じ事物を遥かな存在として同じように観念に浮べてくれる、という期待」（堀口1978b：83）に応じるということよりも、ア系文脈指示詞の直示的要因があると考える。

　つまり、話し手はア系文脈指示詞を使用することで、聞き手に対して共有する知識を要求し、聞き手は話し手と共有すると考える指示対象を

記憶の中を検索してその対象を見つけ出そうとするという、語用論的な要因があると考えている。

　より具体的には、話し手は「アレヲ持ッテ来テクレ」と言った時点で、話し手が自分の指示している指示対象物何であるかを知っており、その指示対象が何であるかを聞き手が知っていると話し手は想定している。聞き手の方は、どのようにして自分の記憶の中から「アレ」にあたるものを探し出すのか。まず、話し手がどのようなものを必要としているかを見極めることから始めるかと思うが、また聞き手は話し手と何か共通、または関係の深い知識や事物が何かも考えるであろう。さらにどのような場面なのかを瞬時に把握する必要がある。そのような観点から「アレ」にあたるものを記憶の中から探し出すのである。したがって、それが見つかれば、「ハイ、承知シマシタ」という回答をするし、見つからなければ、「アレトハ何デスカ」と質問するであろう。

　ア系文脈指示使用では、聞き手が指示対象を知っているという前提で、話し手が聞き手に一方的にア系指示詞を使用して要求するのである。よって、話し手はア系文脈指示詞を使用する時、聞き手は暗黙のうちに、自分の記憶の中で、共有する指示対象を見出そうとするのである。次の例も同様に説明ができるものである。

　(9)　（電話での会話）

　　　A「ところで、あの本、もう読みましたか」

　　　B「ああ、1週間まえにお借りした本ですね。半分くらい読んだところですが、なかなか面白いですね」

　　　　　　　　　　　金水・木村・田窪（1989:39）（下線は陳）

　以上の例文は話し手側に共有知識があると想定しないと、うまく説明できないと考えられる。

　話し手Aは何の文脈もなく、いきなり、「あの本、もう読みましたか」という質問をBにする。もし、「あの」がただ話し手の直接的経験を指すのであれば、聞き手Bは理解できないから、「あの本ってどの本？」と聞くしかないはずだと思う。聞き手は自分の領域の同じ指示対象を探査することをしないと思う。もちろん、自分だけの経験を相手に聞くことはあり得ないと思う。

　話し手は「あの本」と言った時、話し手と聞き手両方とも知っていると想定している。ア系文脈指示の使用は共有知識のマーカー（標識）として、聞き手の記憶にある共有要素を見出させようとする。なぜ、ここでア系文脈指示詞が聞き手の記憶の中の指示対象と考えられるものを検索させるようとすることになるのか。それは、ア系文脈指示詞を使用することで聞き手に対して暗示的に、ある内的行為（つまり、記憶中の検索）を促しているのではないかということである。

　聞き手は共有する指示対象物（＝話し手から借用した本）を発見したら、「ああ、1週間まえにお借りした本ですね。半分くらい読んだところですが」という返事をすることになる。しかし、見当たらない場合にもあるから、その時は「どの本でしたかねえ？」のように逆に質問してどの本のことであるかを明らかにすることも予測できる。すなわち、このア系文脈指示詞は共有知識を指しているのである。

4.3.3.2　部分共有知識を持つ場合

　部分共有知識の用法は全共有知識の用法から、拡張したものであると考えられる。前節で述べたように、ア系文脈指示詞の基本的な用法は、共有知識を要求することである。つまり、その基本的な用法とは、聞き手と指示対象物を共有することを話し手が想定することである。そして、その拡張として話し手と聞き手の親密度、つまり、距離感を縮める

という用法が生み出されたり、逆に聞き手がその指示対象を知らなけれ
ば、話し手が聞き手を責める気持ちも表すことができると考えられる。

4.3.3.2.1　話し手の方が情報量が多い場合

① ア系文脈指示詞の逆用-責める気持ちを表す

(10)　A「この本、ミラーという人が書いたそうなんですが、どこ
　　　　の人ですか？ 」
　　　B「君、<u>あの</u>先生を知らないのか」

吉本（1992：115）（下線は陳）

　上の会話では、話し手と聞き手が「ミラー」先生についての話題に
ついて、話を行っている。Aは敬語「です」を使っているから、お互い
に、そんなに親しい関係ではなく、一定の距離感があることは判断でき
るが、それと同時に、その話題に関して話し合っているから、上下関係
はあるものの、話し手と聞き手の間はある程度の仲間意識を持っている
と推測できる。
　この例文では、「あの」の代わりに単に「ミラー先生を知らないの
か」とも言える。話し手Bが聞き手Aを責める気持ちが、「君、知らな
いのか」という発話とその文体、敬意のレベルから分かる。では、なぜ
ここでは、指示詞として「あの」しか使えないのか。
　まず、話し手Bと聞き手Aの間にある程度の仲間意識がある。つま
り、話し手Bが発話する時、話し手Bが相手（聞き手A）の指示対象に対
する知識や情報量などを発話の初期値として設定している。
　話し手Bは聞き手Aがミラー先生のことを知らないことを知っている
のにもかかわらず（だからこそ質問している。反語的と言いても過言で

はない。つまり、「知っているべき人を知らない」として叱責しているのである）。「あの」を使っている。それはアの逆用という用法であり、話し手の、聞き手に対する感情を表すものである。この例文の場合では、ア系指示詞の使用により、話し手がその本の著者を指示対象として、聞き手が知っておくべきだと話し手が考えている、と設定されていることである。さらに、知っておくべきなのに、実際には知らないことを、「君」「知らないのか」のような上下関係の視点も添加され、反語的に、相手のことを責める気持ちを表している。

つまり、ア系を故意に使用してその意味を逆利用する方法である。ア系文脈指示詞に共有知識が不要だったら、そういう聞き手を責める言外の意味は表出しないと考えられる。

② 相手の気持ちを配慮し、双方の距離を縮める

(11) A「山田先生に教えを受けられたそうですが、どんな方でしたか」
B「あの先生はとても厳しい方でした」

金水・木村・田窪（1989:39）（下線は陳）

聞き手Aは他の人から「山田先生」のことを聞いたり、または一度会ったりしたことから、「山田先生」のことをある程度知っている。また、話し手Bの返事「あの先生はとても厳しい方でした」より話し手Bは聞き手Aより格段に詳しい情報を持っていることが分かる。

つまり、双方の情報量の差について言えば、話し手Bは聞き手Aよりも山田先生に関して格段に多い情報と持つと同時に共有している部分もあるということである。以上の説明を下の図4-15で示す。Aの知識量は

小さな丸で表記する。Bの知識量は大きな丸で表記する。Bだけが持っている知識は斜線で表記する。

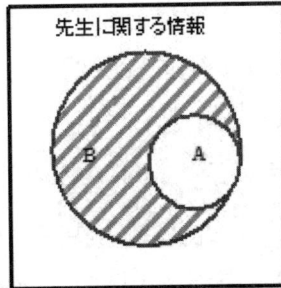

図4-15　先生に関する情報量の分布

　指示対象に対する情報量は、話し手Bが相手Aより多くても、相手Aがある程度知識を持っていれば、それが共通知識として認められるので、「あの」が使える。ア系文脈指示詞を使って、自分の知識量に関するレベルを下げて、聞き手と同じレベルにし、両方の間の距離を縮めるという機能を持っている。

4.3.3.2　話し手の方が情報量が少ない場合

　　(12) 君は大阪で山田太郎という先生に教わったそうだけど、その先生は講義が上手かい。

黒田（1979:100）（下線は陳）

　黒田（1979:100）によると、「話し手は「その先生」を山田太郎という先生、聞き手が大阪で教わった先生、という概念によって理解しているにすぎない」と指摘している。では、直接経験と間接経験の境目はなにか。話し手は「君は大阪で山田太郎という先生に教わった」という知識を話し手にとって、直接経験か、または、間接経験に属するか判断しにくいと思う。したがって、この文だけからでは、判断できない。

　この例文では、話し手のもつ「君は大阪で山田太郎という先生に教わった」という情報よりもさらに多くの情報を聞き手（対話の中では聞き手の発話が示されていない）も持っていると話し手は想定している。しかし、話し手が先生は講義が上手かどうかについての情報は持っていない。もしくは、持っているが、持っていないふりをして、聞き手に聞くことによってこの聞き手がどのように先生の講義を思っているのかという情報を得ようとしている。いずれにしても、先生は講義が上手かどうかについての情報を話し手自身が持っていないという場面を作りだしている。

　話し手が「先生は講義が上手かい」という自分が知らない部分に焦点を当てそこを強調したいがために、ソ系を使う。そうすることで、指示対象の「山田」先生に関する情報は聞き手（「君」）が多く持っているということを強調する。ここでは、聞き手（「君」）の方が情報量が多いと話し手が想定している。すなわち、指示対象（先生が講義が上手かどうかについての情報）は心理的に聞き手の領域に属するから、ソ系を使用する。よって、この例文では、「その」を使う要因を考えると、黒田（1979:100）の言う「概念によって理解しすぎない」ではなく、知識の多寡、すなわち、双方の情報量によって決まると考えられる。

　全共有知識と部分共有知識の相違は実際の知識の相違だけではなく、話し手の共有知識の強調度の相違にもある。全共有知識は話し手と聞き手が指示対象に対して、共有するということを強調する。また、部分共有知識の場合、ア系指示詞の使用には、二つの解釈が生じる。

　一つは、話し手が「共有」しているという認識をもっていても、実際には聞き手が持っていない場合、聞き手が知っていなければならない指示対象に関する情報を持っていないことから、話し手が聞き手を責めるや驚くという解釈が生じる。もう一つは、話し手の方が聞き手よりも情報量が多い場合、ア系を使用し、双方が持っている共通の知識（部分共

有知識）に焦点を当てそこを強調し、聞き手のことを配慮し、距離感を縮めるということである。

　また、聞き手の情報量が多い場合、ソ系を使って、話し手と聞き手の共有していない部分を指し、相手の情報が豊富であることを強調し、一種の謙遜した気持ちを表す。

4.3.3.3　共有知識を持っていない場合

　すでに先行研究で触れたように、東郷（2000：38）は、「聞き手の談話モデルの状態の査定をいったん停止、または意図的にカッコに入れている」という操作を行うには、「一方的断定というニュアンス」や「回想にふけっているニュアンスが生じる」と指摘する。しかしながら、どんな場合に、「聞き手の談話モデルの状態の査定をいったん停止」するということになるのかは示していない。

　本節では、東郷が言及した「聞き手の談話モデルの状態の査定をいったん停止、または意図的にカッコに入れている」、つまり、共有知識を持っていない場合におけるア系文脈指示詞の使用要因について考察する。

　ア系文脈指示詞の使用は、共有知識を要求するのが基本であり、ア系の使用により、聞き手は共有知識を探査し始める。ア系文脈指示詞の使用には共有知識を指していない場合には、ほぼ自動的に聞き手に共有知識を探査させ、負担や圧力をかけてしまい、時には聞き手の面子をつぶす場合もある。その代償として、話し手が聞き手にかけた負担を聞き手の側で解消することがある。つまり、聞き手が知識を探査することを中止するのである。

　聞き手の側も発話の状況や相手との関係によって、ア系文脈指示詞を使用するにしても、共有知識を要求されているのか、あるいは共有知識

を要求されていないのかのどちらかを推測し、それに応じて聞き手の記憶に格納した共有知識に焦点を当てて操作するかどうかを判断する。具体的には、「回想」「一方的断定というニュアンス」（本節では、他の語用論的要因でアにおける共有知識を要求しない場合）の場合である。

　また、共有知識を持たない時には、聞き手の知識を考慮しないことが、聞き手の存在や聞き手の言動を考慮していないわけではないことを加えておく。

　以上の説明を踏まえ、「回想」「一方的断定というニュアンス」におけるア系文脈指示の使用について考察する。

4.3.3.3.1　独言・内言における回想

　独言や内言では聞き手は一般には存在しないか、または聞き手がいてもよいが、その場合には聞き手は話し手にとっては聞き手としての役割がない。このような状況におけるア系列文脈指示の用法を考察する。

　　(13) あの時、1時間早く帰っていれば、叱られないで済んだのに
　　　　 なあ。

　　　　　　　　　　　金水・木村・田窪（1989:37）（下線は陳）

　上の例文は、談話には独言の場合でも回想の場合でも出現するが、どちらにしても、話し手自身の体験を自分自身に対して話しているので、明らかに聞き手の記憶、経験や知識には全く触れていない。

　「あの」はすでに発生した、記憶に格納した過去のことを指し、話し手自身の直接の体験を思い出して話している。よって、ここでは「あの」しか使えない。

　　(14) 飛行機が完全にストップして、人々がシートベルトを外し、
　　　　 物入れの中からバッグやら上着やらをとりだし始めるまで、

僕はずっと<u>あの</u>高原の中にいた。僕は草の匂いをかぎ、肌に
風を感じ、鳥の声を聞いた。

『ノルウェーの森』村上春樹（下線は陳）

　これは小説の冒頭の部分で、「あの高原」について背景を説明した文
脈はない。

　話し手「僕」が心の中で用いる内言を文字化し表出させたものであ
る。小説での内言の場合、聞き手は読者としてしか存在しておらず、聞
き手のことを考慮する必要はない。ア系文脈指示詞の使い分けにおける
客観的な主な要素から聞き手という要素は除かれ、話し手と指示対象だ
けが残っている。

　「あの高原」というのは、実際に、目の前に存在している高原ではな
く、頭の中で描いている過去の印象深い、記憶に存在しているイメージ
である。小説内での話し手「僕」が想像の翼を伸ばし、記憶に格納した
過去の記憶を呼び起こし、眼前でいきいきと起こっているかのように、
映像化させる。「草の匂いをかぎ、肌に風を感じ、鳥の声を聞いた」と
いう表現から見れば、話し手は過去の出来事を、臨場感をもってはっき
り描いた、脳に格納した記憶である。話し手が過ぎ去ったことを振り返
り、回顧し、懐かしさを表している。

　独言や内言におけるア系文脈指示詞は過去に発生したことが、脳に記
憶という形で保存され、その記憶を呼び起こしたい時に、その記憶を再
生し、言語化し、表出する。

4.3.3.3.2　回想

(15)　A「Bさんが芸能界に入ったのはどんな時代でしたか？」

　　　B「<u>あの</u>頃は浅草オペラの全盛時代でしてね」

吉本（1992：101）

　「あの頃」は「芸能界に入った時代」、即ち、「浅草オペラの全盛時代」を指している。AはBに対して「芸能界に入った」具体的な時代を聞いているから、明らかに指示対象に対して、具体的な知識を持っていないと判断できる。この談話では、「あの頃」についての具体的な情報は話し手Bだけがもっている。言い換えれば、Bに属する特別な個人的な記憶を指している。

　指示対象は話し手Bにとって、過去に体験した個人の直接的出来事・経験では、「あの」しか使えない。ア系指示詞の使用原則として、指示対象に対して、文脈レベルで要求される直接的知識が必要である。また、東郷（2000:38）が指摘しているように、「聞き手を置いてきぼりにして回想にふけっている」時、ア系が使える。

　本節では、回想にふける時のアの使用の理由について考察する。つまり、話し手が指示対象を知っていて、聞き手が指示対象に対して、知識を持っていないのに、「あの」を使うのはなぜかについて考察する。

　回想と言うのは、話し手に属する脳に格納した過去の直接経験を指していて、聞き手の知識とは全く無関係である。回想した時、話し手が周りの状況観察を一時的に放棄した状態で、自分だけに属している経験や個人的事象などを述べている。つまり、聞き手の知識や存在を一時的に遮って、話し手と指示対象だけが残り、一種の独言・内言ともいえる。

　回想におけるア系文脈指示詞の使用方法は独言・内言と似て、両方ともに、聞き手の知識を考慮しないで、過去に脳に格納したことを言語化して、表出する。内言・独言におけるア系指示詞用法と回想におけるそれは密接に繋がっている。回想は内言・独言の平行的用法であると考えられる。

　聞き手は話し手の発話内容とか、話し手の表情とかなどにより、回想かどうかが判断できる。その判断により、共有する知識の探査を停止する。

4.3.3.3.3　他の語用論的要因で聞き手の知識を想定しない場合

　(16) 今日神田で火事があったよ。あの火事のことだから人が何人
　　　 も死んだと思うよ。

黒田（1979：101）（下線は陳）

　黒田は「その」は明らかに使えないが、「あの」を使った文は座りが
悪いと言いながら、分析を行っている。ここでは、「概念的知識/直接
的知識」という概念をより明確にする必要があるので、違和感のある例
文だが、敢えて分析を行いたい。

　黒田（1979：101）は、話し手が「あの火事のことだから」という言外
の意味、つまり、「神田の火事」という概念だけからでは知り得ない話
し手の直接的知識に基づいて、話し手が「人が何人も死んだだろう」と
推定していると説明している。

　本書で解決したいのは、聞き手の共有知識も想定していない場合、な
ぜ「あの」が使えるかということである。本書では、黒田の説明と違っ
て、以下のような要因を考えている。

　①「あの」の意味が「あんな」の意味へと拡張
　上記（16）の例で、話し手は「今日神田で火事があったよ」という情
報を聞き手（相手）に伝えた。普通の会話であれば、聞き手は必ず「あ
あ、あの火事ね」とか「ええ、どの火事？」などと反応する。話し手は
聞き手からのなんの反応もない状態で会話を続けた。

　例文（16）から見ると、直接的に話し手がこの火事を見ているのだと
一般に理解できるであろう。また一方で、直接的に見ていなくても、
「火事」について、間接的にかなり豊富な知識を持っていると判断でき
るであろう。

　この例文に対して、田窪・金水（1996b）によると、「問題となる火事は話し手には知られているが、聞き手には知られていないのである」と指摘している。しかし、この話し手だけの発話からは、聞き手（相手）が火事に関して知っているかどうかは判断しにくいと思われる。話し手は文の最後で「よ」を使うことで、少なくとも聞き手は話し手よりその情報について多くは持っていないと想定していることを示している。

　また、火事の程度差に焦点があり、「何人も死んだと思うよ」とは、誰にでもわかるほどの大きな火事だということは一般的に理解できよう。ここでの「あの」は単なる「あの」ではなく、「あんな大きな火事」というように理解されると考えられる。これは「あの」からの拡張した用法としても理解することができるだろうと考えられる。

　② ほかの語用論的制約

　「…のことだから」とは、指示対象の属性を詳しく知らないと、後ろの「人が何人も死んだと思うよ」という結論は導かれない。つまり、「…のことだから」は話者の直接的知識を要求する。よって、ここでは「あの」しか使えない。

　では、なぜ聞き手の知識を想定していない場合も、ア系が使えるのか。

　ここでは、ア系指示詞の使用には、共有知識よりも、「のことだから」のような語用論的な制約が優先的に働くからだと考えられる。言い換えれば、「のことだから」が話し手の一方的な判断を述べていて、聞き手の存在をぼかし、さらに、聞き手の知識を想定する必要がなくなったためである。この説明への証拠として、以下の例を見ていただきたい。

　上の例文の「のことだから」を除外すると、以下の文になる。

(17) 今日神田で火事があったよ。その/あの火事で、人が何人も
　　　死んだと思うよ。

　ここでは、「その/あの」を両方とも使えるのは、「のことだから」
という語用論制約がなくなったからである。
　以上の例文では、「その/あの」を使える理由として、以下の要因が
考えられる。
　すでに、4.3.3.2で触れたように、指示詞の使用要因は聞き手への配
慮と関係がある。以上の例を分析して見ると、話し手の聞き手に対する
判断と配慮が「あの」と「その」の使用の差異となって表れていると考
えられる。
　話し手は聞き手の知識の有無と、情報量を知っている場合もあるし、
判断できない、または知らない場合もある。聞き手の知識に関する認識
を持っていない場合は、指示詞のどちらを使うかは話し手の判断による
ものである。
　上の例文では、もし話し手が聞き手にも火事に関して知識を持ってい
ると判断し、ア系を使って、実際に聞き手も知っていたら問題はない。
しかし、実際に聞き手が知らなかったら、聞き手に負担をかけることに
なる。なぜかというと、話し手は自分が知っていると思っているのに、
聞き手は期待に応じないと考える可能性もあるからである。
　それを避けることがここではソ系を使う理由ではないかと思う。話し
手が聞き手はあまりこの情報を得ていないと判断し、ソ系を使って、客
観的に述べようとしている意図を表すことができる。聞き手が実際に知
らない場合には問題がなく、逆に知っていた場合には話し手の方が聞き
手に対して横柄な態度で聞き手に接したことになる。どちらにしても話
し手と聞き手の気持ちの配慮をどの程度話し手が考慮するかにあると考
える。

4.3.4 まとめ

本節では以下の議論を行った。ア系文脈指示詞が共有知識を要求すると考えても、ア系文脈指示詞の使用方法が、必ずしも一つの用法しかないとは限らない。そこで、聞き手の知識が必要な場合と聞き手の知識が不要な場合の二つに分けた。聞き手の知識が必要な場合、話し手、指示対象、聞き手の区別が基本となり、聞き手の知識が不要な場合、話し手と指示対象の区別となる。

本節の論点は以下の図のようにまとめることができる。

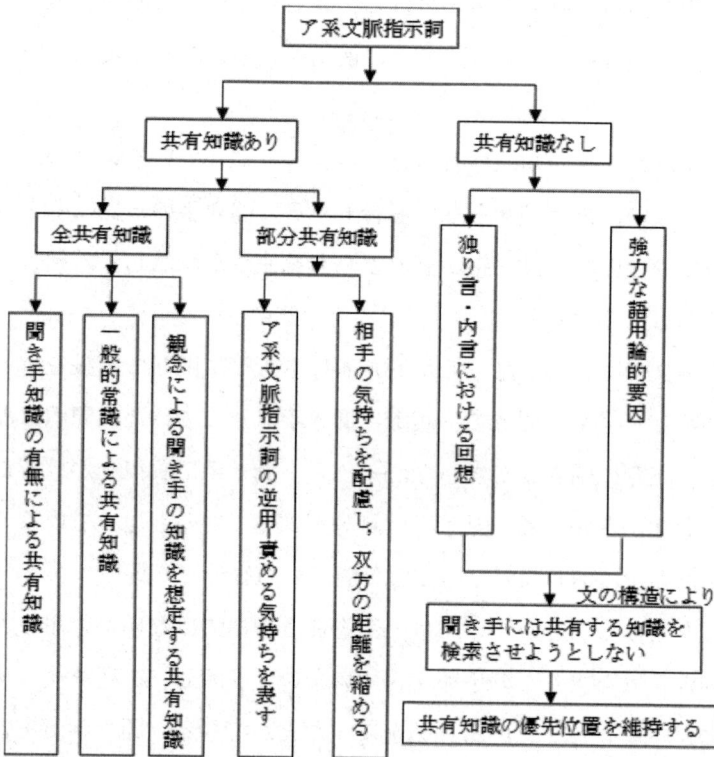

ア系文脈指示詞

共有知識あり
　全共有知識
　　聞き手知識の有無による共有知識
　　一般的常識による共有知識
　　観念による聞き手の知識を想定する共有知識
　部分共有知識
　　ア系文脈指示詞の逆用・責める気持ちを表す
　　相手の気持ちを配慮し、双方の距離を縮める

共有知識なし
　独り言・内言における回想
　強力な語用論的要因
　文の構造により
　聞き手には共有する知識を検索させようとしない
　共有知識の優先位置を維持する

図4-16　聞き手の知識の要と不要における統一的な解釈

本節は以下の結論を導いた。

1. ア系文脈指示使用規則は話し手の文脈レベルで要求される知識に基づき、共有知識を要求するということである。

2. 共有知識を持っていない、もしくは、聞き手の知識を想定しないとした場合に、ア系が使用された場合には、聞き手は、話し手と共有する知識を見出すことを止める。したがって、双方の「共有知識」に焦点をあてたという優先性を保持する。

3. ア系文脈指示詞の基本的用法から、相手を責めるとか、相手との距離感を縮めて一体感を表すという機能に拡張した。それはコミュニケーションの継続保持の観点から、聞き手への配慮を促した結果である。

第五章

中国語における文脈指示詞の使用法に関する考察

5.0　序

　　"这"系現場指示詞は話し手にとって物理的に「近い」ものを指すと一般的に認識されている。"那"系現場指示詞は話し手にとって物理的に「遠い」ものを指すと一般的に認識されている。それが時間的、空間的、心理的な領域にまで拡張してきた。以下でどのような拡張が見られるかを分析する。

5.1　"这"系文脈指示詞の使用法に関する考察

　　指示詞の使い分けにおいて、時間、空間的に近いという基準に従う場合、客観性が重視している。また、指示対象が長期記憶に属すること、相手の領域に属すること、話題の中心、関心を持っていることなどの焦点化がある場合、話し手が指示対象に対して心理的「近い」と認識している。よって、このような場合は主観関与としている。本章では、文法化された指示法は研究対象外とする。

5.1.1　時間・空間
5.1.1.1　過去

　　(1) 这年他搬去了上海。
　　(訳文) 今年彼は上海に引っ越した。

　完了形"了"を使用し、つまり話し手（彼）がすでに上海に引っ越したため、"这年"は時間から言うと、過去のことを指している。過去のことであるから、時間的に近いとは言えない。よって、この例文では、"那"系遠称指示詞も使用できる。

　　(1)'　<u>那</u>年他搬去了上海。
　　（訳文）<u>その</u>年彼は上海に引っ越した。

　しかし、この例文では"这"系近称指示詞を使って、過去のことを指示している。それはなぜか。下記の二つの要因から考えられる。

① "这"系現場指示用法において、指示対象を指示する際、時間的には「現在」で、空間的に「現在地もしくは話し手にとって近い場所」であると考えられる。その現場指示用法から文脈指示用法まで拡張してきた。文脈指示用法において、時間を指示する際、「現在」だけではなく、「過去」や「未来」を指示することもできる。つまり、現場指示用法における「近い」という認識は、文脈指示用法においては、「現在」「未来」や「過去」まで拡張されている。その拡張の要因は現場指示において、指示対象が「近くにある（現在地ではない/指示対象がすこし話し手と離れている）」という認識から拡張したと考えられる。それも現場指示用法と文脈指示用法における話し手が指示対象に対する認識上の類似性も見られる。

② "这"近称指示詞の一番基本的な意味は「話し手にとって近い」ということで、それを利用し、指示対象を話し手に近づけて、焦点が指示対象「年」に移り、聞き手の関心を指示対象に寄せるという効果を果たしている。それは指示詞の基本的な使用法から拡張してき

たものであると考えられる。つまり、"这"系指示詞が持っている
談話効果に求められる。また、この例文では、眼前に生き生きとし
ているニュアンスもある。

5.1.1.2　現在

(2)　这时蹒跚地走来一个胖胖的老妇人，百分之百的中国血统。妇
　　　人穿着紫红色的中式便服，绣花缎面鞋，满脸笑容，两腮肌肉
　　　松弛地耷拉下来，显得和蔼可亲。只是两眉正中有三道深浅不
　　　一的纵纹，又使人觉得她未必有很好的脾气。

王蒙《活动变人形》

（訳文）そのとき、一人のふくよかな老婦人が、覚束ない足どりで
　　　　姿を現した。百パーセント中国の血統である。エンジ色の
　　　　中国服に刺繍を施したドンスの靴、にこやかである。両頬
　　　　のやや弛んでいるのはむしろ愛矯だが、眉間に刻む三本の
　　　　シワは、気難し気な印象を与える。

　視点という用語は文学という分野でよく使用される。ジェラルド・プ
リンス（1996）によると、視点は「無制限な（無設定の）視点」「内的
視点」「外的視点」という三つの類型を持っていると指摘している。

　この例文は、小説の地の文からの引用である。作者は頭の中で発話し
たいことを整理し、それを文字化して、表出する。作者の描写の仕方に
より、文学上の効果にも差がある。この例文では、作者の視点は「内的
視点」を取り、描写している物語が発生している当時のように、読者
に示している。また、例文（2）では、後ろの例文から見ると、「百パ
ーセント中国の血統である。エンジ色の中国服に刺繍を施したドンスの
靴、にこやかである。両頬のやや弛んでいるのはむしろ愛矯だが、眉間

に刻む三本のシワは、気難し気な印象を与える」という文で、"老妇人"の現在の様子を描写している。

　物語が現在進行中ということを強調するために、"这"系近称指示詞を使用する。すなわち、時間的に言うと、現在である。

　文脈指示において、時間を表す際、指示詞"这"が持っている一番基本的な意味合いは「現在」であると考えられる。

　この例文では、話し手は指示対象に対する情報を優先的に持ち、新情報として、読み手に紹介するので、読み手の視点や指示対象に対する知識を持っているかどうかを考慮する必要はない。

　日本語の場合、「その」を使用している。作者（書き手）は「外的視点」を取り、上から物語の発生する当時の様子を俯瞰して、客観的に物語を述べている。しかし、中国語の場合では、"那时"の使用はやや不自然な感じである。

　(2)　这时蹒跚地走来一个胖胖的老妇人。

　(訳文) そのとき、一人のふくよかな老婦人が、覚束ない足どりで
　　　　姿を現した。

　上で示したように、"走来"は「歩いてきた」ではなく、「姿を現した」と翻訳したので、日本語の場合、「その」が使用できる。

　(2-1)　*那时蹒跚地走来一个胖胖的老妇人，百分之百的中国血统。

なぜ"那时"を使用できないのかというと、"走来（歩いてきた）"の意味から考えられる。"走来（歩いてきた）"という動詞は方向性があり、参照人が必要であるからである。つまり、参照人は第一人称でな

ければならない。「私」を基準にして、"来"と"去"の使い分けをする。「私」に向かって歩いて来る場合、"向我走来"という表現をとる。私から離れて歩いて行く場合、"向他走去"という表現をとる。

向　我　走　来。
（向かう　私　歩く　来る）

向　他　走　去。
（向かう　彼　歩く　行く）

ここで、"来"という助動詞は継続の意味を持っている。"那时蹒跚地走来一个胖胖的老妇人"という文は、過去を原点として、過去から長い時間をかけて、現在まで歩いてきたという意味合いを持っている。それは不可能である。よって、この例文では、"那时"と"走来"とは整合しないのである。

しかし、以下の文は言える。

(3) 少年，我们都从<u>那</u>时走来。
　　少年、私たちは<u>あの</u>時期から様々な経験してきたよ。

「あの時」を原点して、いろいろなことを経験して、乗り越えてきたということを暗示している。

5.1.1.3　未来

(4) 姐姐要去何家村过年的事令小航遗憾。不是舍不得姐姐，为简佳的事他至今跟姐姐都不怎么说话。令他遗憾的是，他们，主

要是姐夫，要是不回何家村就会回来过年，那么至少，<u>这个</u>春节全家的炊事问题就解决了，姐夫以一当十。

王海鸰《新结婚时代》

（訳文）ところ変わって、小西の実家である。小航は、姉が夫の実家に行って春節を過ごすのを、残念に思っていた。姉と別れるのがつらいのではない。簡佳のことで、これまでに姉とはほとんどまともに話し合っていないことと、いま一つは、義理の兄さんについてであった。もし、彼ら夫婦が田舎に行かなかったら、必ず姉の実家——つまり自分の家に来る。そうなれば、少なくとも春節の休みの間、我が家の食事問題は解決する。

　呂によると、"这"は過去と現在のことを指示する。実は"这"は未来のことを指示することもできる。この例文では、作者は小説の中の人物"小航"の視点を取り、"小航"の心内での台詞を述べている。"小航"は自分の姉は春節をどこで過ごすかを悩んでいる。もし、姉は義理の兄さんの田舎に行かなかった場合は、義理のお兄さんは「春節の休みの間、我が家の食事問題は解決する」ということになる。つまり、"这个春节"を発言した時点では、まだその時期が来ていないので、将来のことを指示する。

　"这"は"那"と入れ替えると、下記の文になる。

<u>那个</u>春节全家的炊事问题就解决了，姐夫以一当十。

（訳文）<u>あの</u>春節の休みの間、我が家の食事問題は解決する。

　上記の例文は統語的には正しいが、意味合いは例（4）と異なっている。この例文では"那"遠称指示詞の使用は不可能である。"那"遠称指示詞を使用すると、過去のことを指示しているという意味合いになる。

　しかし、"那"系指示詞は未来のことを指示できない訳ではない。それについて、5.2で説明する。

5.1.1.4　現在地

　（5）虽说是夏天，但这里——倪藻出国以前不止一次地看过地图——
　　　　的纬度与中国最北部的城市黑龙江的漠河差不多，又加上阴
　　　　雨，倪藻只觉得像是春天。也许更像乍暖还寒的早春天气呢。

王蒙《活动变人形》

　（訳文）夏とはいえ、ここは―出発前、何度も地図を見たのだが―
　　　　　中国北の最果て、黒龍江の漠河の町とほぼ同緯度にある。
　　　　　その上この陰雨だ。彼にとっては、春とは名ばかりの肌寒
　　　　　い早春というべきか。

　作者は主人公（倪藻）の立場に立って、すなわち、主人公（倪藻）と共有する視点を持っていて、物語を述べている。"这里"を使用し、主人公（倪藻）がいる現在地を指している。文脈指示用法において、"这里"を使って、現在地を指示する際、範囲がある。例えば、"我在这里（私はここにいる）"といっても、なんの文脈もない場合、教室とか、駅とか小さな場所を指示することもできるし、都市とか、県とか、広い場所を指示することもできる。よって、"这"系指示詞の指示している範囲の広さは文脈により決まる。

下記の例を見てみよう。

先生は自分の研究室にいて、学生に電話をかけている。

A 来我这里一下。(私の研究室に来てください)

B 我爱这里，因为，这里是我的学校！(ここが好きです、なぜかというと、ここは私の学校だからです)

C 我的家乡在甘肃，这里属于西北。(私の故郷は甘粛省です。西北にあります)

　例Aでは、指示詞は話し手の研究室を指示し、例Bでは、話し手の学校を指示し、例Cでは、話し手の故郷、甘粛省を指している。AからCまで、"这里"が指示している範囲が広くなっている。よって、"这里"が現在地を指しても、範囲は異なる。

　例（5）では、"这里"は都市を指示する根拠は後ろの文"黒龍江の漠河の町とほぼ同緯度にある"からわかる。主人公（倪藻）がいる都市（イタリア）を指示する。現在地を指示するので、"这"系近称指示詞を使用している。この例は現場指示から文脈指示に移行する考え方をよく表していると思われる。

（6）"是的是的，"赵微土对电话讲得很兴奋，"就是倪吾诚老先生的儿子，人家大老远的要去看您……不，不吃饭，我们这儿有安排……是的，他八点钟以前要离开您那里，八点半他还有事……好的，我们七点二十分到您那里，在您那里呆四十分钟……招待？您刚回家用什么东西招待我？噢，不是我，是招待倪先生……有没有菲律宾带回来的芒果……那就给碗清茶吧。"

王蒙《活动变人形》

（訳文）「そうです、そうです」と趙微土は電話に向かって興奮気
味にいう。「その通り。倪吾誠先生の息子さんで、はる
ばる見えて貴女にお会いしたいと……。いや、食事は要
りません、<u>こちら</u>で用意してありますから……。ええ、彼
は八時前にお宅をお辞しなければなりません。八時半に
他のスケジュールがあるもんで……。分かりました、じゃ
七時二十分に伺って、四十分ほどお邪魔するということ
で……。もてなし？帰宅されたばかりでもてなしなんて、
いや私でなく倪先生をね。フィリピン土産のマンゴーなど
あるかな……。じゃ、お茶だけで十分ですよ」

　この例文は小説の中での会話である。話し手（趙微土）は相手に電話
をかけている。趙微土は相手が異なる場所にいると判断できる。話し手
（趙微土）は自分のいる場所を"这儿"と表記し、相手がいる場所を
"那里"と表している。つまり、自分がいる場所を"这"近称指示詞で
指示し、相手がいる場所を"那"遠称指示詞で指示する。ここでは、指
示詞の使用により、自分がいる場所と相手がいる場所を区別する。この
例文では、相手の出現により、空間を分割する。
　現場指示の場合、指示詞を使用し、指差しなどにより、具体的な場所
を指定する。この例文では、話し手は"这儿"を使用し、自分がいる場
所を指示する。しかし、"这儿"を指示する場所は話し手がいる部屋、
または、予約した店などと推測できるが、具体的な場所は文脈がないの
で、判断できない。よって、近称指示詞を使用する際、具体的な場所を
指示するのではなく、具象性がない場所、すなわち、話し手（趙微土）
がいる領域を指示している。
　中国語の指示詞の現場指示用法において、具象性がある場所を指示す
る一方、文脈指示使用法において、具象性がない場所も指示するという

拡張の仕方が見られる。それは人間の認識上の空間メタファーの用法の
適用であると考えられる。

5.1.2　客観性

5.1.2.1　現場指示の平行用法–指示対象が身の周りにある場合

(7) 捧着玫瑰花向回走，顾小西突然想起今天是情人节来。不用
　　说，<u>这</u>顶尖级的玫瑰是简佳男朋友送的，简佳有一个顶尖级的
　　男朋友。

王海鸰《新结婚时代》

（訳文）顧小西は、花束を抱えて自分の部屋の方に戻りながら、気
　　がついた。〈そうだ、今日はバレンタイン・デーだった。
　　<u>この</u>超高級のバラは、きっと簡佳のお金持の彼氏からだ
　　わ〉と。

　この例文では、作者は小説の中での人物（顧小西）の立場に立って、
物事を述べている。バラは顧小西の手元に持っているので、指示対象が
空間的に顧小西にとって近いため、近称指示詞"这"を使用する。この
例文では、"那"系遠称指示詞の使用は不可能である。この例文での指
示詞の使い分けは現場指示の平行用法であると考えられる。それは話し
手と指示対象が同じ空間に存在し、話し手は指示対象との距離上の遠近
により、指示詞の使い分けをするからである。つまり、指示詞を使用す
る際、心的認知モデルは現場指示とほぼ同じであると考えられる。
　"这"近称現場指示詞は指示対象が「話し手にとって近い」場合、使
用される。つまり、距離上近い場合、使用される。現場指示の場合、指
示対象を指示する際、特定な時間と空間的座標に定位されている。つま
り、暗黙の内、時間的に言うと、今存在していることを示している。空

間的に言うと、現在地や話し手にとって近いということを指示してい
る。よって、それは時間的に空間的に近いという認識は文脈指示上の
「現在・過去・未来・現在地・話し手にとって近い」まで拡張してきた
という現場指示のメタファーの用法が見られる。

5.1.2.2 自分のこと一所有・所属関係

(8) "先生们对于中国历史上，近百年来、近三十年来以及近年来
所发生的一些事情觉得困惑、意外、难以猜测甚至难以理解，
这本身是完全可以理解的。不要说你们，就是我们这些从祖先
就生在中国、长在中国、参与许多事变、对于在中国发生的许
多戏剧性事件都是身临其境的人，就是我们也常常觉得困惑和
难以理解……"团长的话引起了笑声，倪藻也笑了。

王蒙《活动变人形》

(訳文) 「皆さんは中国の歴史において、ここ百年来、三十年来、
さらにはここ数年来発生した幾つかの事柄にたいし、困
惑、唐突、意外、はては難解の感をお持ちでしょう。それ
は良く分かります。皆さんといわず、先祖代々中国に生ま
れ育ち、多くの事変に参与し、数数の劇的事件をじかに体
験してきたこの我々でさえ、困惑と不可解の念を覚えるの
でありまして……」ここで笑い声。倪藻も笑った。

　この例文では、小説での登場人物（団長）の発話である。つまり、話
し手（団長）は自分のことを指示する際、心理的に「近い」ので、近称
"这"指示詞を使用するのは一般的であろう。

"这些"は"我们"により、同定される。指示詞"这些"を使って、"我们"に焦点を当てて、相手の注目を誘う。"我们"がないと、指示詞"这些"は何を指示するかは不明である。"我们这些从祖先就生在中国"という文では、"这些"を省略して、"我们从祖先就生在中国"という文では、統合的に正しいが、ニュアンスに違いがある。しかし、"我们那些从祖先就生在中国"という文は非文になる。話し手は自分のことを指示する時、近称指示詞を使用しなければならない。

5.1.2.3　発話直後のこと

(9) 我骂的是你，谁说的？身正不怕影儿斜，无病不怕喝凉水。咱们这么骂，坏人跑不出去，好人也屈枉不了。"

王蒙《活动变人形》

(訳文) 名指さんのじゃから、我が身が直ければ影の歪みは恐れんもんや。ウチらの罵り方は、悪人は逃げられず、善人は濡衣を着んとすむ」

　この例文では、話し手が導入した発話内容"身正不怕影儿斜，无病不怕喝凉水（我が身が直ければ影の歪みは恐れんもんや）"を"这"系近称指示詞を使用し、指示している。"咱们这么骂（ウチらの罵り方）"という文から見ると、話し手と聞き手は同じことを発話したことを判断できる。つまり、話し手は相手の領域を没収し、「我々」の領域を形成し、話したばかりの内容を指示している。

　この例文では、遠称指示詞"那"系指示詞を使用できない。なぜかというと、話し手が言ったばかりのことは時間的に近いし、自分の発話であるから、心理的に近いと認識している。また、話し手は指示詞"这"

を使用し、感心や発話の主題性を示している。よって、"这"系指示詞を使用する。

(10) 瓜皮小帽说："县长大人，小人是吴三老的邻居，他家这只鸡天天跑到俺家，去跟俺的鸡抢食，俺老婆为<u>这</u>事还老大不欢气呢。"

莫言《红高粱》

（訳文）お椀帽の男が答えた。「県長さま、わたくしは呉三老の隣の者でございます。この三老の家の鶏は、毎日うちへやってきてはうちの鶏と餌を取りあいます。おかげで、うちの女房はしじゅうぷりぷりしておりますよ」

この例文では、話し手"瓜皮小帽"が導入した発話内容"他家这只鸡天天跑到俺家，去跟俺的鸡抢食（この三老の家の鶏は、毎日うちへやってきてはうちの鶏と餌を取りあいます）"を"这"系近称指示詞を使用し、指示している。聞き手（県知事）は指示対象に対して、知識を持っていないと推測できる。もし、聞き手が話し手の発話内容を知っているならば、話し手は裁判で聞き手（県長）に報告する必要がなくなる。

また、"他家这只鸡天天跑到俺家，去跟俺的鸡抢食（この三老の家の鶏は、毎日うちへやってきてはうちの鶏と餌を取りあいます）"という指示対象は発話以前に、すでに、話し手の記憶データベースの中に格納されている。

例（10）において、それは話し手が話したばかりのことであるから、"这"系近称指示詞を使用する。

例（9）と例（10）両方とも、遠称指示詞"那"を使用できない。なぜかというと、話し手が言ったばかりのことは時間的に近いし、自分の

発話なので、心理的にも近い。よって、"这"近称指示詞を使用される
ことを示唆している。

　中国語の指示詞の適用は聞き手が指示対象に対して知識を持っている
かどうかと関係なく、話し手の指示対象に対する認識により決まると考
えられる。例（9）と例（10）において、指示対象は発話で、抽象物で
ある。抽象物は空間に存在しているのではなく、時間と関わっている。
よって、この二つの例文では、指示詞の使い分けは時間上の遠近により
判断する。

5.1.2.4　発生直後のこと

(11) 汤料是排骨酱汤，经热水一冲，立刻，扑鼻浓郁的酱肉香味在
　　　办公室里弥漫开来。顾小西突然感到恶心，"噢"一声捂着嘴
　　　一溜小跑出门。（中略）因此，当听到简佳问她是不是怀孕了
　　　时，她自然忐忑，当即问简佳，我上次怀孕怎么没这些反应
　　　啊？简佳回说每次怀孕的反应不一定完全一样，她就不一样。

　　　　　　　　　　　　　　　　　　　　　　　王海鸰《新结婚时代》

(訳文) それを湯沸かし機のところに持って行って、熱湯を注い
　　　だ。と、立ちどころに、豚骨スープの鼻をくすぐるような
　　　芳ばしい香りが、編集室内にひろがった。突然、顧小西は
　　　吐き気がこみ上げてきて、アーと口許を手で押さえながら
　　　ドアから飛び出した。（中略）だから、簡佳が「あなた、
　　　妊娠しているんじゃないの？」と聞いたとき、思わずド
　　　キッとして、「この前妊娠したときは、つわりはなかった
　　　けど……」と、問い返した。簡佳は「いや私だって、妊娠
　　　するたびに、つわりは有ったりなかったり、きまっていな
　　　いわ」と答えた。

"我上次怀孕怎么没这些反应啊（直訳：前回妊娠した時、こういう症状がない）"という文で、話し手"顧小西"は指示詞"这"が前文で出てきた自分の妊娠の症状が、「豚骨スープの鼻をくすぐるような芳ばしい香り」がしたために「吐き気がこみ上げてきて、アーと口許を手で押さえながらドアから飛び出した」ということを指示する。このような動作が相手（簡佳）の前で起こったので、指示詞"这"を指示する内容（妊娠している症状）を相手が知っているということが推測できる。この例文では、指示対象が話し手と相手の目の前で発生したことなので、両方とも知っていると判断できる。また、これが発生したのが彼女の動作とほぼ同時かその直後なので、"这"近称指示詞を使用する。

もし、文脈がない場合、突然"我上次怀孕怎么没这些反应啊（直訳：前回妊娠した時、こういう症状はなかった）"という発話をすると、相手（簡佳）が"什么症状？（どんな症状）"と、かえって話し手に聞かないといけない。すなわち、コミュニケーション上の障害になる。また、話し手（顧小西）"我上次怀孕怎么没这些反应啊"という質問は相手（簡佳）に聞くことはあり得ない。よって、"这"近称指示詞は記憶指示という用法は論外である。

この例文では、指示詞"这"は現場で発生したばかりことを指示している。現場で発生したことは新規記憶として話し手と聞き手の頭の中で格納されている。

現場指示において、指示詞"这"は「話し手にとって近い」ものを指示し、指示対象が具体的なものである。文脈指示において、指示詞"这"は「話し手のこと、話し手が発話したばかりのこと、発生したばかりのこと」を指示し、指示対象が抽象的なもの（概念）である。つまり、指示詞"这"における「近い」という認識の対象は具象物から抽象物まで拡張したという変化パターンがある。また、それらの使用法は時間的な遠近性により、使い分けをする。

　上の例文では、時間上の「遠近」により、指示詞の使い分けをする。また、時間上の「遠近」という判断基準が背景化し、反対に話し手の主観的な意志により、指示詞の使い分けの判断基準が前景化する場合がある。それは一種の主観関与であると考えられる。

　指示詞の使い分けにおいて、時間上の「遠近」という基準が下記の特徴がある。

① 指示対象が発話直後（会話）、または発生直後の場合、近称指示詞"这"を使用し、遠称指示詞"那"が使用できない。それは時間上の客観性を重視しているからである。

② その反対に、指示対象が以前発話したこと、過去に発生したことである場合、近称指示詞"这"と遠称指示詞"那"両方とも、使用できる。その理由は5.2で紹介する。

5.1.3　主観関与

5.1.3.1　長期記憶を現場化する場合

(12) 我知道旁边就是柏油马路，不时有高级轿车从①这路上驶过，路的两侧是丰满而又恢宏的法国梧桐。我知道另一边是迷人的美丽的湖。我知道②这又是一个鬼使神差的、绵绵无尽而又转瞬即逝的春天、春天辽阔无边。但我暂时只愿在③这小路上漫步，好像我只属于④这条路，⑤这条路也只属于我。

王蒙《活动变人形》

(訳文) 傍らのアスファルトの道を高級車がしきりに駆けぬけていく。道の両側にはうっそうと繁ったフランス桐が立ち並ぶ。その反対側には美しい湖があるはずだ。そして季節は折しも常世の春、しかも移ろいやすい春である。果しな

く拡がる春……。だが私は暫し、③<u>この</u>緑陰の小径を心
ゆくまでさ迷っていたい、小径と私、私と小径だけでいた
い……。

　作者は指示詞“①这”を使用し、前文で出てきた“柏油马路”指示す
る。指示詞“②这”は後文で出てきた“春天”を指示している。いわゆ
る、後方照応である。“③这”“④这”“⑤这”は前文で出てきた“就
是柏油马路，不时有高级轿车从这路上驶过，路的两侧是丰满而又恢宏的
法国梧桐（傍らのアスファルトの道を高級車がしきりに駆けぬけてい
く）”というイメージを持つ道を指示している。
　“知道旁边就是柏油马路（傍らのアスファルトの道を知っている）”
という文から見ると、作者（私）は発話する現場にいるのではなく、指
示詞“①这”の指示対象（柏油马路）はすでに作者（私）の記憶に既存
している記憶知識であると判断できる。つまり、作者（私）は回想にふ
けっており、ずっと以前のことの記憶を述べている。よって、時間的に
言うと、指示対象が過去のことである。時間的に過去のことを指示する
のは、遠称指示詞を使用するのが一般的であろう。しかし、この例文で
は、近称指示詞“这”を使用しているのはなぜか。それは、話し手の主
観関与が働いて、記憶に格納している過去のことが現場化されるからで
ある。つまり、脳裏には今目の前にあるかの様にありありと浮かぶと
いうことである。
　また、なぜ、“这”系指示詞は長期記憶の内容を現場化する機能があ
るかというと、話し手は“这”近称指示詞の基本的な用法「話し手に
とって近い」という用法を借りて、自分がどういうふうに指示対象を位
置付けるかを読み手に示すからである。すなわち、話し手は長期記憶に
存在する要素を現場にあるように、過去のことを現在にもう一度現場再
現し、読み手に述べている。一般に文学に見られる修辞法である。

　ここでは、指示詞"①这"は"那"と入れ替えられる。しかし、意味上では相違を生じる。"那"系指示詞を使用すると、記憶に存在する過去のことを述べていることを強調している。近称指示詞が使用されることによって、目の前のことのように生き生きとした状況が感じられる。

＊　長期記憶に格納している過去のことであっても、話し手の主観関与が働く際、"这"近称指示詞が使用できる。これは近称指示詞の基本的な用法「話し手にとって近い」から生み出した効果を借りた用法である。
＊　しかし、全ての用法において、主観関与が働くわけではない。指示対象が時間上または空間上近い場合、やはり、時間上の「遠近」という客観的な判断基準が働く。

　　(13)　那时候，顾小西还不知道什么叫"回报"，等她知道的时候，才发现妈妈当年这个词用得太温情脉脉了。那哪儿叫回报呀，说是一辈子都还不清的债也不过分。

　　　　　　　　　　　　　　　　　　　王海鸰《新结婚时代》
　　(訳文)　あの時、顧小西は「お返し」の意味がよくわからなかった。結婚してから、その意味がわかってきたが、それにしては、母の言葉はまだ甘すぎると思った。

　従来の先行研究において、指示詞の使い分けは、話し手の主観的な判断により決めるとされている。実際、話し手は指示詞の応用では、聞き手の視点を導入するかどうかを考察する必要があると考えられる。
　讃井（1988:10）は「指示代名詞の先行詞が話し手によって提示されたばかりである時には"这"を使い、比較的以前すでに聞き手に紹介されている場合には、"那"を使わなければならない」と指摘している。

例（13）は小説の中の文である。作者は小説の中での人物"顾小西"と一時的に共有の視点を取り、"顾小西"の心的セリフを述べている。"顾小西"は指示詞"这"を使用し、"回报"を指示している。指示対象"回报"は以前、相手（母）の言葉である。よって、指示対象は相手（母）の発話内容から獲得したことなので、相手の領域に属している。"回报"の前に"当年"という言葉が使用されるので、だいぶ前のことで、顾小西の長期記憶に格納されているということが推測できる。

楊（2006、2011）では、"这"は「一時的記憶」に登録される指示対象を指し、"那"は「長期記憶」に登録される対象を指すと主張している。よって、この例文では、楊の主張に対する反例とも言える。中国語の指示詞の適用において、話し手が指示対象をどこから獲得したかということは他の特別の要因がない限り、指示詞の使い分けに影響を与えないということである。

この例文では、顾小西は"回报"という指示対象を相手（母）から獲得したことを強調していない。話し手は「長期記憶」に存在している要素を取り上げて、「まだ甘すぎる」という評価を下す。長期記憶の要素を活性化して、話題に乗せて、評価する。よって、心理的に近いと認識し、近称"这"を使用する。

5.1.3.2　相手の領域に属すること

（14）罗旭光笑笑说："你这个比喻很恰当。"

莫言《红高粱》

（訳文）羅旭光は笑った。「その例えはどんぴしゃりだ」

この例文では、話し手は指示詞"这"を使用し、相手の領域に属している発話内容（例え）を指示している。話し手（羅旭光）は直接的に自

分の記憶データベースから指示対象を取り上げるのではなく、相手の発話から、間接的に指示対象（例え）を獲得している。相手の領域に属することを近称指示詞"这"を使用し、指示するのはなぜか。それは、話し手は相手の領域から獲得した要素をすぐ自分の領域に収めて、発話するからである。一種の主観関与であると考えられる。話し手は相手の発話内容（例え）に対して「どんぴしゃりだ」と、評価している。話し手が相手の発話を自分の領域に収める動機ということは、相手の領域に属する指示対象を評価するということであると考えられる。相手の発話内容をこれから評価するので、心理的に近いと認識し、"这"近称指示詞を使用する。それと同時に、話し手は指示対象に対する関心を示している。

　日本語の場合では、相手の発話内容を指示する際、ソ系指示詞を使用するのが一般的であろう。しかし、中国語の場合では、日本語より、共有領域を形成しやすく、相手の発話内容を自分の領域に入れやすい。それは日中の指示詞の使用において、話し手は指示対象を捉える仕方に相違があるからであると考えられる。中国語の場合、話し手は情報を獲得したルートを考慮しない一方、日本語の場合では、話し手は情報を獲得したルートを考慮する。日本語において、指示対象が聞き手の領域に属していることを指示する際、指示対象を相手から獲得したというルートを強調するので、ソ系指示詞を使用するのは一般的である。

(15) 高大泉说："当然行啦！"齐志雄说："他这会儿正在赌钱场。你自己去不害怕吗？"高大泉把胸脯子一挺，说："这有什么害怕的！"说着，拉开门就往外跑。齐志雄见他光着两只大脚丫子，就喊："小老弟，穿上鞋！"想拿鞋追他，转一圈，炕上地下，没有发现一只鞋。

　　　　　　　　　　　　　　　　　浩然《金光大道》

（訳文）「おやすい御用です」「張金発はバクチ場にいるんだが、こわくないか」高大泉は胸をそらし、「へっちゃらだ」と言いも終らぬうちに入口の戸を開け、外へ飛び出していった。斉志雄は、高大泉がハダシなのに気付き、「おーい、靴をはいてけよ」と怒鳴りながら、靴を持っていってやろうと、ぐるぐるの上や土間をさがしたが、それらしいものは影も形もなかった。

話し手（高大泉）は指示詞"这"を使用し、相手（斉志雄）の発話内容「你自己去不害怕吗？（こわくないか）」を指示する。これは相手（斉志雄）が話し手（高大泉）に対して質問しているため、話し手と関係がある。

よって、話し手は相手の質問を自分の領域に入れ込んで、指示対象に対して、自分の主観的な考え方「へっちゃらだ」を述べている。よって、"这"系近称指示詞を使用する。

(16) "简佳的。传达室不让快递进。我给带上来了。"美妇主任言简意赅面无表情说完离去，"噔噔噔"高跟鞋一路敲地。顾小西并不见怪，性情中人，想怎样就怎样，挺好。说句心里话，她还真就喜欢同事们身上这种谁都对谁视而不见的独劲儿。

王海鸰《新结婚时代》

（訳文）「簡佳に届いた花束よ。下の受付で、宅配便の配達人はオフィスに入れないと言っていたから、私がついでに持ってきてあげた」と、美人の主任は事も無げに無表情で言い終わると、コツ、コツ、コツとハイヒールの靴音高く編集室に消えて行った。小西は、そんな主任の態度を見ても別に

おかしいと思わなかった。彼女の性格はいわゆるジコチユ
ーで、自分は自分、他人は他人と割り切るタイプ。あれは
あれでいいじゃないですか。いや周りの同僚たちだって、
他人の恋愛模様なんて「見えても見ようとしない」――小
西は、そんな職場の空気が好きだった。

　例（16）は、小説の中の文である。作者は小説の中での人物"顧小
西"と一時的に共有の視点を取り、物語を述べている。顧小西は指示詞
"这"を使用し、「美人の主任は事も無げに無表情で言い終わると、コ
ツ、コツ、コツとハイヒールの靴音高く編集室に消えて行った」と
いう様子を指示している。指示対象は相手（美人の主任）の様子である
から、相手の領域に属していると判断できる。日本語の場合では、「そん
な」を使用し、指示対象が相手の領域に属することを強調している。
　中国語の文脈指示詞の使用は、指示対象が相手の領域に属するかどう
かと関係なく、心理的に近づけたい（関わりが強い、評価、親しい関係
を示すなど）時、近称指示詞"这"を使用し、心理的に近づけたくない
場合、遠称指示詞"那"を使用する。この場合では、話し手の主観関
与、すなわち、主観意図により、指示詞の使い分けをする。

5.1.3.3　話題の中心（解説）

(17) 这也是何家村的规矩，吃饭只能男的上桌，女的得等男的吃完
　　　了再吃。

王海鸰《新结婚时代》

(訳文) これもこの村のルールの一つなのだ。食事はいつも男たち
　　　が先で、女たちは、彼らが食べ終わるのを待ってから、残
　　　り物を食べる。

この例文では、指示詞"这"を使用し、「食事はいつも男たちが先で、女たちは、彼らが食べ終わるのを待ってから、残り物を食べる」という文を指示している。他の強力な影響要素がない限り、後文照応は"这"近称指示詞で指示するのが一般的である。この例文では、指示詞"那"も使用できる。ただし、一定の文脈が必要である。例えば、指示対象が以前すでに表出した内容で、もう一回提出する場合、指示詞"那"を使用できる。

　　　那也是何家村的规矩，吃饭只能男的上桌，女的得等男的吃完了再吃。
　　（訳文）あれもこの村のルールの一つなのだ。食事はいつも男たち
　　　　　　が先で、女たちは、彼らが食べ終わるのを待ってから、残
　　　　　　り物を食べる。

　指示対象に対する知識量として話し手が優先的に持っている。話し手は"这"近称指示詞を使用し、指示対象との心理的距離を表している。つまり、指示対象が話し手との関わりが強い、話題となっていると考えられる。また、話し手はこれから解説する内容に関して、相手の注意を呼び起こす。また、同じ指摘は上條（1985:5）にも見られる。上條（1985:5）では、「中国語では自分が強く意識した場合"这"でいうことがあるという例である」と指摘している。

5.1.3.4　関心を持っている場合

（18）小西妈一下子睁大了眼睛。原先女儿说时，她还半信半疑；
　　　　后来儿子否定，她立刻相信这不过是一场误会。但看儿子刚
　　　　才的激烈反应，方意识到了事情的严重。女儿那边的事情还

没解决，儿子<u>这边</u>又闹出事来，丈夫却坐在一边自始至终一声没吭。

王海鸰《新结婚时代》

（訳文）母親は、目を丸くした。さっき娘の話を聞いた時は、まだ半信半疑だったし、息子もあとで否定した。だから、すぐに<u>あの</u>話は、ちょっとした誤解だと思った。だが、たった今、息子が見せた激しい反応に、これは大変なことだと気がついた。娘の家庭問題もまだ解決していない。息子は息子で、厄介な状態に陥っている。夫は、ずっとそばに座ったままで、一言も言ってくれない。

　例（18）は、小説の中の文である。作者は小説の中での人物"小西妈"と一時的に共有の視点を取り、物語を述べている。指示詞"这"は"小西妈"の息子（小航）は愛人がいる簡佳と恋愛関係にあることを指示している。"小西妈"はそのため、今も大変悩んでおり、家族に相談している。また、"小西妈"の娘のことは遠称指示詞"那"を使用し、指示している。それは話し手（小西妈）が娘のことも心配しているが、今もっと関心を持っているのは"小西妈"の息子（小航）のことなので、指示詞の使用により、関心度を示し、娘のことと区別している。

　つまり、話し手が今関心を持っていることを述べるとき、心理的に近いので、"这"近称指示詞を使用する。話し手がそれほど関心を持っていないことは、遠称指示詞"那"で指示する。指示詞の使用により、心理的優先順位を表明している。

5.1.3.5　現場指示用法-焦点化

　（19）一进这一间清爽的、一尘不染的、虽然顶棚不高面积也不大却

173

是非常明亮和舒适的会议室，倪藻第一眼便发现了这位同胞老
弟。他身上的悲剧气氛，悲剧气氛下蜷缩着的暴躁、才情或者
顽劣，一下子就打动了倪藻。倪藻选择了一个离他近的座位，
向他微笑，并递过去自己的一张名片。

王蒙《活动变人形》

（訳文）さっぱりと塵一つなく、天井は低め、さして広くもないが
実に明るく快適な会議室へ足を踏みいれるや、倪藻の視線
はすぐこの年下の同胞を捉えていた。身辺に漂うトラジッ
クな雰囲気、その奥に潜む焦燥、才智、一徹さ。そんなも
のに強く心引かれ、彼に近い席を選んで微笑みかけ、名刺
を差し出した。

作者は指示詞"这"を使用し、"他身上的悲剧气氛，悲剧气氛下蜷缩
着的暴躁、才情或者顽劣（身辺に漂うトラジックな雰囲気、その奥に潜
む焦燥、才智、一徹さ）"ということを指示している。つまり、後文照
応である。ここでは話し手の関心に焦点があり、聞き手の関心を呼び起
こす。

指示詞を使用する際、発話したい内容について事前に漠然としたイメ
ージを持ち、それを言語化して、表出することは推測できる。この例文
では、カメラのように、目の前の情景を述べている。作者はまず部屋の
様子を描写している。次は視点の移動により、目の前の人（年下の同
胞）に目をやる。

"这"近称指示詞の使用は指示対象に対する関心度や焦点を相手に示
している。また、現場の状況に対して、詳しく描写している。直示性が
強いため、一種の現場指示用法であると考えられる。

5.1.4　まとめ

　近称指示詞"这"の基本的な用法は指示対象が「話し手にとって近い」ということから求められる。それは文脈指示まで拡張した。つまり、距離的に近いという物理的な判断基準が時間的に、心理的にまで拡張した。

　また、話し手は「近い」という認識から、指示対象に対して、関心を持っていることや、話題の中心となっているという副次的な使用法も生み出す。よって、もともと、遠称指示詞を使用すべき時、近称指示を使用するのは、話し手はそういう効果を利用したからである。

　以上の分析結果に従い、本節では、以下のような結論が導かれる。

1. 中国語における文脈指示詞の使用法は聞き手の知識量や聞き手の領域などと関係なく、使用される。
2. 中国語の指示詞は、我々（話し手と聞き手）の領域を形成しやすい。
3. 時間や空間に近いという判断基準は現場指示用法も文脈指示用法も強く影響を受ける。特に文脈指示用法は現場性が強い。それ以外は話し手の主観的な関与が働くことが多い。中国語の指示詞の使用範囲は自由度が高い。

5.2　"那"系文脈指示詞の使用法に関する考察

5.2.1　時間・空間

5.2.1.1　過去

（1）那时候，顾小西还不知道什么叫"回报"，等她知道的时候，才发现妈妈当年这个词用得太温情脉脉了。

王海鸰《新结婚时代》

（訳文）<u>あの</u>時、顧小西は「お返し」の意味がよくわからなかった。結婚してから、その意味がわかってきたが、それにしては、母の言葉はまだ甘すぎると思った。

　　呂（1985）によると、"那"は過去のことを指し示す。この例文は小説の地の文から取った文である。作者は小説の中の人物"顧小西"と共有の視点を取って発話している。発話する時点は小説の中で設定している現在である。"那时候（あの時）"は"顾小西还不知道什么叫"回报"（顧小西は「お返し」の意味がよくわからなかった）"という時のことを指している。今"顾小西"は"回报"という言葉を深く理解している。よって、"那时候"は発話する時点を指すのではなく、過去の時点を指している。"那时候"は具体的な日付を明示していないが、話し手にとって、有標である。

5.2.1.2　未来

(2) 不等何建国说话马上有人接茬儿说晚了花才便宜，情人节的玫瑰就像中秋节的月饼，头天还一百多块钱一盒呢，到了中秋节那天你再看，上午五十，下午二十五都不一定卖得出去。一屋子人都笑了。都知道他们头儿在钱的问题上，一向精明。

王海鸰《新结婚时代》

（訳文）建国が口を開く前に、横合いから誰かが口をはさんだ。「いや、こういうときの花は、遅くなるほど安くなるんだ。バレンタインの日のバラは、秋の十五夜の月餅と同じだ。前日に一箱百元以上したものが、当日になると、午前中は五十元、午後には二十五元まで値下げして、それでも売れ残ることがある」と、言ったものだから、居合わせた

　人たちは笑った。みんな、ボスが金遣いに細かく、賢いこ
とを知っていたから。

　主人公"何建国"はバレンタインデーの日にお花を奥さんに買ってあ
げようとしている。しかし、早めに注文するのではなく、その日ぎりぎ
りになってから花を買おうとする。同じ職場で働いている人はバレンタ
インデーの日で、その日ぎりぎりになってから花を買うことは、中秋節
の日に月餅を買うことと同じである。中秋節の前の日は月餅が百元ぐら
いで、中秋節の日に買うと、朝五十元ぐらいで、夜になったら二十元ぐ
らいの安い値段でも売れないという状況である。
　この例文では、指示詞"那"は「中秋節」を指している。「中秋節」
というのは、具体的な日の「中秋節」ではなく、ただ仮定した日であ
る。よって、過去の時でもない、現在でもない。将来の未定の日の中秋
節を指している。例えば、この例文の発話する時点は1980年だったら、
"中秋节"は1980年以降の"中秋节"を指示する。よって、指示詞"那
天"は未来における不定の日を指示している。以上の説明は下記の図
5-1で表記する。

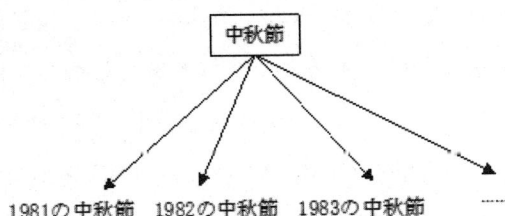

図5-1　中秋節における時間要素

　以上の分析結果に従うと、指示詞"那"は過去や未来のことを指示す
る。そして、それぞれがどのような認知モードを持っているかを考察す
る。まず、下記の例を見てみよう。

A 将来有一天我们还会重逢，<u>但是那时</u>你不一定会记得我。

（訳文）また会うチャンスがあるよ。ただし、<u>その時</u>、私のことを
　　　　もう忘れているかもしれないね。

B 等毕业以后，<u>他那会儿</u>该可以独立生活了（吕1981：354）

（訳文）卒業したら、<u>その時</u>には彼は一人暮らしできるかな。

C 你<u>那会儿</u>还是个小学生呢（吕1981：354）

（訳文）<u>あの時</u>、君はまだ小学生だ。

D <u>那会儿</u>当农民，现在当工人（吕1981：354）

（訳文）以前は農民の身分で、今は労働者です。

　例Aと例Bにおいて、指示詞"那"は未来のことを指示し、前方照応
である。即ち、指示詞"那"が使用する前に、時間に関する設定があ
る。例えば、例Aにおいて、"那时"が使用する前、"将来有一天（直
訳：将来のある日）"という文がある。例Bにおいて、"那会儿"が使用
する前、"等毕业以后（直訳：卒業した後）"という文がある。例（2）
において、"中秋节"は"那天"を修飾する。しかし、例Cや例Dにお
いて、指示詞"那"は過去のことを指示し、指示詞を使用する前に、何
の文脈はない。何の文脈もない場合、指示詞"那"を使用する際、過去
のことを指示するのが一般的である。

　したがって、遠称指示詞"那"は過去のことを指示するのが基本的な
用法であると考えられる。遠称指示詞"那"は未来のことを指示する
際、文脈持ち込みが必要であると考えられる。それもある意味で、遠称
指示詞"那"は未来のことを指示するということは完全に定着していな
いからであると考えられる。

5.2.1.3　現在地ではないこと

(3)　倪吾诚就这样在一九四三年五月死而复生，缺乏医学根据地离
　　开了北京。他先到了江苏的一个小城投奔一个同学，混了几个
　　月，没落住脚。后又辗转于山东、河北，最后栖息于胶东半
　　岛。在临海的一个学校当教师、当校长。山中无老虎，猴子称
　　大王。在那个滨海城市，倪吾诚俨然学界一人物。离京后的倪
　　吾诚，性格发生了一些变化。他更重实惠，重享乐，而轻道
　　义，轻廉耻。

王蒙《王蒙自传》

(訳文)　倪吾誠はかくて一九四三年五月、死して再び蘇り、医学的
　　根拠も不明のまま北京を去った。ひと先ず江蘇省の小さい
　　町にいる同級生の許へ身を寄せたが落ちつかず、数ケ月で
　　辞した。山東、河北を転々とした後、膠東半島に居つき、
　　海に臨むとある学校で教師となり校長となる。この海浜の
　　町では倪吾誠もいっぱしの学者で通り、文字通りお山の大
　　将であった。北京を離れてからの彼は性格も少し変わって
　　より実益と享楽に傾き、道義と恥辱を軽んじた。

　この例文は小説の中の文である。作者は俯瞰の視点で物語を述べている。小説の中での人物"倪吾诚"はその前、ずっと北京で暮らしている。"一九四三年五月"に北京から転居し、最後に"胶东半岛"という"滨海城市"に移住した。指示詞"那个"は前文で出てきた"胶东半岛"という場所を指示している。

　この例文では、作者は指示詞"那个"を使用し、視点は"一九四三年五月"以前、"倪吾诚"がずっと暮らしている"北京"という場所に据えている。今まで暮らした場所"北京"と離れた場所"胶东半岛"を指示する際、"那"遠称指示詞を使用していると考えられる。

この例文では、指示詞 "那" と "这" を入れ替えることができる。統語的に異なっていても、意味合いが同じである。ただし、ニュアンスには差がある。指示詞 "那个" の場合では、話し手は冷静に、指示対象を指示し、関心を払っていないというニュアンスがある。指示詞 "这个" を使用する場合では、作者の一種の視点の移動があり、焦点は指示対象 "胶东半岛" に移したというニュアンスがある。

(4) "不用瞒我，我闻着你家那院子的味儿就不对。" "你的鼻子这么灵啊？" "你别急着走。我说，那个发家致富的比赛，又要雨过地皮湿了吧？" "看样子赛不起来了……"

莫言《金光大道》

(訳文) 「かくしなさんな、おめえんとこの庭からそんなにおいがしてきたぞ」「ずいぶんいい鼻だな」「そう急いで歩くなよ、例の身上作りの競争はまた尻きれとんぼになりそうだな」「どうも競争はオジャンになったようだ……」

この例文では、指示詞 "那" は 相手の "院子（庭）" を指示している。指差しなどがないため、文脈指示用法であると考えられる。話し手は "院子（庭）" に立っていない、すなわち、指示詞 "那" は現在地ではない場所を指しているので、"那" 系遠称指示詞を使用している。

しかし、注意されたいのは、指示詞 "那" は "这" を入れ替えることができることである。

不用瞒我，我闻着你家这院子的味儿就不对。

（訳文）かくしなさんな、おめえんとこの庭からそんなにおいがして
　　　　きたぞ。

　この例文では、指示詞"这"は話し手と聞き手が"院子"にいると
いう意味合いを持っている。つまり、話し手は相手の"院子"に立って
いるならば、指示詞"那"を使わずに、近称指示詞"这"を使用する。
　したがって、例（4）において、話し手は客観的な事実に基づき、話
し手の主観関与はこの例文では効かない。それは例（4）における指示
詞の使用が現場指示用法の心内構造が同じだからであると考えられる。
　この点について説明すると、まず、現場指示用法における現在地では
ない場所を指示する際の心内構造を考えてみよう。まず、時間上は「現
在」で、空間上は「現在地ではない」という場所を指している。「現在
地ではない」というところを指示する際、話し手が立っている場所を参
照し、指示する。すなわち、話し手が立っている場所から近いところを
指示する際、近称指示詞"这"を使用し、話し手が立っている場所から
遠いところを指示する際、遠称指示詞"那"を使用している。
　例（4）は会話文であるから、発話時点は「現在」で、話し手と聞き
手が発話する現場にいると判断できる。話し手は自分が立っている場所
を参照し、話し手にとって離れた場所を指示している。物理的に遠い
（現在地ではない）ので、近称指示詞"这"を使用せずに、遠称指示詞
"那"を使用している。つまり、話し手は自分の発話する時点でのいる
場所を原点として、指示対象が物理的に自分にとって近いかどうかによ
り、指示詞の使い分けをする。
　例（4）における指示詞の使用法は現場指示用法との心内構造が類似
しているため、例（4）における文脈指示詞用法は距離上の「遠近」に
より決まる。つまり、現場性に依存している。

しかし、場所を指示する際、全て、現場指示用法と同じ心内構造を用いているのではない。下記の例を見てみよう。

(5) 祖国宝岛台湾省的东南海滨有个台东县。<u>那里</u>坐落着一片片高山族的农寨渔村。

(訳文) 我が祖国の宝島台湾の東南の海岸に台東県がある。そこには高山族の農民漁民の部落がたくさん点在している。

讚井（1988：14）

この例文では、遠称指示詞"那"を使用し、"台东县"を指示している。近称指示詞"这"も使用できる。

(5-1) 祖国宝岛台湾省的东南海滨有个台东县。<u>这里</u>坐落着一片片高山族的农寨渔村。

(訳文) 我が祖国の宝島台湾の東南の海岸に台東県がある。<u>ここ</u>には高山族の農民漁民の部落がたくさん点在している

例（5）や例（5-1）において、場所を指示する際、遠称指示詞"那"と近称指示詞"这"は両方とも使用できるのはなぜか。例（4）において、指示詞の使用法は現場指示用法と同じ心内構造を持っている一方、例（5）においては、他の心内構造を持っている。

例（4）において、"我闻着你家那院子的味儿就不对（かくしなさんな、おめえんとこの庭からそんなにおいがしてきたぞ）"という文では、"闻着（嗅ぐ）"を使用している。"闻着"とは動詞"闻"と持続のアスペクト助詞"着"の組み合わせである。よって、現場性が強いため、空間を指示する際、客観的な物理上の「遠近」を重視している。つまり、話し手は発話で描いている情景の中に存在している。

　例（5）において、話し手は現場にいるかどうかと関係なく、知識を述べている。つまり、話し手は発話で描いている情景の中に存在していない。指示詞の使い分けは遠称指示詞“那”と近称指示詞“这”の意味的性の違いから求められる。

　例（1）から例（4）まで、指示詞は時間や空間を指示している。中国語の現場指示の用法は距離上の「遠近」により、使い分けをしている。現場指示における距離上の「遠近」という認識は時間や空間まで拡張した。時間や空間を指示する際、現場指示用法と根強く関わり、現場性（客観性）に依存している。

　例えば、遠称指示詞“那”は時間を指示する際、「現在」ではなく、「過去・未来」を指示する。遠称指示詞“那”は空間を指示する際、現在地を指示するのではなく、現在地ではない場合を指示する。

5.2.2　客観性

5.2.2.1　周りにいない場合

(6)　“到了第六天的夜里，我已经睡下了，他摸着黑进来，坐在我的床沿上，拉着我的手，说：‘妈妈，我考虑了四五天，我不能白白的耽误人家。我相信我们分开了，是永远不会快乐的，我想——我想同北平那个离了婚……’”

冰心《关于女人》

（訳文）六日目の夜、わたしが寝ていると、Kが暗闇を手探りでやってきて、ベッドの端に腰を下ろして、わたしの手を握っていいました。『お母さん、ぼくは四、五日考えたんだけど、人様をみすみすだめにすることはできません。ぼくたち、別れてしまったら、永遠に幸せになれない。ぼくはぼくは北京のあれと離婚したい……』。

　　上の例文は、話し手"他（K）"は二人の妻がいる。それぞれは"F小姐"と"北平"にいる妻である。"他"は"F小姐"と愛し合っていて、話し手のそばにいる。"北平"にいる妻はそばにおらず、"北平"にいる。

　　話し手"他（K）"は指示詞"那个"を使用し、話し手と聞き手（母）が両方共に知っている人を指している。また、この例文では、指示詞を省略しても、"我想同北平的离了婚"という文は同じ意味を持っている。

　　この例文では、指示詞"那"の使用法は物理的な距離と関わっている。発話する時点で、"F小姐"と"北平"にいる妻は両方とも現場にいない。"北平"にいる妻は"F小姐"より話し手から遠いから、指示詞"那"を使用し、"北平"にいる妻を指示している。

　　この例文では、指示対象が話し手にとって遠い場所（現在地ではないところ）に存在する場合、指示詞"那个"を使用し、指示している。

　　また、例（6）は観念指示としても考えられる。話し手と聞き手が指示対象に対して共有知識を持っていない場合、"我想同北平那个离了婚"という文で、指示詞"那"はなにを指すかは不明である。つまり、話し手は指示対象を指示する際、文脈で提供している情報や共有知識に基づいて、指示対象を指示していると考えられる。

　　(7) A：昨天你背的兜子，挺别致的。

　　　　［昨日持っていたバッグ、素敵だったね。］

　　　　B：那个/＊这个兜子是我老公从国外给我带回来的。
　　　　　［あれは旦那が海外から買ってきてくれたの。］

高（2004:2）

　例（7）において、話し手Bは指示詞"那"を使用し、自分のカバンを指示している。相手Aの発話"昨天你背的兜子（昨日持っていたバッグ）"という文から、話し手Bは今カバンを持っていないと推測できる。よって、指示対象が現場にないため、遠称指示詞"那"を使用している。

(8) 歪嘴子一听是范克明，哆哆嗦嗦地迎到跟前，"您，您，屋里暖和暖和吧。"范克明堵着门口站着，问："刚才出去那个人是谁？""啊，学校的老师，于宝宗老师……""他跟你沾亲吧？""不算，不算，他是一个远房舅舅的儿子；跟我没来往，下午，我出了那个事儿，起山没上学，也忘了请假，他来找……"

莫言《金光大道》

（訳文）「口まがり」は声で范克明であることを知り、おずおずと
　　　　近付いた。「ど、どうぞ、中であったまってください」范
　　　　克明は戸口をふさぐように立ったままだ。「いま出てった
　　　　のは誰だ？」「あ、学校の先生、于宝宗先生……」［おま
　　　　えとひっかかりがあんのか？］「いえ、その遠縁にあたり
　　　　まして、別に行き来はないんですが、昼からあのことがあ
　　　　って、起山が学校休んだのに、届けを出すの忘れたもんだ
　　　　から、訪ねてきたんです……」

　話し手（范克明）は指示詞"那"を使用し、"刚才出去（いま出ていった）"という人を指示している。指示対象は現場にいるのではなく、現場から姿を消えたばかりの人である。
　また、下記の例を見てみよう。

(9) チンピラの郭が周の息子を家から追い出して、頼に

　　郭：你放心吧。<u>这</u>小子再也不敢来了。

　　（安心しなさい、あいつはもう二度と来ないぜ）

（牡野1993：105）

　この例の中国語では、チンピラの郭が周の息子を家から追い出したばかりで、それが新しい情報として二人の頭に残されたままである。発話の場で得られた情報であるから、短期記憶であり、したがって「这」を用いている。

呉人・芦・加藤（2005：21）

　例（9）では、呉人・芦・加藤（2005：21）の説に従うと、チンピラの郭が周の息子を家から追い出したばかりなので、短期記憶であると判断している。したがって"这"を用いている。

　しかしながら、例（8）において、指示対象も現場から離れたばかりで、指示対象に対する情報が発話の場で獲得した新情報である。呉人・芦・加藤（2005：21）の説に従うと、「短期記憶」で、"这"を使用すべきである。しかし、"这"を使用することはできず、"那"を使用している。それはなぜか。

　今までの説明（例（7）指示対象が身の回りにいない場合、遠称指示詞を使用する）に従うと、指示対象は現場にいない場合、"这"近称指示詞の使用は不可能で、"那"系遠称指示詞を使用すべきである。しかし、例（9）において、"这"近称指示詞を使用している。参照のため、例（7）を再掲する。

(7) A：昨天你背的兜子，挺别致的。

　　　［昨日持っていたバッグ、素敵だったね。］

　B：<u>那个</u>／＊这个兜子是我老公从国外给我带回来的。

　　［<u>あれ</u>は旦那が海外から買ってきてくれたの。］

高（2004：2）

　よって、呉人・芦・加藤（2005：21）の「短期記憶」や本節5.2.2.1での「現場にいるかどうか」は例（8）や例（9）における指示詞の使い分けの基準にならず、他の使用要因を示唆している。

　例（8）において、"刚才出去那个人是谁（いま出てったのは誰だ）"という文から、指示対象が現場にいないと推測できる。例（9）において、指示対象（周の息子）も現場にいない。それぞれ、遠称指示詞"那个"と近称指示詞"这个"しか使用できない。それはそれぞれ指示詞を使用する際、認知モデルが異なっているからである。例（8）では、話し手は指示対象が現場にいるかどうかにより、指示詞の使い分けをする。つまり、現場指示モデルを使用している。例（9）において、話し手は指示対象が現場にいるかどうかと関係なく、主観関与で心理上の距離により、指示詞の使い分けをする。

　例（8）と例（9）は、いずれも指示対象が現場にいない。しかし、それぞれ、指示詞を使用する際、使用される心的モデルが異なっている。それはコンテキストから求められる。

　例（8）において、"刚才出去那个人是谁（いま出てったのは誰だ）"という文から見ると、話し手は指示対象が現実の空間の中に定位させている。例（9）において、指示対象が現場にいないので、空間的距離において近いとは言えない。近称指示詞"这"を使用していることから、話し手にとって心理上に近いと判断できる。"这小子再也不敢来了（あいつはもう二度と来ないぜ）"という文から見ると、指示対象が発話する時、いる場所に関する描写ではなく、指示対象が話し手の頭の中での映像に依存している。つまり、指示対象が話題に乗せ、近称指示詞を使用している。

5.2.2.2 過去で発生したこと

(10) 姜赵氏和静珍十分敏感，她们立刻反击："吃不上饭了可别赖
     我们！是你自己气成了①<u>那个样子</u>，恨成了②<u>那个样子</u>！你要
     是护着他我们不挡着，天天逛窑子又不花我们的钱。我们给他
     钱也早给过了！我们吃饭不吃饭你用不着操心。你吃不上饭可
     不是我们闹的！"

王蒙《王蒙自传》

（訳文）母と姉は敏感に反応してただちに予防線をはった「それが
     ウチのせいかいね！お前怒って恨んでいた癖に、そのお前
     が奴を庇うんじゃからウチらは知らん、毎日女郎屋通いし
     ようとこっちの金やなし。お前に分与する金はとうにあげ
     たし、ウチら二人の暮らしはあんたに世話かけんし、そっ
     ちが食えんでも知ったことかいね！」

　この例文では、話し手（她们）は指示詞を使用し、"①那个"は"气
成（怒って）"の様子を指示し、"②那个"は"恨成（恨んで）"の様子
を指示している。つまり、相手は怒ったり、恨んだりする様子を指示し
ている。よって、指示対象は話し手と関係なく、相手の領域に属するこ
とである。この例文では、指示詞の使用は指示対象が聞き手の領域に属
するかどうかと関係なく、時間と関わっている。

　この例文では、完了を表す助動詞"了"を使用しているため、指示詞
"那"は過去での相手の様子を指示していると判明できる。中国語の指
示詞の使い分けは指示対象が相手の領域に属するより、時間的に「遠
近」という要素が優先的に考えられている。

　また、この例文では、近称指示詞"这"の使用も可能である。しか
し、意味が異なっている。近称指示詞"这"を使用する場合では、相手
が今怒っている様子を指示する。

是你自己气成①<u>这个</u>样子，恨成了②<u>这个</u>样子！

（訳文）お前自分のせいで、こんなに怒って恨んでいる。

　中国語の指示詞の使用は時間や場所上の客観性を重視している。しかし、指示対象が過去で発生した場合や現場に存在しない場合、全て、遠称指示詞"那"を使用するわけではない。これについては、後文で詳しく論じる。

5.2.3　主観関与

5.2.3.1　冷静な描写

(11)　"咱就不能争口气，生出一李嘉诚来？""就你<u>那</u>遗传还生李嘉诚？……要我说啊，还是稳妥一点儿，生女儿吧，你看人杨玉环，'天生丽质难自弃，一朝选在君王侧'。结果怎么样？一人得道鸡犬升天！"

王海鸰《新结婚时代》

（訳文）「無理にとは言わんが、香港一の大金持・李嘉誠のような男の子を生んでくれよ」「エー？あなたの遺伝子で、李嘉誠のような男が生まれるかしら……私はやっぱり、あまり高望みしない方がいいと思うわ。でも、もし女の子が生まれたら、あなたは、玄宗皇帝が熱愛した楊貴妃を夢見るでしょう。あの有名な『長恨歌』にうたわれているように《天性の麗質はそのまま捨て置かれるはずもなく、一朝選ばれて君側に在り》そして、結果はどうなると思う？一族の誰も彼もが高位に就いたんでしょう」

　この例文では、話し手は指示詞"那"を使用し、相手の"遗传"を指している。"遗传"は他の誰かのではなく、相手の領域に属していると

判断できる。よって、話し手は"那"遠称指示詞を使用し、指示詞との心理的距離を表明する。遠称指示詞"那"を使用する場合、指示対象が相手の領域に属することを淡々と述べているというニュアンスがある。

　また、近称指示詞"这"の使用も可能である。しかし、ニュアンスには差がある。

　"就你<u>这</u>遗传还生李嘉诚？"

　（訳文）あなたの遺伝子で、李嘉誠のような男が生まれるかしら。

　近称指示詞"这"を使用する際、指示対象を話題に乗せて、話し手が関心を持っているというニュアンスがある。

　"遗传"という性質は生まれつきであるから、いつまで経っても、変わらない。つまり、指示対象は時間と関係がない。相手の領域に属することであっても、"这"系近称指示詞と"那"系遠称指示詞を両方とも使用できる。中国語の指示詞の使用法において、指示対象が聞き手の領域に属するかどうかと関係なく、話し手の主観と関わっている。

＊　聞き手の領域に属することは指示詞"这"と"那"両方とも使用できる。聞き手の領域という要素は、指示詞の使い分けにおいても影響しない。

(12) 下午两点钟开始与H大学的六位汉学家座谈。这六个人当中有四个人是欧洲血统的。另外两位先生本是倪藻的同胞。年长的那位是汉口的一位著名京剧武生的弟弟。（中略）<u>另</u>一位同胞一下子就引起了倪藻的兴趣，就象他们过去曾经熟识。①<u>那</u>人宽肩膀，身材适中，两颊象刀砍过似的平直有力，大眼睛柔和当中充满畏缩和惶恐，与他②<u>那</u>上挑的、眉心连在一起的长眉

颇不协调。依倪藻的经验，③这样的眉毛应该是争强好胜、显露浮躁的性格的征兆，④这样的眉毛的主人的目光也应该是得意洋洋的。这样的人按理属于一触即发、随时准备露一手和压别人一头、什么情形下面都不甘寂寞的那种类型。

王蒙《王蒙自传》

（訳文）午後二時、H大学の漢学者六人との座談会。うち四人はヨーロッパ系だ。一人は大きなブルーの眼で、トビ色の髪をオールバックにすきあげ、優しく上品な話し方をするいかにも紳士的な人物である。その彼が、善良で邪気のない微笑を浮かべながら、何とも答えに窮する問題をズバズバ出してくる。お次は手足のやたら長い、話す時日をしかめる癖のある人物で、話しながら自分が先に笑ってしまう。三人目は男性ながら髪を肩まで伸ばした、中国語は一番うまい中国事情に精通した人物。当世中国通といったところか。四人目、五人目……そして六人目は目付きの暗い、体のどの部分をとっても肉の塊のような男性だ。半透明の蝋のように清潔に洗いあげられたムッチリした指を見ていると、食卓のソーセージが突然生きて動きだしたような奇妙な錯覚に襲われる。

　この例文は、小説の中での文である。書き手は小説の中での人物"倪藻"と共有の視点に据えて、"倪藻"の心内でのセリフを述べている。"倪藻"は六人の漢語の専門家と会議に参加している。その中の二人は中国人で、"倪藻"はこの二人について描写している。

　話し手（倪藻）は、①"那"を使用し、前文で出てきた"另"と照応する。①"那"と②"那"を使用し、冷静に指示対象を指示する。ま

191

た、"③这样"と"④这样"を使用し、指示対象の特徴を指示している。話し手は"这"系指示詞を使用し、相手の特徴に焦点を当てて、評価している。

　同じ指示対象に対して、"这"系近称指示詞を使ったり、"那"系遠称指示詞を使ったりするのは、話し手が指示対象に対する心理的な距離により決まるからである。

5.2.3.2　視点の転換（過去時制）

　（13）好像科学家都是性情孤僻的人，有股怪脾气。<u>这</u>也许对，但<u>那</u>是过去的事了。

《人民日报》（1977年12月7日）

　（訳文）科学者の性格は変わっている。<u>それ</u>はそうです。でも、<u>それ</u>は過去のことです。

　この例文では、話し手は近称指示詞"这"と遠称指示詞"那"で「好像科学家都是性情孤僻的人，有股怪脾气（科学者の性格は変わっている）」ということを指示している。同じ指示対象に対して、話し手が異なる指示詞を使用するのはなぜか。それは話し手が指示対象をどういうふうに捉えるかと関係するからである。

　話し手は"这"を使用し、先話したばかりのことを指示し、話題性を強調する。また、同じ指示対象に対して、遠称指示詞"那"を使用し、指示対象がすでに過去のことという点を強調する。

　指示対象について、いろいろな特徴がある。指示詞の使い分けは、話し手が指示対象のどのような方面を着点しているかにより決まる。

5.2.3.3　関わりが少ない場合

a 関わりたくない場合（心理的に遠ざける）

(14) 魏石头愣了，"什么？我骂共产党？我报共产党的恩还报不过来哪！再说，有那心，我也没那个胆儿啊，找死呀，……"保卫科长居然能把魏石头过去没心没肺骂出来的话，举出一大堆，说得魏石头脑门子冒凉气。

陈建功《盖棺》

(訳文) 魏石頭はびっくりした。「おれが共産党を罵ったって？党のご恩に報いるひまもないのに。それに、かりに心の中で悪口を言いたいと思っていても、口に出すほど肝っ玉が太くはないよ。誰がてめえで首を締めるようなことをするかよ…」保衛課長は、前に、魏石頭がそれほど深い気持もなく吐いた言葉をつぎつぎと並べたてて、彼をひやっとさせた。

　話し手（魏石頭）は共産党の悪口を言ったことがある。相手（保卫科長）はそれを聞いて話し手（魏石頭）に確認している。話し手（魏石頭）は指示詞"那"を使用し、"骂共产党（共産党の悪口を言った）"ということを指示している。

　また、話し手（魏石头）が"我报共产党的恩还报不过来哪！（党のご恩に報いるひまもないのに）"ということを追加し、共産党の悪口を言ったことを否定している。つまり、話し手は共産党の悪口を言うつもりは一切ないということを相手に表明している。

　話し手と関わりがあることは、近称指示詞"这"を使用するのは一般的である。しかし、この例文では指示詞"那"を使用している。話し手

は相手が言った自分と関連すること"骂共产党（共産党の悪口を言った）"ということを否定し、遠称指示詞"那"を使用し、心理的に遠ざけることや自分と関わりたくないことを表明している。

(15) 倪藻下学回家时听到了"热乎"的话，他问姨姨："'野鸡'是什么？""小孩子家别问<u>那个</u>！"姨姨神态严肃，拒绝解释。

王蒙《王蒙自传》

（訳文）倪萍は学校が退けて帰宅した時、「お節介」の話を耳にして伯母に訊ねた。「夜鷹ってなあに？」「子供は<u>そんな</u>事聞かんとき工」厳しい顔で伯母は説明を拒んだ。

　この例文では、話し手（姨姨）は指示詞"那个"を使用し、"野鸡（夜鷹）"を指示している。"野鸡"はよくない意味で、口に出せないので、遠称指示詞を借りて、指示する。指示詞"那个"の使用は話し手が指示対象に対して、心理的に近づけたくないというニュアンスを持っている。

b 関わりが少ない場合

(16) 朱铁汉心里一发为，肚子里的东西全往外倒："当然有具体的事儿，研究你买砖的事情……"张金发也噌地跳了起来："研究我买砖的事情？这有啥研究的？我问问你，你们指地抠井、立时要搞的<u>那个</u>社会主义，就是叫党员都不住房，都搬到露天地去吗？啊！"

莫言《金光大道》

（訳文）朱鉄漢はカッとなって腹の中のものを、ぶちまけた。「具体的なことだってあるさ、あんたがレンガを買ったことだ

って…」張金発もパッと立ちあがった。「レンガを買った
こと？<u>その</u>何を検討する？それじゃ聞くけど、おめえたち
のけちくせえ、すぐに始めるとかいう社会主義は、党員
を家にも住まわせねえで、表におっぽり出しておくのか、
え？」

　この例文では、話し手（張金発）は指示詞"这"を使用し、"研究我
买砖的事情（直訳：私がレンガを買ったことを検討している）"という
ことを指示している。"我买砖（私がレンガを買う）"という文から見
ると、指示対象が話し手と関わりが深い。また、話し手（張金発）は指
示詞"那"を使用し、"你们（あなたたち）"の"社会主义"を指示し
ている。"社会主义"は相手（朱鉄漢）がやりたいことで、相手と関わ
りが深いと考えられる。

　話し手は自分と関わりが深いことに対して近系指示詞"这"を使用し
ている一方、相手と関わりが深いことに対して遠系指示詞"那"を使用
している。この時、指示詞は指示する機能が働く上に、話し手が自分の
ことと相手のことを区別するための区別の機能も働いている。

　話し手にとって、指示詞対象が自分より相手と関わりが深い場合、話
し手から遠いと認識し、遠称指示詞"那"を使用する。話し手と関わり
が深い場合、話し手に心理的に近いと認識し、近称指示詞"这"を使用
する。

5.2.2.4　特定できない（束縛変項読み）場合

(17) 有人说，我们这些插过队的人总好念叨那些插队的日子，不是
　　　因为别的，只是因为我们最好的年华是在插队中度过的，谁会
　　　忘记自己十七八岁，二十出头的时候呢？谁会不记得自己的初

恋，或者头一遭被异性搅乱了心的时候呢？于是，你不仅记住了<u>那个姑娘</u>或是<u>那个小伙子</u>，也记住了<u>那个地方</u>，<u>那段生活</u>。

史铁生《插队的故事》

（訳文）こう言う人がいる。われわれ農村へ行って住んだ人間はそうした日々のことをいつまでもあれこれ話題にする。他でもなくただ人生の一番いい時期を農村で過ごしたからだ。誰だって自分の十七、八歳や二十歳過ぎた頃のことを忘れられるはずがない。自分の初恋や初めて異性に心掻き乱された時のことを忘れてしまえるはずがない。だから好きだった女の子あるいは男の子のことを覚えているばかりでなく、<u>その</u>場所、<u>そこ</u>での生活のことが記憶に残るのだと。

　この例文では、話し手は"插过队的人（農村へ行って住んだ人間）"が"最好的年华是在插队中度过的（人生の一番いい時期を農村で過ごした）"という理由を述べている。それはその時、みんな"自己十七八岁，二十出头（自分の十七、八歳や二十歳過ぎた頃のこと）"で、ちょうど初恋の時である。よって、みんな"谁会不记得自己的初恋，或者头一遭被异性搅乱了心的时候呢（自分の初恋や初めて異性に心掻き乱された時のことを忘れてしまえるはずがない）"。

　また、"插过队的人（農村へ行って住んだ人間）"は、それぞれ自分の初恋の恋人や思い出がある。"插过队的人（農村へ行って住んだ人間）"により、それぞれの恋人や経験が異なる。この例文では、話し手は指示詞"那"を使用し、"插过队的人（農村へ行って住んだ人間）"の記憶における初恋の女の子、男の子、場所や生活を指示している。

例えば、李さんの場合→{李さんの恋人、初恋の思い出}

王さんの場合→{王さんの恋人、初恋の思い出}

…

　遠称指示詞"那"は特定の人や場所を指示するのではなく、不特定な指示対象を指示している。よって、"那"の使用法は束縛変項として考えられる。

　また、話し手は指示詞"那"を使用し、相手の記憶データベースの中に属している記憶を思い出すことができる。そういう意味では、記憶指示用法としても考えられる。

5.2.3.5　知識量の多寡

　日本語における指示詞の使用において、話し手と聞き手が指示対象に対する情報量により、指示詞の使い分けに影響している。情報量の多寡は中国語の指示詞に対して影響するかどうかを考察する。

(18)　A「故宮博物館へ行ったことある？」［你去过故宫博物馆吗？］

　　　B「うんん。それは、どんなところ？」［嗯。那是个什么样的地方？］

　または

　　　B「うん、行ったことがあるよ。あそこは散々こんでいたよ」［嗯，我去过，那地方人太多了］

　話し手Bは指示対象に対して知識を持っている場合であっても、知識を持っていない場合であっても、両方とも"那"を使用している。

つまり、この例文では指示詞の使用は話し手Bが指示対象（故宮博物館）に対して、知識を持っているかどうかと関係なく、指示対象が現場にいるかどうかにより決まる。

現場指示の使用法において、物理上の「遠近」により、指示詞の使い分けをしている。その用法は文脈指示用法において、場所を指示する際、そのまま適用されている。文脈指示の使用法において、指示対象は現場にいるかどうか、近いかどうかにより、使い分けしている。この例文では、主観関与という要素が効かずに、客観的な要素に従って、使い分けしている。つまり、指示対象が話し手にとって遠くある場合、指示詞"那"を使用し、指示する。同じ指摘は外山にも見られる。外山（1994:8）によると、「話し手が、対象が時間的にどこに存在しているかを感じることによって、「这」と「那」が使い分けられる」と指摘している。

つまり、場所を指示する際、現場性に強く依存しているのは一般的である。また、それについて、補助条件が必要である。つかり、話し手が発話する時点の場所を指示詞の使い分けにおいて、積極的に参加している。

5.2.4 記憶指示用法

5.2.4.1 記憶指示

(19) 他永远不能忘记的是这一次。是在那个深秋的明亮的下午以后，是在父亲重病以后。"倪先生来啦"，"倪先生里请"，"倪先生这边请"，他们一进澡堂子门，就受到伙计们的欢呼欢迎。"倪先生，怎么老没见啦？出门啦怎么的？"

王蒙《王蒙自传》

（訳文）彼が永遠に忘れえないのはこの一回。あの晩秋の晴れわたった午後、父の病み上がり後の一回だ。「倪先生、いらっしゃいまし」「倪先生、どうぞこちらへ」、中へ入ると盛んな歓迎の声があがる。「倪先生、随分と久しくお見えになりませんでしたね。余所へお出掛けでしたか」

　この例文は小説の中での文である。話し手は遠称指示詞"那"を使用し、"深秋的明亮的下午（晩秋の晴れわたった午後）"に限定する。それは、他の"深秋的明亮的下午"ではなく、話し手の観念に存在している特定できる"深秋的明亮的下午"ということである。
　つまり、指示詞"那个"はすでに発生したことが、話し手の長期記憶に格納されていることを指している。話し手は直接の経験を思い出している。また、話し手の記憶により指示対象を同定する。

5.2.4.2　認知フレーム

(20) 倪藻四十六岁，满头青丝，谈锋机敏，眼神活跃，动作麻利，走起路来两条并不健壮的腿得相当快。如果不是看到他脸上的特别是眼角和嘴角的细密的皱纹，如果不是看到他陷入沉思的时候目光中那种深含的悲惘，大概会认为他年轻有为，善于调摄，驻颜有术，风华正茂。

王蒙《王蒙自传》

（訳文）四十六歳、だが髪はなお黒々として、弁舌爽やか、生々とした眼差し、機敏な身のこなし、華者なわりに敏捷な足捌き。顔の小ジワ、とりわけ目尻と口許の小ジワに気づかず、沈思黙考する目の奥に秘めた憂愁に気づかなければ、誰の目にも若く有為な、ヘルス・ケアも万全な、働き盛りと映る。

　　この例文では、"那种"は、程度副詞である。"那种"は"悲悯"を修飾している。"那种"は指定している内容は文脈に存在するのではなく、話し手の記憶の中に存在している。遠称指示詞"那"を使用し、聞き手の記憶の中観念に存在している"悲悯"に対するイメージを引き起こす。

　　以上の例文では、"那"は具体的なことを指していない。話し手の指示対象に関する想像やフレーム知識を呼び起こす。つまり、フレーム知識により、指示対象を同定する。

　　この例文での指示詞の使用法は相手の頭に格納した"悲悯"に対する知識を呼び起こす。また、人によって、指示対象に対するイメージが相違する。記憶指示における共有知識の副次用法である。

5.2.4.3　共有知識

　　(21)　"不算，不算，他是一个远房舅舅的儿子；跟我没来往，下午，我出了那个事儿，起山没上学，也忘了请假，他来找……"

莫言《金光大道》

　　(訳文)　「いえ、その遠縁にあたりまして、別に行き来はないんですが、昼からあのことがあって、起山が学校休んだのに、届けを出すの忘れたもんだから、訪ねてきたんです…」

　　この例文では、指示詞"那"は指示する内容は文脈で出てこない。指示詞"那"は指示している内容は話し手と聞き手が両方とも知っている共有知識を指している。

　　発話の一番基本的な目的は伝達である。この例文では、指示詞"那"は共有知識を要求しないと、単に話し手の領域に属することを指示すると、話し手が何を指しているか、相手はわからない。

　　よって、この例文では、指示詞は話し手と聞き手の記憶の中に存在して
いる共有知識を指示し、共有知識により、指示対象を同定する。

　　(22) 还是<u>那</u>句话，这世上没有什么不能交换的东西，只要价格合
　　　　　适。当下拿出纸笔列购物清单。

王海鸰《新结婚时代》

　(訳文) <u>それ</u>、よく言うじゃないの、値段さえ折り合えば、世の中
　　　　　にカネで買えないモノはないって。

　　後方照応と見た場合には、指示詞"这"を使用するのは一般的であ
る。しかし、この例文では、指示詞"那"を使用し、「値段さえ折り合
えば、世の中にカネで買えないモノはない」という文を指示しているの
はなぜか。
　　この例文では、指示詞"那"の前に"还"を使用している。指示対象
は話し手が以前話したことがある内容であると推測できる。また、話し
手は指示対象に対して相手が知っていると想定している。よって、指示
対象が共有知識を指示していると考えられる。
　　この例文では、遠称指示詞"那"は前方照応と考えられる。つまり、
指示対象は話し手と聞き手が両方共知っているもので、遠称指示詞
"那"は前文にある話し手と聞き手が両方とも知っているものを指示し
ている。

　　(23) 甲：①<u>那个</u>事你②<u>那个</u>好了没有？
　　　　　乙：那个事不容易那个。

黑话漫议　亦杰　《中国青年报》

　(訳文) 甲：あのことは<u>あれ</u>しましたか。
　　　　　乙：あのことは簡単に<u>あれ</u>をしにくい。

201

　この例文では、甲と乙二人の間の会話である。二人は秘密を話している。指示詞"①那个"は話し手（甲）と聞き手（乙）が両方とも知っていることを指示していると推測できる。指示詞"②那个"は何を指示しているかは話し手（甲）と聞き手（乙）以外、わからない。つまり、指示詞"②那个"は隠語として、使用されている。

　暗黙のうちに、言い難いまたは隠語の場合、中国語では、指示詞"那"を使用する。それは共有知識用法の延長線上の用法であると考えられる。

5.2.5　まとめ

　遠称指示詞"那"の現場指示用法は「話し手にとって遠い」ということである。それは時間、空間や心理まで拡張してきた。

　本節では、以下の結論を導いた。

1. 時空を指示する際、「過去」や「現在地ではないところ」を指示するのは一般的である。「未来」を指示する際、文脈持ち込みが必要である。よって、時空を指示する際、現場に依存性が高い。

2. 聞き手の知識、聞き手の領域や聞き手への配慮は指示詞の使い分けに対して影響を及ぼさない。

3. 中国語の指示詞の使用法は自由度が高く、話し手の主観により、使い分けする場合が多い。指示対象が「話し手との関わりが少ない」や「特定できない」場合、心理的に遠いと認識し、遠称指示詞"那"を使用している。

第六章

日中両語の文脈指示詞の文法化に関する考察

6.0　序

　発話とは、大まかに二つの段階に分けられる。簡潔に言うと、まず、もの（具体物）や事柄（抽象物）を認知し、一定の方法を通して、頭に入力し、複雑な処理を経て、記憶要素（臨時記憶や一定の時間を経た後、形成された長期記憶）として脳に保存する。いわゆる、発話要素の入力である。次は話者が言語を表出するために、脳に格納した記憶のデータを検索したり、知識を利用して計算したり、適切な言語表現を探したりするなどの一連の心的操作を通して、言語を表出する。いわゆる、発話要素の出力である。

　言語表現におけるフィラーには、「言語をうまく表出する」「間を埋める」「時間を稼ぐ」「発話場面を調整する」「緊張感と言いにくさを解消する」「発話内容に対して、相手の助けを求める」「相手にこれからの発話内容を推測できるような心理的な準備を与える」などの機能がある。フィラーには、実質的な意味を持たない、話し言葉では使用率が高い、外しても文の意味が変わらない、指示という機能が弱化する、という特徴があるとともに、発話の流暢さに悪影響を及ぼすというイメージがあり、マイナスの特徴もある。例えば、日本語の場合では、「あの（一）、その（一）、なんか」などがよく出てくる。中国語の場合では、"这个（このー）、那个（そのー）、那什么（あのー）"などがある。

　　近年、日本語におけるフィラーの研究は盛んになっている。フィラーに関する先行研究を踏まえ、日韓、日英両言語に関する対照研究はかなり進んでいる。しかし、中国語におけるフィラーについての研究は、重視されていないので、先行研究は少ないという現状である。

　　田窪・金水（1997:258）は、「文を中心とする最近までの言語研究は、情報データ自体に関わる表現の構造分析を主としていたが、談話、特に音声対話の研究においては、心的操作に関わる表現の考察が極めて重要になってくる」と主張している。つまり、言語研究において、「心的操作」に関する考察の重要性を示している。

　　定延・田窪（1995）、田窪・金水（1997）、堤（2012）などは談話管理理論の立場からフィラーを心的標識として捉え、その機能を究明している。日本語におけるフィラーの研究は認知言語学的アプローチから、言語を表出するまでの心内の操作を明らかにした。例えば、「言語検索」「心的計算」などの心内操作をとる。

　　フィラーとは、言語を表出するまでの心内で行われる一連の心的行動が言語の形で示されるものであるとしている。フィラーの使用と発話者の心内活動は密接に繋がっている。また、田窪・金水（1997:261）は、フィラーが「話し手の内部の情報処理状態の現れ」と指摘している。よって、フィラーを分析する際、認知言語学的アプローチは不可欠な重要な研究方法であると考えられる。

　　しかしながら、中国語におけるフィラーを使用する際の心内で行われる心的処理に関する先行研究を検索したり、読んでいる先行研究のうちに、1編もなかったという現状である。今まで、中国語におけるフィラーの研究はそういうアプローチをとる研究者はいない。

　　定延・田窪（1995:74）によると、「言語表現は、話し手の心内に貯蔵されている情報データ自体に関わるものと、話し手の心的操作に関わるものに大きく二分できる」と指摘している。よって、本章では、認知

言語学的アプローチにより、話し手がフィラーを使用する際、行われる心的情報処理（心的モニターメカニズム）という心内の行動を明らかにし、その使用法も究明したい。

　本章では、日本語の場合、「そのー」と「あのー」を研究対象として取り上げている。中国語の場合では、近称指示詞から変容した指示詞系"这个"と遠称指示詞から変容した指示詞系"那个"を中心に研究対象とする。

　日本語のフィラーに関する先行研究に賛意を表すので、そのまま参照する。また、それらの観点を受け、中国語におけるフィラーを使用する際、話し手は心内で行われる心的操作により、フィラーの使用法を分析する。すなわち、北京日本学研究センター中日対訳コーパス①や媒介言語コーパス②を利用し、多数の例文を収集し、その使用法を分類する。

6.1　フィラーについて
6.1.1　定義

　フィラー（filler）の定義は、研究対象や研究方法の相違により、一様ではない。どの定義が適切か、または、不適切かと言うことはできない。大工原（2010:7）は、「むしろ問題とすべきなのは、どちらの定義もどこまでをフィラーとするかという外延の問いへの応答において論理性を欠くように思われる」と主張している。つまり、ある言葉が、「フィラーかどうかはまだ決まっていない」ということで、フィラーの認定が曖昧ということである。よって、本書では、改めてフィラーを定義する。

　フィラーに関する定義は数多くあるが、田窪・金水（1997:261-262）は、フィラーは「外部からの言語的・非言語的入力があったときの話し手の内部の情報処理状態の現れ」であると定義している。また、フィ

ラーは「(時に、普通の語彙から転用した「あの」とか「さて」のような
ものでなく、「ええ」とか「ううん」とかいう非語彙的なもの)はい
わゆる恣意性を持つ言語記号と生理的発声との中間に位置する」という
ことを指摘している。

　山根(2002:49-51)によれば、フィラーは「それ自身命題内容を持た
ず、かつ他の発話と狭義の応答関係・接続関係を持たない、発話の一部
分を埋める音声現象」と定義している。

　大工原(2010:8-9)では、フィラーとは、「『考える』『思い出す』
『言葉を選ぶ』など、話し手が何らかの情報処理的な心身行動を行っ
ている最中に典型的な発話される感動詞の下位類である」と主張して
いる。

　本書では、研究方法や研究内容を出発点とし、中国語におけるフィ
ラーに関する定義がないので、上記の先行研究の中で、田窪・金水
(1997)の定義を参考にして、下記のように定義する。

＊ 話者が心的情報を処理する際に用いる、場つなぎ的な言語表現で、
　 心的な状態を反映している言語化された音声表記である。

　上の定義に従って、フィラーの特徴を下記のように決定する。
① 文の中で実質的な意味を持たない。
② 発話者の心内行動を読み取れる。
③ 談話中の不要要素で、流暢性を邪魔する。
④ 独立成分、文と直接的に関係がない。
⑤ 間を埋める。
⑥ 出現場所：談話。

⑦ 機能：発話内容を表出するための心的バッファ[①]における外部表象。

⑧ 談話上で、人間関係を維持したり、発話場面を調和したりする。

6.1.2　フィラーに関する分類

　日本語の「あの（一）」「その（一）」「この（一）」「ま」「ええと」など一見無意味な表現は伝統的国語学では「感動詞」「間投詞」と呼ばれてきた。「フィラー」は、「言いよどみ」（小出1983、池田2008）、「感動詞」（定延・田窪1995）、「応答詞・感動詞」（田窪・金水、1997）、「感動詞」（田窪2005）、「フィラー」（山根2002、小出2003、堤2013、大工原2010）など、多様な分類名で表現されている。

　フィラーという言葉は1990年以降日本で使用され始めた。フィラーと感動詞（間投詞）を同一視する研究者は数多く存在する（山根2002、大工原2010、石川2010、堤2013）のに対して、フィラーを感動詞の下位分類にする研究者もいる（森山1996、田窪・金水1997川田2010、大工原2013など）。

　まず、分類に関する先行研究を紹介する。

A　森山（1996：52）

　　1. 情動的感動詞：わあ、おお、まあ、げっつ、ああ

　　2. 掛け声：よっこらしょっ（と）、どっこいしょ（と）

対他的

　　1. 挨拶・呼びかけ：おはよう、よっ、ねえ、おおい

[①] 田窪・金水（1995：76）では、「心的データベース中の情報のうち、当面の対話に必要な情報を心的データバースからリンクして貯蔵したり、リンクされたそれらの情報の検索や計算を行う、対話のための一時的な作業領域を心的バッファと仮に呼ぶことにする」と解説している。

2. 応答詞：はい、へえ、いいえ

3. 言い淀み感動詞：あああ、ええ、ううん

B　田窪・金水（1997:263-264）では、主な応答詞、感動詞を下記の
ように分類する。

入出力制御系

応答1：ああ、はい、はあ、ええ、うん、ふん

応答2：いいえ、いえ、いいや、いや、いやいや

意外・驚き1：は、はあ、え、ええ、へえ、ふん

意外・驚き2：あれ、あら、おや

意外・驚き3：おお、わあ、おっ、わっ

発見・思い出し：あ、あっ、はっ

気付かせ・思い出させ：ほら、そら、それ

評価中：ふうん、へえ、ほお

迷い：うんん

嘆息：あ（/は）あ、お（/ほ）お、う（/ふ）うん

言い淀み系

① 非語彙的形式：え、ええ

② 語彙形式：

　　内容計算：ええっと、うんんと

　　形式検索：あの、その、この

　　評価：まあ、なんというか、なんか、やっぱり

C　小出（2009:14）

　入力系：あ、え

　主力系　専用系：えー、えーと

派生系　指示詞由来：あのー、そのー、このー、こう

副詞由来：まあ、なんか、もう

D　感動詞に当たるフィラーは大まかに分類すると、Pause Fillerと
Verbal Fillerの二つ分けられる。

①：Pause Fillerとは、音声現象に近い非語彙的言語表現である。
例えば日本語の場合では「うん、ええと」などがよく出てくる。中
国語の場合では、"嗯，呃，啊"などがある。

②：Verbal Fillerとはもともと一定の意味を持っている、転用された
　　語彙的言語表現である。

日本語の場合「あの（ー）、その（ー）、この（ー）、まあ、なん
か、」などがよく表出される。中国語の場合では、"这个，那个，
那，那什么"などがある。

　フィラーに関する分類は多数ある。フィラーに関するカテゴリにある
ものに関する認定は難しいと思うが、研究対象とする分類を出発点とし
て、その認定の作業を行いたい。

　本書では、主に森山（1996）の分類を基盤にして、下記のように分類
する。本書では、中国語と日本語の感動詞の分類は一緒にする。しか
し、挨拶言葉「おはよう」などは除外した。なぜかというと、もし、
「おはよう」を感動詞のカテゴリに入れると、「ご無沙汰しておりま
す」なども入れるべきであり、そうすると、感動詞の外延は曖昧になる
ためである。また、感動詞は語彙のレベルの話で、挨拶系は文のレベル
なので、感動詞のカテゴリの中に入れない。

　感動詞において、機能により、四分類する。それぞれ「応答詞」「呼
びかけ」「話者の感情を表す」や「フィラー」に分ける。なぜかという
と、それはフィラーが応答詞や呼びかけ、感情を表す語と比べると、機

能上、本質的な相違があるからである。そして、フィラーは談話上で重要な位置を占めているので、無視すべきではない。よって、フィラーは、感動詞の下位分類にする。

日本語における感動詞の分類：

感動詞：① 応答詞：はい、へえ、いいえ

② 呼びかけ・掛け声：よっ、ねえ、おおい

③ 感情：わあ、おお、まあ、げっつ、ああ

④ フィラー：あのー、そのー、このー、ええっと、まあ、
えー、うーん

中国語における感動詞の分類：

「現代漢語事典」（第五版）において、「感嘆詞」とよばれるものは、82個ある。しかしながら、本書で名付けるフィラー「这，这个，那个，那，那什么」はその中に入っていない[①]。そこで、本書では、対照するために日本語の分類基準を基盤として考え、中国語におけるフィラーを暫定的に感動詞の下位に位置づける。

感動詞：① 応答詞：嗯，啊，哦 噢 喔

② 呼びかけ・掛け声：咳，嗨，喂

[①] 中国語の先行研究において「这，这个，那个，那，那什么」を、「談話標識」のカテゴリに分類する研究者がいる。しかし、「談話標識」という概念の言語形式の範囲はフィラーより広い。「談話標識」とは、「でも、但是、but」などの機能語も入っているので、それらはフィラーという心的表情を表せる語と本質的に違っているので、よって、本書では、それらの語をフィラーと名付ける。

③ 感情：呃，啊，哎，哎呀，啊呀，哎哟，啊哟，哈，呵，
　　　　嘀，嘿/嗨，哼，嚯，呃，咦，哈哈，嘻嘻，呵呵

④ フィラー：这，这个，那个，那，那什么

　フィラー"这个"が指示詞として使用されるのか、あるいはフィラー
として使用されるのか判断しにくい場合がある。よって、指示詞に関す
る判断基準を下記のように決める。

① 一語文として存在している。

② 指示対象が存在する。

③ 発話する際、ポーズはない。

6.2　フィラーに関する先行研究
6.2.1　日本語におけるフィラーに関する先行研究

　本章では、談話において話者がフィラーを使用する際に行われる心的
操作について究明したことに関して述べる。日本語におけるフィラーに
ついての先行研究は、談話管理理論の立場から心的操作標識として捉え
たものに、定延・田窪（1995）、田窪・金水（1997）、大工原（2010）等
が挙げられる。本章では、日本語におけるフィラーに関する本書と関連
が深い先行研究、定延・田窪（1995）に重点を置いて、紹介する。

　定延・田窪（1995:194）は、談話管理理論の枠組の中で、感動詞[1]に
おける「あの（一）」や「ええと」を話し手が何らかの心的操作を行っ
ている間に発話される心的操作標識として捉え、談話における話し手の
心的操作のモニター機構を認知的アプローチで捉えている。

---

[1] 感動詞は、本書では、フィラーと名付ける。それについての外延は多少相違がある。

定延・田窪（1995:194）は「あのー」と「ええと」の基本的用法を下記のように述べている。

「あの（一）」は、話し手が言語編集という、聞き手の存在を予定する心的操作をおこなっている際に用いられる。この心的操作は具体的には、名前の検索と、適切な表現の検討に二分される。

定延・田窪（1995:194）によれば、「名前の検索」とは、「モノ自体はわかっているが、モノの名前が思い出せないという場合の心的操作」であると定義している。また、「適切な表現の検討」は「言いたいコト（これはすでに漠然とにせよ定まっている）に適した言い方を心的バッファで編集するという操作」であると主張している。

「ええと」の基本的用法：
　談話中に必要となる心的操作（たとえば〝検索や計算）の中には、結構手間のかかるものがある。話し手がこれをおこなう際には、話し手の意識を小容量の心的バッファから大容量の心的データベースに戻すことによって演算領域を確保する（つまり心的バッファを占めている様様な情報を一時「頭の片隅」に追いやって集中力を高める）という、検索や計算などのための予備的な心的操作が必要になることがある。

一郎：1234足す2345は？
次郎：a. ええと、3579
　　　 b. ？？あの（一）、3579

定延・田窪（1995:83）

　定延・田窪（1995:83）によると、話し手が行う時、「ええと」の使用は自然で、「あのー」の使用は不自然である。その原因は「ええと」の使用は、算術的計算を行うために次郎が頭の中を整理するという想定が自然だからである。「あのー」の使用が不自然なのは、計算の答えはすでに、わかったのだが、それを表す発話形式の編集に次郎が手間を取っているという想定が不自然だからである。つまり、「あのー」の使用では、物自体がすでにわかっており、名前や適切な言い方を表出する第二段階にある言語表出であるのに対して、「ええと」の方は言語表出するまで、大きな心的容量が必要である。つまり、心的計算領域確保が必要である。

　堤（2012）では、定延・田窪（1995）、田窪・金水（1997）の説に従い、アノは「語彙や表現形式を編集する際に現れる標識」であると述べている。さらに、大工原（2005）「言語的文脈の有無はフィラー「その（一）」の使用の自然さに影響する」への代替案を提言した。

　　　何らかの状況により、話者が語彙や表現形式をより洗練されたものにしたり、誤解を招かないようなものにしたり等、より慎重な言語編集作業を行う必要に迫られたとき、ソノが使用される。

堤（2012:199）

6.2.2　中国語におけるフィラーに関する先行研究

　中国語におけるフィラーの先行研究はここで簡潔に三つの研究を紹介する。

A 許（2008）

許（2008）は（SCOUT）[①]という話し言葉コーパスを使用し、フィラー[②]"那个"と"那"の談話機能を分析し、それぞれの出現頻度を提示している。また、許（2008:55）では、フィラー"那个"の機能を、「开启话题（談話開始マーク）」「转换话题（話題の転換）」や「思索填词（思考しながら、言葉を発する）」の三つに分類している。

B 蔡（2009:7）

蔡は、「"这个"は直前に言及したこと、発生したばかりの出来事を描写している時、話し手と聞き手とともによく知られている物事、認知できる出来事を描写している時に用いられる」と述べている。

蔡は、「"那个"は直前に言及したことではなく、以前に発生した出来事を描写する時、話し手しか体験したことのない経験談など、聞き手がまだ知らない事態を描写する時に用いられる」と述べている。

C 殷（2009）

殷は幾つかの談話ジャンルにおける談話を利用し、"这个""那个"の使用における影響要素を指摘している。殷（2009:93）では、フィラー"这个"と"那个"はそれぞれ同定標識"这个"と"那个"文法化されたものであると指摘している。

D 郭（2009）

社会言語学の観点から"这个""那个"の使用状況を調査する。例え

---

① SCOUTとは「都会青少年中国語話し言葉コーパス」で、約8.22時間の話し言葉の録音により、文字化したコーパスである。
② 先行研究において、「这个」、"那个"などの用語は「談話標識」と呼ぶ研究者もいるし（殷2009、許2008）、フィラーと呼ぶ研究者もいる（蔡2009）。

ば、性別や年齢層により、使用率に差があると指摘している。また、北京語において、フィラー"这个""那个"は「訂正」や「話題転換」の機能があると指摘している。

6.2.3　先行研究における問題点

中国語のフィラーに関する先行研究は、言語研究の枠組みからの考察は数編あるのに対して、認知的言語学からの分析（特に、話し手がフィラーを使用する際に行われた心的操作）は知っている限りない。

蔡（2009:7）の説には経験の問題がある。直前に言及したことすべてに、フィラー"这个"が使用されるわけではない。また、フィラーの用法に関して、「発話（文）の編集」「発話編集中断」など（後文で詳しい紹介する）用法があることも指摘されていない。

よって、中国語のフィラーに関する先行研究があるとしても、断片的なものしかない。

6.3　中国語フィラー"这个"の使用法に関する考察

フィラー"这个"は基本的に「言い淀み系」に属している。フィラーは発話者が発話する際、発話者の心の鏡に反映している内容が言語化されたものである。話し手はフィラーを使用する際に、話し手の心内活動を暗示的に聞き手に通知する。聞き手も話し手の表情やアクセントという非言語的なものと文脈という言語的なものを通して、話し手の心内活動を推測する。

フィラーは内容語として捉えられないで、実質的な意味を持たないと同時に、話し手が発話する際に、心内で行われる活動を聞き手は一定の意味を持っている語として捉えられる。よって、フィラーは無意味語ではなく、内容語でもない。話し手の心内活動を反映するコンテキストか

ら付与された意味を持つ語で、意味を持っている語と無意味語の中間的な存在であると思われる。

　フィラーとは、言語を表出するまでの心内で行われる一連の心的処理が言語の形で示されるものであるとしている。言語表出のプロセスとして、記憶要素などによる名前の検索・頭に格納された要素による組み立て・計算・推測・演算などの形での言語表出が観察される。

6.3.1　発話編集中断[①]

　話者がフィラーを使用する際、発話編集を中断する要因は二つあると考えられる。それぞれは、客観的な原因と主観的な原因で、発話編集を中断すると考えられる。

6.3.1.1　知識がないための発話編集の中断

　（1）A：你知道鸡生蛋，还是蛋生鸡呢？

　　　　B：<u>这个……</u>

　（訳文）A：卵が先か、鳥が先か。どう思う。

　　　　　B：<u>さあ</u>

（作例）

　「卵が先か、鶏が先か」という哲学上の問題は、検討し続けなければいけない「終わりなき問題」である。話し手にとって、答えがないためどう答えるかわからないので、回答不可能で客観的な原因で発話編集を中断する。フィラー"这个"を使用し、自分が「答えられない」という心的表情を相手に表明する。

---

① 発話編集中断とは、話し手はフィラーを使用する際に、相手の質問などに対する発話編集という心内作業を中断するということである。

　ここでは、"这个"の使用は指示詞との関連があると思われる。ま
ず、フィラー"这个"は相手Aからの質問を指し、その質問を受けたと
いうことを表明する。また、自分に対する質問で、話し手にとって心理
的に近いので近称系指示詞"这"から変容したフィラー"这个"を使用
する。

6.3.1.2　知識があり、自主的に発話編集の中断

　（2）記者：您这个通知是什么时候发的？

　　　　張家祥：<u>这个……这个</u>，我现在有事情，好不好啊，再见。

中央人民广播电台《新闻纵横》

（媒介言語コーパス）

　（訳文）記者：そのお知らせはいつ発表されたんですか。

　　　　　張家祥：<u>それは…</u>今用事がありますから。では、失礼し
　　　　　　　　ます。

　相手の質問は話し手を窮迫な境地に陥らせる。よって、話し手は答え
にくい（答えたくない）ので答えることを回避する。フィラー"这个"
を使用し、記者の質問をごまかす。この例文で"这个"は「わからな
い」という内容語と入れ替えることが可能である。ただし、ニュアンス
には差がある。なぜかというと、それは、話し手は「わからない」と
いう内容語を使用するより、直接に断ることを避け、自分が答えにくい
（答えたくない）内容を婉曲に表現できるからである。

　例（1）と例（2）が示しているのは、フィラーは指示詞からフィラー
へと変遷するうちに、中間過程が現れることであると考えられる。

　まず、指示詞としての機能が残っている。"这个"は前の質問を指す。しかし、"这个"は指示詞としての機能が弱くなる。というのは、指示詞の場合、話の後半に述語が必要であるからである。例（1）では、"这个……"で、例（2）では、"这个……这个"は述文を持っていない。

　次はフィラーとしての用法は発話者の心内活動を相手に示し、相手がある程度で発話者の意図を推測するということも観察できる。そのため、「発話編集中断」という用法において、指示詞やフィラーの両方の用法を持っているということが観察できる。また、「発話編集中断」が相手の質問に答えた時、使用されるのは一般的であると考えられている。

　発話編集中断は発話編集から派生した用法であると考えられる。まず、言語を編集しろうとして、編集する内容は出てくる場合もあり、出てこない場合もある。出てこない場合、フィラーを使用し、発話編集中断という心内行動が行われる。そうすることによって、直接に「わからない」や「答えたくない」と回答するよりも、発話場面を和らげる効果が生じる。その用法は発話編集という用法の延長線上のものであると考えられる。それについての検討は本書の目的ではないので、説明は次回に譲る。

　音声上で、"这个"が代名詞として使用される時とは異なり、[zhege]①と発音し、語末の母音は[e]で長母音となる場合が多い。出現場所は文頭か、または、文中である。独立語として使用される。

---

① 中国語の音声記号ピンインである。

6.3.2　話題転換

（3）（ゲストの骨董品のコレクションについてビデオで紹介する。
　　　紹介が終わった後、司会者は下記の会話をする）
　　　主持人：<u>这个</u>，说了半天收藏了啊，真的是，这里头的事说不完。
　　　　　　　　　　　　　中央电视台栏目《艺术人生》十年　王刚
　　　　　　　　　　　　　　　　　　　　　　　（媒介言語コーパス）
　　（訳文）司会者：<u>ところで</u>、先程から、コレクションの事でずいぶん
　　　　　　　　　　話しているが、この奥深さはなかなか語り尽くせ
　　　　　　　　　　ないね。

　司会者はゲストを招待し、ゲストの骨董品のコレクションという話題
を終了させ、次の話題に入ろうとする時、フィラー“这个”を使用する。
　二つの話題をうまく転換する際、話し手にとって、他の話題に転換す
るため、心的余裕を持たせる機能や、聞き手にとって、これから、別の
話題に移すという合図を与えるという談話上の機能があるだけでなく、
二つの話題をうまく連続するコネクターとしての接続詞という文法上の
機能もあると考えられる。
　他の話題に転換するのは、話し手がほかの発話内容を表出するという
ことであり、その際、フィラーは発話内容の開始マークとしても考えら
れる。例（3）において、“这个”はフィラーとして考えられるし、ま
た、機能語としても考えられる。それは指示詞からフィラーへと変遷す
る間に出てきた中間的過程であると考えられる。
　フィラーを使用し、発話内容を編集する際に、心的余裕を持たせると
いうことや、「話題転換」の際に、心的余裕を持って、他の話題に転換
するということとの類似性を覗ける。

6.3.3　発話編集[①]

　「発話編集」をする際に、どのような心的行動を取るか、または、どのような要素を利用して、「発話編集」するかを問題としている。

　発話とは、話者は自分の発話したい内容（意図）を言語化し、表出するという過程である。フィラーとは、内容語という実質な意味を表すより、話者の心的表情を外部世界に表す音声表記であると考えられる。フィラーを使用し、「発話編集」をする際に、話し手はまず、編集したい内容（意図）を検索コードとして、頭に入力し、検索指令を受け、頭の中で検索作業を行い、言語（発話）を表出する。

　発話編集における心内処理操作は以下の図6-1で表記する。

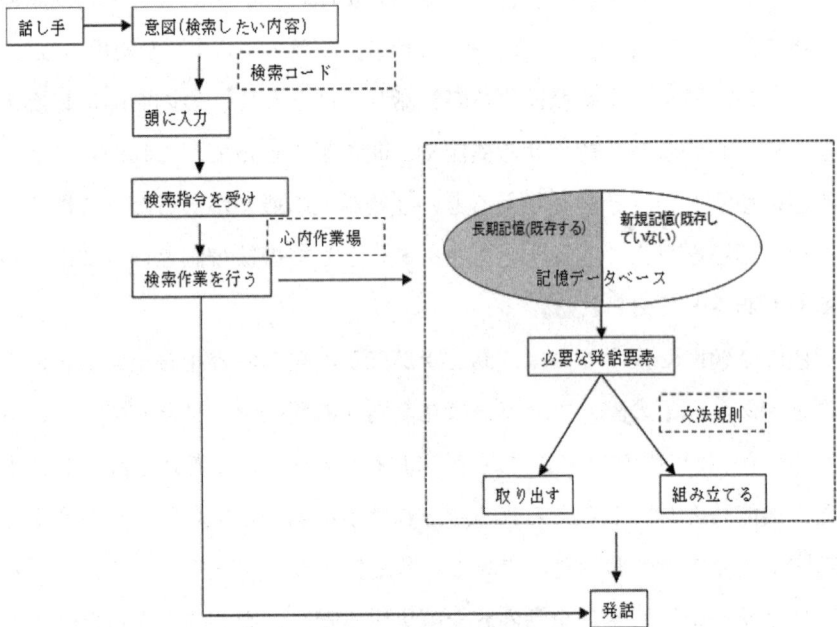

図6-1　心内処理操作

---

① 「発話編集」とは、定延・田窪1995の用語「言語編集」を継承して使用変形したものである。

実際に、心内作業場でどのような行動を行うかを本文で詳しく考察
する。

6.3.3.1　長期記憶[①]

(4) 王一鳴：珠三角的特点，大家如果仔细观察一下，就是珠江口
　　　　　是个三角形，珠江口的东岸就是包括深圳、东莞、惠
　　　　　州这一块相对来说，它的经济密度要高得多，相对也
　　　　　发达，西岸我们说珠海、江门这个……

　　　刘戈：中山。

　　　王一鸣：中山。

中央电视台栏目《今日观察》2009中国经验：大手笔　新动力_财经台
　　　　　　　　　　　　　　　　　　（媒介言語コーパス）

(訳文) 王一鳴：珠江デルタの特徴と言うと、皆さん良くご存知の
　　　　　ように、珠江デルタの入り口の形は三角になっ
　　　　　て、珠江デルタの東側に、深圳、東莞、惠州を含
　　　　　み、経済発展が著しく、相当に発達しており、西
　　　　　側に我々が珠海と呼ぶ、江門ええと…

　　　劉戈：中山。

　　　王一鳴：そう、中山。

　　上の例文はあるトーク番組で、司会者とコメンテーターが「港珠澳大
橋」を珠江デルタで立てる原因を検討している場面である。コメンテー

---

① 長期記憶は（金水・田窪1996b：263）から引用した言葉で、獲得した情報を長い時間を
　経て、すでに頭に格納した知識を指す。

ター（王一鳴）はその理由を説明するために、まず、珠江デルタという場所を紹介する。次に、珠江デルタはどういう地域から成り立っているかを紹介している。しかし、それについての知識は一時的に失念したので、フィラーを使用し、発話内容を検索する。

　発話したい内容「中山」は話し手にとっての一般常識として、話し手の長期記憶の中で格納している。指示詞系のフィラー"这个"は検索コードとして、記憶データベース①の中で、発話内容を呼び出す。

　ここでは、フィラー"这个"を使用するのは自然であり、フィラー"那个"を使用するのは不自然である。ここでは、発話者は珠江デルタがどういう地域から成り立つかということを一時的に話題にして検討している。検索する内容（中山）は今話している中心的な内容（話題）と密着しており、その一部分である。よって、編集内容（中山）は話し手にとって心理的に近い。そのため、ここでは近称指示詞系におけるフィラー"这个"の使用は自然で、遠称指示詞系におけるフィラー"那个"の使用は不自然であると考えられる。

6.3.3.2　新規記憶②

(5) 王刚：她知道我单身，还就是打你刚才那儿，我这还得谢谢朱军，谢谢《艺术人生》。咬牙切齿的，捶胸顿足的，她才知道我是这个，这个，这个什么，我是单身。

中央电视台栏目《艺术人生》十年　王刚

（媒介言語コーパス）

---

① 記憶データベースとは、長期記憶と新規記憶がある。長い時間を経て、外的要因を受けずに表出できるものを長期記憶、文脈や現場の情報などにより新しく臨時的に格納したものを新規知識と呼ぶ。

② 新規知識は現場や文脈などで新しく獲得した情報を指す。

　　（訳文）彼女は私が独身ということは、以前、君から聞いてて知っ
　　　　　てたんでしょう、朱軍と朱軍の（芸術人生）に感謝しま
　　　　　す。この番組で、朱軍は顔を歪めたり、胸をたたいたり、
　　　　　足をバタバタやしたりして、彼女はやっと私が<u>その〜、そ</u>
　　　　　<u>の</u>、独身だということが分かった。

　　上の例は「芸術人生」というトーク番組での台詞である。司会者は朱
軍である。今回「王剛‒10年」というテーマを立てて、ゲスト王剛を招
待し、ゲスト王剛の家庭生活や趣味としての骨董品のコレクションにつ
いていろいろ話し合った。

　　10年前、「芸術人生」という同じ番組で、朱軍は王剛を招待し、いろ
いろインタビューした。当時、王剛はまだ独身で、司会者朱軍がその話
を番組で公開した。王剛の今の妻はその当時の番組から王剛がまだ独身
であるということを初めて知り、それをきっかけとして、新聞で登録し
た王剛のメールアドレスに手紙を書き始めた。それから、二人はつきあ
いを始めた。

　　上の例文では、王剛と今の妻は恋をし始めるきっかけ、すなわち、朱
軍や「芸術人生」を紹介している。まず、話し手は自分が「独身」（例
文で、点線で表記している）ということを表出し、続いて、朱軍に対す
る感謝を表している。また、もう一回自分が独身であったことを言おう
と思って、一時的に失念し、フィラーを使用し、思い出すために時間を
稼ぐ。

　　フィラーを使用し、検索する内容「独身」という言葉は、すでに前文
で出てきたことで既出要素である。今回は、「独身」を再提出する時、
一時的に失念したので、フィラー"这个"を使用し、前の文脈で出てき
たものに依存して検索する。

フィラーを使用し、検索する内容が「再提出型」の場合は全てフィラー"这个"を使用するわけではない。その原因を究明する前に、まず、下記の例を見てみよう。

方は王とは友達関係で、方が満州族「ci」[1]と日本語の「より」について小論文を書けるかどうかについて、友達王と相談に乗っている。王はそれについていろいろ自分の意見を述べている。また、王は満州語の「ci」を言おうとした時、一時的に表出できない、フィラー"那个"を使用し、言語検索する。

(6) 你刚才说的那个……那个满语怎么读来着？
(訳文) さっき言った、その一、その一満州語の発音はなんでしたっけ。

（作例）

上の例文では、方はまず自分の研究したい内容を紹介している。つまり、満州語の「ci」と日本語の「より」についての類似点を紹介している。そのあと、そのテーマはいけるかどうかについて、王に相談している。また、王は満州語における「ci」をもう一回言おうとした時、失念した。そして、王はフィラーを使用し、発話内容を検索する。

ここでは、発話者は表出したい内容満州語「ci」は、すでに先の文脈で出てきたことで、既出要素（再提出型）である。ここでは、"这个"の使用が不自然であるのに対して、フィラー"那个"の使用は自然である。

---

[1] 「ci」満州語における音韻体系における読み方である。

　なぜ、例（5）と例（6）は両方ともフィラーの検索内容は最提出型であるにも関わらず、フィラー“这个”と“那个”は自由に交換できないのか。その原因は下記のように考えられる。

　それは、話し手は心内で情報の処理仕方には差があるからである。つまり、話し手はその情報をどういうふうにとるかは問題である。

　例（5）では、検索する内容は聞き手より話し手と関わり深いので、心理的に近いと認識し、フィラー“这个”を使用するのは自然である。

　例（6）では、検索する内容は話し手より聞き手と関連深いので、話し手にとって、詳しくない情報で、心理的に遠い。よって、ここでは、遠称指示詞から変容し、フィラー“那个”を使用するのは自然である。

　中国語における指示詞の基本的な使い分けは話し手を中心に、「遠近」を区別する。そういう用法はそのまま、フィラーの使用法で保持し、フィラー“这个”と“那个”も心理的に「遠近」により、使い分けする。

6.3.4　文の編集[①]
6.3.4.1　慎重に文を編集すること

　（7）記者：当时签合同的时候没有想到自己会欠这些工程款吗？
　　　　王峰：这个……现在的确欠人工工资的，这个是肯定的。

中央人民广播电台中国之声栏目《新闻纵横》

（媒介言語コーパス）

　（訳文）記者：契約する時に、業者にこんなに給料未払いになるとは思わなかったんですか？

---

① 文の編集とは記憶データベールなどの要素により、推論したり、演算したり、発話したい内容を整理したりするということである。

225

王：それはですね。いまは確かに給料を払ってない。それ
　　はそうです

　王峰は法倉市の交通局副局長である。政府予算を用いて道路工事を施している。しかし、雇った人の給料をずっと言い訳して、払っていない。記者はそのことについて王峰にインタビューをし、工事を施す前に、「業者にこんなに給料未払いになるとは、思えなかったんですか？」ということを聞いた。王峰は経済上の不正か、または、ほかの原因で、その質問に対して、一時的に答えられないので、フィラー“这个”を使用し、場を救う。また、談話上の言いにくさも生じる。

　ここでは、王峰は突然聞かれた質問なので、事前に用意するわけではない。よって、聞かれた後で、発話内容を組み立てる。また、自分に対する質問なので、フィラー“这个”を使用し、相手の質問を引き取り、自分と関連深いことを相手に示している。

　公的機関で働く方峰は記者の前で話すことに慎重にならなければならない。よって、話し手（王峰）はことば遣いに十分気をつけないと、誤解されたり、失言したりすると、とんでもないことを招く。よって、フィラーを使用し、適切な言い方を探し、回答内容を慎重に工夫するという時間を取ると考えられる。

　次は、発話内容を事前に用意した例文を見てみよう。

　（8）主持人：好，欢迎各位继续关注，今天我们是谈到了这个……
　　　　　　　明天即将要在新闻发布会上公布的这个……有关治堵
　　　　　　　一些新的措施和条令，参与的朋友非常多，我们来看
　　　　　　　一下。
　　　　　　　中央人民广播电台《今日观察》治堵切勿“添堵”
　　　　　　　　　　　　　　　　　　　　　（媒介言語コーパス）

（訳文）司会者：はい、皆さん引き続き番組をご覧ください、今日
　　　　　　　は、その、明日のニュースで発表される、その、
　　　　　　　ラッシュを改善するための条令について話しまし
　　　　　　　た。これに関与する方が非常に多いですが、見て
　　　　　　　みましょう。

　上の例文では、司会者はコメンテーターを招待し、北京でのラッシュ
問題を改善するために、車の購入について限定措置条令を翌日のニュー
スで発表するということについて議論している。

　上の例文は中国中央電視台で放送するもので、内容は時事問題であ
る。番組を順調に進めるために、司会者は事前に発話内容を用意するこ
とが想像できる。つまり、司会者は発話内容の筋をすでに頭に納めて
いる。

　ここでは、司会者はフィラーを使用し、すでに用意した発話内容（漠
然とした内容）をさらに慎重に考え、洗練された用語を表出すると考え
られる。また、検索する内容は話し手にとって話し手の領域（発話者の
今話している話題）に属する内容で、心理的に近いので、すぐ表出でき
る語感もある。

　話し手はフィラーを使用し、発話編集する際に、ある発話内容を漠然
と頭に入力し、そのイメージを言語化（組みたて・推論・演算・製作な
ど）をして表出するか、またはすでに組み立てた内容をさらに外部的な
要因で洗練された言語を編集するかは明白な境界はない、それは今後の
課題にする。

6.3.4.2　発話権を強調すること

　(9) 志国：《关于本人不再接受任何领导职务聘任的请求报告》，
　　　　　爸，您这……

傅明：<u>这个</u>－昨天我考虑了一整夜，啊，我这个岁数，这个脑筋，这个精力恐怕不适宜担任过于繁重的工作了。

电视剧《家有儿女》

（媒介言語コーパス）

（訳文）志国：「私、傅明に対する全ての責任職種要請の御断りについてのお願い」、お父さん、これは…

傅明：<u>まあ</u>、昨日、一晩寝ずに考えたよ。まあ、こんな年だし、気力も体力も衰えたし、こんな責任重大な仕事は無理だな。

　上の例文はあるデレビ番組の台詞である。傅明は志国の父で、いつもえらそうな口調で話し（アクセントや表情から判断できる）、フィラー“这个”を他人より頻度が高く使用するという言い癖がある。今回は誰も責任職種を傅明に任せるつもりもない。しかし、傅明は自分で勝手に「私、傅明は全ての責任職種要請の御断りについてのお願い」という報告書を書いて、会社に提出しようとしている。

　ここでは、フィラー“这个”を外しても、文の意味が通じる。“这个”を指示詞として考えると、非文になる。なぜかというと、指示詞の後は述語が必要であるからである。指示詞として使用される場合は、「关于这个事情，昨天我考虑了一整夜（このことについて、昨日一晩寝ずに考えた）」という文になるべきである。話し手（傅明）は“这个”を発音する時、後ろの「个」の「e」という母音を伸ばして発音する。よって、“这个”は指示詞ではなく、フィラーとして考えられる。フィラー“这个”は独立語として、文頭だけではなく、文中にも出現できる。

　この例文では、話し手（傅明）はフィラー"这个"を使用し、フィラー"这个"の持っているニュアンスを利用し、表情やアクセントを加えて、偉そうなふりをする。

　フィラー"这个"の持っているニュアンスについて下記のような理由が考えられる。

　フィラー"这个"は発話内容はすぐ表出できる状態で使用され、自分と関わり深いことを強調する。よって、発話の優先性や会話の主導権を強調するという効果を生み出すのである。

　上の例文では、話し手（傅明）はフィラー"这个"を利用し、自分の発話内容の優越性を強調し、わざと自分がえらい存在だと強調している。そのような場合フィラー"这个"の発音の特徴として、アクセントが高くなる。

　また、同じ指摘は殷（2009）にも見られる。殷（2009）では、「"这个"更多的用于上对下的话语中（"这个"は上の人が使用するのは一般的であろう）」と指摘している。

　フィラー"这个"目上の人が下の人に対して、話す場合に使用される。それは、近称指示詞系フィラー"这个"が自分の発話主導性を強調するうちに、生み出された偉そうな口調ためであると考えられる。

　また、フィラー"这个"の使用において、フィラー"那个"より、割り込みやすい。それは相手が発話権を奪うために、ターンを取り、割り込むからであると考えられる。

　フィラー"这个"を使用し、すべて、偉そうな口調を出すわけではなく、特定の場目でそういう印象を与えることがある。それは、話し手の口調とか、表情などを場面の状況から判断できる。

　また、フィラー"这个"は発話権を主張するのは下記の例が挙げられる。

（10）马光远：我觉得立法也很重要，如果说这个……（以前）

主持人：你都没有立法作为保障的话，严从哪儿来呢。

中央人民广播电台《今日观察》醉驾有罪

(媒介言語コーパス)

（訳文）馬光遠：法律を立てるのは大事だと思う、<u>その</u>…以前…

司会者：保証がなければ、厳めしくもできないでしょう。

　上の例文は馬光遠が「我觉得立法也很重要，如果说」と発話をし、言い淀んだ後フィラー"这个"を使用する。続けて発話しようとした時、相手に割り込まれた。

　なぜかというと、発話者はフィラー"这个"を使用した時、発話権を主張し、これから発話することを示す合図である。相手（司会者）はそれを獲得し、相手の発話を聞くより、自分の発話をしたい時、発話権を奪うために、発話者がフィラーを使用し、続けて発話したい時、割り込んだ。

　串田（1999：130）はフィラーの最中には、「むやみに話しかけないことが暗黙のルールとなっている」と指摘している。

　しかし、中国語における、フィラーの使用には、かえってフィラー"这个"の使用中で、割り込まれた。遠称指示詞系フィラー「那个」はそういう現状を持たない。

6.3.5　結論

　本書では、以下の結論を導いた。

　フィラー"这个"に関する使用法は話し手の心内行動により、四つに分けられている。それぞれは「発話編集中断」と、「話題転換」「発話

編集」と「文の編集」である。その四つの用法の関係は下記の図6-2で表記する。

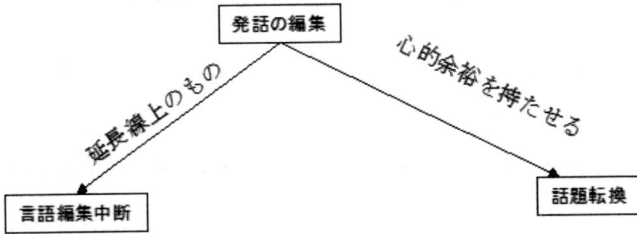

図6-2 各用法の関係

　発話の編集を編集しようとしても、出てこない場合もある。それを原点として、発話編集中断という結果になる。発話の編集とはフィラーの使用により、話し手が心的余裕を持たせる。心的余裕を持たせるということをきっかけとして、「話題転換」という用法を生み出す。

① 中国語におけるフィラーの使い分けは長期記憶・新規記憶から区別するわけではなく、中国語フィラー"这个"と"那个"は編集する内容が話し手にとって心理的に「遠近」により使い分けをする。

② 共同注意という観点から言うと、文脈指示詞は指示対象に対して聞き手に注意を喚起する。フィラーの場合では、これからの発話内容に対して、聞き手の注意を呼び起こす。

③ 頭に格納した要素を呼び出すという指示詞系のフィラーの共通機能が見出された。

④ フィラーの使用法はコンテキストにより、フィラー"这个"の使用法を決める。"这个"の使用はすべて目上の人が使用するわけではないということがわかった。

⑤ 指示詞"这个"からフィラー"这个"へと変遷していくうちに、機能語（接続詞）という中間的な機能を持つ形式が現れる。

6.4 中国語フィラー"那个"使用法に関する考察

6.4.1 発話編集中断

6.4.1.1 知識がないために発話編集を中断する場合

(1) 主持人：20……也不知道哪一年。你怎么发明的？

梁希才：就是，就是<u>那个</u>……

陈寒柏：你再看一眼那资料看，你好好看看对，你好好看看再念。

乡约—《辽河之源平泉》

（媒介言語コーパス）

（訳文）司会者：二千…いつ発明したかはわからない。では、どういう経緯で発明したの。

梁希才：それは、<u>うーん</u>。

陈寒柏：じゃ、その資料をもう一回チェックしてください。ちゃんと読んでね。

　上の例は、ゲスト（梁希才）が言っていること「自分が百億元の発明家である」ということが真実かどうかを司会者と一緒にお笑い番組で有名なタレント（陈寒柏）が判断するという番組の台詞の一部である。そこで、司会者とタレント陈寒柏はゲスト（梁希才）が本物かどうかを確かめるために、いろいろ聞いた。

　まず、ゲスト（梁希才）は百億元の発明をいつ発明したのかははっきり答えられない（実はゲスト梁希才が百億元の発明家である。わざと答えられないふりをして、相手を迷わせる）。続いて、司会者が「你怎么发明的？（どういう経緯で発明したの）」と聞いたら、ゲストはわざとわからないというそぶりを見せて、フィラー"那个"を使って、自分が本物ではないということを相手に信じ込ませようとした。司会者の陈寒

柏はゲストの梁希才の表情や回答（“那个……”）からゲストが答えられないと判断し、このゲストは本物の発明家ではなく、嘘をついていると結論づけた。

　ここで、ゲストの梁希才はフィラー“那个（うーん）”を使用し、発話内容に対して知識がないふりをして、自分がその質問に対して、答えられないという心的表象を相手に見せて、回答に対する発話編集を中断するという心的状況を相手に暗示的に表現した。

6.4.1.2　知識があり、自主的に発話編集を中断する場合

　(2)　黄祖耀：不谈了吧，谈起来感情范围有点<u>那个</u>……反正社会上知道他的也不少。

《黄苗子：为学要如金字塔》

（媒介言語コーパス）

　（訳文）黄祖耀：その話やめましょう。彼の恋といっても、<u>まー、ねー</u>、どうせ世間で知っている人は少ないでしょうからね。

　上の例は、あるトーク番組での台詞である。ゲストは黄祖耀で、有名な漫画家や美術評論家として、知られている。郁达夫は黄祖耀の妻の叔父である。中国では、文学者として、有名な人である。郁达夫はよく風俗で働いた女性と恋に落ち、三回ぐらい結婚したという惚れっぽい人である。よって、話し手、黄祖耀は郁达夫の本能の赴くままの生活に対して、言おうとしたが、それは情事とも言えるものだから、みんなの前ではっきり言えるものではないので、やめた。

ここでは、話者は郁达夫の恋愛生活に関して、知識があり、あからさまに言いたくないので、フィラー"那个……"を使って、発話編集という作業を中断するという心的表情を表している。日本語の場合では、「まー、ねー」が対応する。

(3) 建国爹说："你们要实在想要孩子，就让建成把他闺女过继给你们一个！"小西一愣，抬起头来："你们不要孙子了？""①那个，"建国爹咳了一声，"②那个男女要是都一样了，孙子孙女的，有啥不一样？"

王海鸰《新结婚时代》

(訳文)「もし、君たちが本当に子供が欲しかったら、建成の娘の一人を君たちに養子にやろう」と、建国の父親が答えた。小西は、びっくりして、頭を起して聞いた。「あなたたち、孫は要らないのですか？」「それさー」建国の父は、一つ咳払いをしてから、「北京では男と女の地位や仕事が同じだというのだから、それなら私にとっても孫と孫娘のどこが違うのか？」と言った。

建国の父親は「你们不要孙子了（あなたたち、孫は要らないのですか？）」という小西の質問に対する答えとして、「要るか、要らないか」のどちらでも想像できる。しかし、建国の父親は"①那个"を使用し、返事をする。"①那个"と"②那个"を外したら、文の続きに多少違和感がある。よって、次に、"①那个"と"②那个"の使用法を分析する。

まず、フィラー"①那个"を使って、前文で出てきた「你们不要孙子了」を指す意味（前の話の前触れ）が含まれていると考えられる。相手の質問をちゃんと受けたという心的表象が窺える。また、直接的に答え

にくさを表明し、直接に答えるのを拒否する。聞き手にも、「直接的に答えられないから、そのような心理的準備をしてほしい」という合図を聞き手に送った。つまり、話し手はフィラー"①那个"を使用し、返答拒否という心的表象を相手に表明する。

"②那个"は前の質問「あなたたち、孫は要らないのですか？」と後ろの答え「私にとっても孫と孫娘のどこが違うかね？」を円滑に繋ぎ合せ、理解しやすくするために、接続詞として使用する。"②那个"についての使用法は後文で詳しく紹介する。翻訳した際に、省略した部分があるが、それについての研究は、本書の対象外であるので、本書では取り扱わない。

発話編集中断において、フィラー"那个"は「不知道（わからない）（例1）」、「不好说（ちょっと言いにくい）（例2）」という内容語と入れ替えられる。しかし、直接的に「わからない」という内容語より、フィラー"那个……"を使用したほうが、話者にとって、答えられないという心的表象は婉曲的に相手に表明する。また、聞き手にとって、話し手が直接に答えることを拒否する衝撃を和らげる。

6.4.2　話題転換

(4) 潘长江：对对对。那个，接下来再介绍一位美女，也是各位朋友都非常熟悉了，也是我的女儿，潘阳。

《鲁豫有约》－"能人冯天贵——讲述潘长江和他的那些女人们的故事"

(媒介言語コーパス)

(訳文) 潘長江：そう、そう。次はみんなよく知っている美人、つまり、私の娘を紹介します。名前は潘阳です。

　この例文では、話し手（潘長江）はドラマでの出演内容と出演者を簡単に紹介した後、自分の娘を紹介する。監督として、まず他の出演者を紹介し、自分の娘の番になった時、「発話編集」したり、「発話の組み立て」をしたりなどの心的処理を要することは、あり得ない。よって、発話内容（接下来再介绍一位美女……）はすでに用意されているので、フィラー"那个"は他の発話内容を開く標識であると考えられる。

　一方、文と文の間、うまく転換するために、フィラー"那个"は接続詞という文法的機能もあると考えられる。前の文脈は出演する主役を紹介する文で、次の文は自分の娘の紹介なので、前文と後文は全く異なった内容になるのではなく、何らかのつながりがあるとみられる。よって、不完全な新しい話題に転換すると考えられる。

　また、フィラーを使用し、相手の注意を引きつけ、これから次の大事な発話を表出するために心理的な準備をする。つまり、重要な談話を誘導する談話上の機能とも考えられる。自分の娘をみんなの前で紹介するのは、多少照れるので、フィラーを使って、その言いにくさを回避することも考えられる。

　フィラーの使用法は一つとは言えない。上の例文のように、接続詞という文法上の機能を持つ以外、次に大事なことを導くことや、言いにくさを減殺するという談話上の機能も働く。それはフィラーが談話の中でこそ意味を発揮するからである。

　日本語では、この場合、接続詞「さて」を使う。ただし、この例文ではコンテクストが合わないので、使用できない。

　　(5) 柳传志：这是完全真的，就大家别笑，其实当时这一千块钱真
　　　　　　　是很了不起的一笔钱。
　　　　陈鲁豫：那当然，1984年您的工资是多少？那时候几十块钱
　　　　　　　吧就。

柳伝志：对，我们那时七十八块钱，七十八块钱。<u>那个</u>，这
　　　　一千块钱是我太太给我专门缝的一个口袋，是很认真
　　　　地缝，她知道我平时也爱丢东西，一千块钱确实不是
　　　　小数了，这是公款对吧？

《鲁豫有约》－"柳传志：曾经很呆很笨"

（媒介言語コーパス）

（訳文）柳伝志：それは本当のことです。みなさん笑わないでくだ
　　　　　　　さいね、当時では、千元ってかなりの大金です。

陳魯豫：それはそうです。1984年に、お給料はいくらで
　　　　しょうか。何十元ぐらいでしょう。

柳伝志：そう、七十八元です。<u>それで</u>、私の妻が私のズボ
　　　　ンの中に小さなポケットを縫ってくれて、千元を
　　　　その中に入れてくれたんです。ものすごく丁寧に
　　　　縫ってくれていたんです、彼女も私が物をよくな
　　　　くすってわかっているからです。千元ってかなり
　　　　の大金でしょう。しかも、会社のお金です。

　上の例は、あるトーク番組で、司会者（陳魯豫）が現在、大手の会社
の社長である柳伝志をゲストとして迎え、柳伝志が自分の若い時のこと
を話している場面である。柳伝志は自力で、会社を設立した。会社を設
立した当時は、柳伝志の生活も余裕がなく、給料も少なかった。そんな
中、柳伝志は千元ほどお金を持って、出張するのであるが、そのお金を
紛失しないように、柳伝志の奥さんは柳伝志のズボンに小さなポケット
を付け、お金をその中に入れたというのである。

　「其实当时这一千块钱真是很了不起的一笔钱」という発話をし、柳伝
志は千元のお金を持って、出張したことを司会者に話した。よって、千

元はすでに既出要素である。続いて、司会者が柳伝志の給料を聞くと、柳伝志は「七十元ぐらいだ」と答えた。また、話し手（柳伝志）はまた「千元」に関する話に戻った。「七十元ぐらいです」という給料の話と「その千元…」という発話は内容が違っていて、つながっていない。その二つの異なる話の間にフィラー"那个"を使って、二つの発話をうまくつなげている。次の別の話題（過去の話題）を切り出すための接続詞であると考えられる。

　また、話し手が前に話した「千元」の話に戻りたい時、話し手にとって心的転換余裕が必要である。それを挿入することで、相手司会者（陳魯豫）が聴きやすくし、前の話題に戻るという合図を与えることになる。相手が自分の言いたい事をきちんと伝えるために、フィラーを使って相手に反応する時間を与えるという談話上の機能も考えられる。

　それに対応して、日本語では、「それで」を使用する。

6.4.3　発話編集

6.4.3.1　長期記憶

（6）"嗯，妈也许忘了，"良材又笑了一笑，汗珠从他鼻尖渗出来，脸更加红了。"省城里那个——那个张铁嘴，我请他排过流年，张铁嘴是很有点名气的，他判定我，这三年之内，流年不太好，嗯，不利！"

　　　　　　　　　　　　　茅盾《霜叶红似二月花》
　　　　　　　　北京日本学研究センター中日対訳コーパス

（訳文1）「やあ、お忘れですか」と良材は笑った。鼻先に汗がにじみ、顔がいっそう赤らんだ。「省城の、ええと、そうです張鉄嘴でした。その男にみてもらったんですよ。張鉄嘴といったら、省城でも評判の男ですが、彼がいうの

には、ぼくの運勢はこの三年よくないというんですよ。
よくないんですってさ」

(訳文2)　「やあ、お忘れですか」と良材は笑った。鼻先に汗がに
じみ、顔がいっそう赤らんだ。「省城の、<u>ええと</u>、張鉄
嘴ですよね。その男にみてもらったんですよ。張鉄嘴と
いったら、省城でも評判の男ですが、彼がいうには、ぼ
くの運勢はこの三年よくないというんですよ。」

　話し手は"省城里"を言って、続いて「張鉄嘴」という人物の名前を
表出しようとする時、一時的にその名前を失念したので、フィラー"那
个"を使用し、表出するまで、時間を稼ぐ。ここでのフィラー"那个"
は話し手が「発話編集」する際に、一時的に名前を思い出せない状態の
ときに使われた言語表現である。フィラー"那个"の使用には、コンテ
キストと密接に関連していると思われる。

　話し手は発話したい内容を脳に検索データとして入力し、脳はそのこ
とを検索指示として受け取り、検索操作を行い、発話するという過程を
繰り返す。話者は発話する時、すぐに反応して、言語を表出する。した
がって、時間から言うと、その検索は瞬時に起こり、終了する。しか
し、すぐ言語を表出できない場合もある。その場合、中国語のフィラー
を使用し、検索時間を獲得する。

　発話行為には、主な要素として話し手、聞き手と発話内容がある。そ
のため、この3つの要素の場面への影響を考えないといけないと思わ
れる。ここで、例（6）における、フィラーは談話上の機能を分析して
みる。

　例えば、話し手は記憶データの中で"張鉄嘴"という人物の名前を表
出しようとした場合、緊張するまたは、失念するなどの原因で、すぐ
"張鉄嘴"という人物の名前を思い出せない。話し手にとって、発話を

順調にかつ円滑に表出するために、フィラーの"那个"（日本語の場合では「あのー」）を使って、思い出すための時間を確保する。また、情報データが「今検索中」であるという心的操作が行われていることを示している。

　また、フィラーが使用されたときは、聞き手に話し手が「今名前検索中」であるという合図が与えられる。聞き手にも、話し手は名前を思い出すまでに少し時間がかかるという心理的な準備が与えられる。そして、話し手はフィラー"那个"（日本語の場合では「ええと」）を利用する。

　さらに、発話場面において、なにも話さないよりもフィラーを使って場面を調整したほうがよいことは話し手と聞き手のやり取りをより円滑に行えると考える。

　また、話し手は「張鉄嘴」という人の名前を表出する際に、他の文脈や現場にいる本などから獲得した知識を利用せずに、頭に格納した記憶要素を利用し、検索する。すなわち、発話内容を記憶データベースから取り出す。

　ここでは、話し手はフィラー"那个"を使用する際、発話したい（検索したい）内容「張鉄嘴」をすでに記憶データベースに格納している。それは上の例文から判断すると、「張鉄嘴」という名前は一般的に周りから知られている人物であり、話し手もその知識を持ち合わせており、その知識を直接に記憶から取り出しているからである。

　この場合には、検索内容の「張鉄嘴」という具体的なイメージを持ち、名前を表出するぐらいの小容量の心的バッファが必要である。そのため、この例文では、発話したい内容を一時的に表出できない状態をフィラー"那个"を使用することで打開している。日本語の場合では、「えーと」を使っている。

6.4.3.2　新規記憶

(7)　张鸿：所以这次万科其实在武汉的那个，虽然他们不叫降价的

那个……

主持人：促销。

张鸿：促销，其实是有象征意义的。所以现在我看新闻说，万

科，呃，武汉现在已经有40多家楼盘在……打折优惠。

中央电视台栏目《今日观察》“直降7000　推倒房价多米诺”

(媒介言語コーパス)

(訳文)　張鴻：だから、万科は武漢でのあれ、彼達は値下げといわ

ないの、その…

司会者：販売促進。

張鴻：販売促進は特別な意味がある。そこで、私たちは新

聞で武漢にある40棟ぐらいのマンションが…割引サ

ービスをしている。

　上記は今日観察という番組で、中国のある地方にある不動産の引取り
価格に関して、コメンテーターを招待し、議論を行っている状況であ
る。議論をする前に、中国における不動産の引き取り価格の値下げに関
するビデオを放映している。不動産屋はマンションを売るために、「降
价（値下げ）」ではなく、「促销（販売促進）」という言い方をする。

　コメンテーター（張鴻）はかなり口が達者な人なので、反応も早い。
張鴻はそれについて、現状を分析し、自分の意見を述べている。話題に
なっている「万科の不動産の引取り価格」に関して、放映していたビデ
オでの言い方に従って、議論しようと思っているが、一時的に思い出せ
なかったので、フィラー“那个”を使って、思い出せるまで、時間を稼

ぐ。続けて、「虽然他们不叫降价的（彼達は値下げといわないの）」を補足した。司会者はすぐ「促销」と助け船を出し、相手の窮地を救っている。張鴻は一時的にその言い方を利用して、会話を進めた。後になって、自分が適切だと思った「打折优惠」という言い方を思い出し、それを使っている。

上の例文では、フィラー"那个"を使用し、ビデオから獲得した「促销（販売促進）」という新規知識によって、発話内容を検索する。

大工原（2008：63）によると、「その（一）」は「文脈を十分に踏まえて言語形式を製作する」ということである。したがって、フィラーの「その一」は文脈に依存している。それに対応し、日本語では、「その」を使用する。

6.4.4　文の編集

(8) 陈鲁豫：你特别诚恳地说一下，你们俩长得谁好。

　　潘长江：我觉得，非得说吗？你要背后问我，他不在场，你背后问我，我就敢说，他呢是<u>那个，那个年轻一点的</u>，就是说二十岁左右的那种杀手，你知道吗？我是<u>那个</u>，中老年妇女杀手，不一样。

《鲁豫有约》－"能人冯天贵——讲述潘长江和他的那些女人们的故事"

（媒介言語コーパス）

（訳文）陳鲁豫：正直に言ってくださいね。どっちが格好いいか。

　　潘長江：それは、言わないといけないの。もし、彼がここにいないならば、私は言えるけど。彼は、<u>そうですね〜</u>。少し若いね、つまり、二十代の人たちに好かれるような、分かる？それに対して、私は、

　　　<u>そうですね〜</u>。おばさんたちに好かれる、対象年
　　齢層が違う。

　司会者（陳魯豫）は芸能人潘長江をゲストとして、番組に招待する。
潘長江と潘長江の友達のどっちにより好かれているかを聞いている。潘
長江は簡単には答えられないので、フィラーを使用して、時間を稼ぎ、
表出内容を用意する。

　フィラー"那个，那个"を使用し、表出内容は「年轻一点的（少し若
いね）」である。答えとして、相手の具体的な年齢層を言う直前には既
に記憶からある特定内容を取り出そうとしている。ファンの年齢層はす
でに、直接的知識として、発話者の記憶データベースに依存している。
相手がどんな年齢層のファンが多いかということを表出するには心的統
計（演算）が必要である。よって、フィラー"那个，那个"は二回も使
用する。自分のファンの年齢層を表出するのは、相手（司会者）よりも
知っているため、心的負担がそれほどかからないので、"那个"を一回
使用する。

　上の例文では、フィラーを使用する心的操作は、話し手が表出する
内容はすでに用意されたものではなく、記憶データベースに属する要
素を利用し、組み立てて（演算）、表出する。日本語では、「そうです
ね〜」を使う。

　(9)　主持人：来！真行假行啊你？
　　　　主持人：你这个勇气可嘉，就是<u>那个</u>……刚才那个姿势有点差。
　　　　　　　　　　　　　　中央电视台栏目《乡约》—"倒立王"
　　　　　　　　　　　　　　　　　　　　　（媒介言語コーパス）

（訳文）司会者：来てください。あなたは本当にできるの？

（観客が逆立ちしている。）

司会者：勇気があるというところは評価しましょう。ただ、その…さっきのはちょっとね。

　観客は司会者に誘われて舞台に上がって、逆立ちをした。その逆立ちの姿が格好悪いから、みんな爆笑した。その観客が逆立ちを終えて席に戻ろうとした時、司会者は自信があるということは評価できると言って、後に言いたかったことはその観客に対してあまりいいことではなかったので、わざと言い淀んで、フィラーを使用し、無礼さを和らげ、発話形式に気を配る。後の表出内容「姿はちょっと格好悪い」は先の現場で発生したことに対する評価である。それはすでに、脳に格納したことではなく、現場で獲得した新知識を利用し、発話内容を組み立てている。

　話し手はフィラー"那个……"を検索コード（心的きっかけ）として使用し、現場で獲得した記憶要素を利用して、文法規則を通して、加工し、発話内容を表出する。

（10）主持人：我们来进行下一项来，百亿元的发明是一个怎样的发明？

梁希才：应该是一个<u>那个①</u>。

主持人：应该是一个，是不是还不一定是吧？

梁希才：是是是，（みんな笑っている）<u>那个②</u>（言い淀み），是一个那个平泉县滑头菇一个主栽品种。

《乡约》－"辽河之源平泉"

（媒介言語コーパス）

　（訳文）司会者：じゃ、次の質問に入りましょう。100億元の発明
　　　　　　　　　はどんなものでしょうか。

　　　　　梁希才：それはこんなものでしょう、一つの、ええっと①

　　　　　司会者：一つのって。1つだけかどうかはわかりませんか。

　　　　　梁希才：一つ、一つです。あ、そうそう②、それは平泉県
　　　　　　　　　での滑头菇の一種という発明です。

　ゲストが言っていることは真実かどうかを司会者が判断するという番
組である。梁希才というゲストは自分が発明者として、かなりもうけた
ということを司会者に言っている。事実を言っているかどうかを確認す
るために、司会者は梁希才にいろいろと聞いている。司会者は「100億
元の発明はどんなものでしょうか」と聞いて、梁希才は発明の具体の内
容を一時的に表出できないので、フィラー"那个①"を使用する。

　定延・田窪（1995:79）では、「あのー」は、名前（物自体がすでに
わかっているが）や適切な言い方（すでに漠然にせよ定まっている）を
表出する言語編集である。「ええと」のほうが心的計算という手間がか
かる言語表出なので、「発話編集」より大きな心的容量が必要である。
よって、心的容量とは、本書では言語を表出するために、いろいろ作業
を行われる心的ペースの大きさであると定義する。ここでは、発話内容
（物自体）を検索するため、大きな心的容量が必要となり、日本語では
「ええと」を使用する。

　司会者は、続けて質問している。時間を少し経て、梁希才は答える内
容を多少思い出して、司会者の質問に対して、「一つ、一つだ」と答え
た。即ち、物自体が思い出せた。しかし、その名前はまだ思い出せない
ので、フィラー"那个②"を使って、思い出すまで、時間を稼いだ。そ
して、ついに、その百億元の発明の名前を思い出した。それに対応し、
日本語の場合では「そう、そう」を使用する。

　　"那个①"と"那个②"の区別は言語を表出するまで、心的操作の容量が違う。"那个①"はもの自体を検索するので、心的容量が大きな一方、"那个②"はものの名前を検索するので、心的容量が小さいのである。同じ指摘は定延・田窪（1995:80）もある。あるモノの名前を思い出せるまで、2段階に分けられる。まずもの自体（第1段階）を検索し、次はものの名前（第2段階）を検索すると指摘している。

6.4.5　対自・対他の調整

a 話者の言語表出の躊躇−対自調整[①]

　(11) 张磊：那天晚上在那搭完帐篷之后准备要睡觉了，寻山的过来，他说你在是干什么？我说是走路路过这，在这住一晚上，他说你一个人住这？我说是啊，他说你不怕吗？我说这有什么怕的？他说到这，<u>那那个……</u>，然后他没说了。

資讯早八点题目−《百姓生活故事—酷走西藏》

（媒介言語コーパス）

　(訳文) 張磊：あの夜、テントをはって寝ようとした時、森林保安官が来た。私は「何をしに来たの？」と聞かれたので、「歩いてここに辿って、今夜ここで一晩泊まろうと思って」と答えた。森林保安官が「一人ですか」と聞いたので、私は「はい」と答えた。また、

---

① 対自調整とは、フィラーを使用する際、主に話し手が自分自身の状態を考慮し、自分の発話内容を円滑に表出するために、使用される心内調整である。

「怖くないですか」と聞かれたので、「どうして怖いんですか？」と答えると、彼は「<u>あのー、うーん</u>」と言い残して帰った。

　上の例文は、チベットに旅行に行った人に対して尋ねた時のことである。青年張磊がチベットのある森でテントをはって、寝ようとした時、森林保安官が来て、いろいろ聞いた。相手が怖がるかも知れない理由を知っている森林保安官が「怖くないですか」という発話をしたことが推測できる。張磊がどうして怖いんですか？」と応える。

　この例では、森林保安官がフィラー「那那个……（あのー、うーん…）」を使用する際、発話内容の検索ではなく、怖い理由という発話内容（少なくとも漠然としたイメージ）がすでにあり、言語は表出できる状態である。何か言えないか、言ったらよくないなどの理由で、言語表出するかどうかを躊躇している。情報出力することを迷っている状態である。

b　聞き手に対する衝撃を和らげる―対他調整[①]

　(12)　张晓波的朋友：不是叔，您到底是谁呀

　　　老六：我是张晓波他爸

　　　张晓波的朋友：啊？叔，<u>那个</u>，他不在。

映画《老炮儿》

---

① 対他調整とは、フィラーを使用する際、発話場面に対して、主に相手の存在を配慮し、聞き手に対する無礼さの緩和や衝撃を和らげるなどの働きをする。

（訳文）張暁波の友達：すいません、どちら様でしょうか。

老六：わしは張暁波の父だ。

張暁波の友達：あ？叔父さん、<u>あのー</u>、彼はもういません。

　老六は息子（張暁波）が住んでいるアパートに、自分の息子を訪ねた。息子（張暁波）がいないので、息子のルームメートは老六に対応した。息子のルームメートは不良少年で、失礼なことを言った。老六は怒って、やり返した。そのルームメートは恐れ入って、すぐに態度を変え、敬語を使って聞いた。老六は自分の息子を探しに来たことをそのルームメートに伝えた。

　同じアパートに住んでいる相手がいるかどうかについての情報を表出するのに、時間がかからないはずである。というのは、この例文では、張暁波の友達が表出情報「他不在（彼はもういません）」はすでに分かっており、フィラーを使用する際には、すでに情報表出できる状態になっていると考えられるからである。

　実は、張暁波はヤクザにからまれ、連れて行かれてしまう。相手（老六）にそのことを直接に言ったら、父親に衝撃を与えてしまうので、ルームメートは相手（老六）の存在に配慮し、フィラーを使って、時間を伸ばして、彼の父親に対する衝撃を緩和しようとした。また、場の雰囲気の調和を図り、間を取って、直接的な表現から受ける衝撃を和らげ、自分の言いにくさを取り繕う機能が示されている。日本語の場合では「あのー」に対応し、そういう言いにくさを表現する。

　対他・対自調整において、明白な境目はない。ただ、談話上の強調点に差がある。対自調整では、話者は自分の境地を救う（情報を出力するかどうかや言いにくさを減少させる）。対他調整において、相手の存在を配慮することに重点を置いている（無礼さなどを減殺すること）。対

自調整としても、対他調整としても、話し手と聞き手両方とも、発話形式に気を配り、談話上の効果を与える。

　また、「対自・対他調整」において、フィラー"那个"は実質的な意味を持たない。発話内容はフィラーを使用する際、すでに既存し、フィラーの使用はただ談話上で、人間関係を維持したり、発話場面を調和したりする。

6.4.6　結論

　フィラーを使用する際、話者はどんな心的作業を行うかを問題意識としている。本節では、以下のような結論を導いた。

　①談話効果：

　フィラーを使用し、話し手は一時的に言語を表出できないので、思い出せるまで時間を稼いだり、談話場面を調整したりする。また、聞き手に対して、「今考え中なので、もうしばらく持ってください」という合図をしたり、話し手は言いにくい、または、ほかの話題に転換するなどの心的表象をフィラーの使用により、暗示的に聞き手に通知したりする。会話として沈黙より、フィラーを使用し、間を埋め、会話を円滑に進める。

　中国語におけるフィラーの談話上の機能は、発話場面により、生じる効果が異なる。また、話者と相手をうまく交流させ、お互いのメンツを維持する重要なインターフェースとして存在する。

　②フィラー"那个"を使用する際に、行われる心的処理状態が三つあることがわかった。「編集すべき内容（相手の質問か、または、予想通り表出すべき発話）を中断する状態（発話編集中断）」「次の発話内容をすでに用意している状態（対自・対他調整）」や「発話内容をまだ用意していない、只今編集中という状態（発話編集）」である。それらの心的表象はフィラーを通して、うまく、聞き手に伝える。

③フィラー"那个"は検索のコード（心的きっかけ）として、発話内容を呼び出す。

④中国語における指示詞"那"から変容したフィラー"那个"の用法の中で、フィラーから機能語（接続詞）へと変遷する（中間過程）用法が観察できた。

6.5　フィラー"这个"と"那个"の使い分け

指示詞系のフィラーには、"这"系近称指示詞から変容したフィラー"这个"があるのに対して、"那"系遠称指示詞から変容したフィラー"那个"もある。

定延（2002:77）は、「意味を欠くように見える言語表現Aが意味を持つと言えるかどうかは、言語表現Aが言語表現A'と繋がっているかどうかの判断しだいである」と述べている。フィラーは指示詞から派生したものなので、指示詞の文法上の機能が、ある程度「保持」されていると思われる。よって、フィラー"这个"と"那个"の使い分けを分析する際、それと関連する指示詞の用法を考察する必要があると考えられる。

呂（1980）では、指示詞"这"と"那"に関する基本的な用法は下記にように述べている。

"这"：指示比较近的人或者事物。　　　　　呂（1980:584）
（訳文）近くにいる人や事物を指す。

"那"：指示比较远的人和事物。　　　　　呂（1980:351）
（訳文）遠くにいる人や事物を指す。

中国語における"这"系指示詞と"那"系指示詞に関する使い分けは、話し手を中心に基本的に「遠近」により、区別する。指示詞の「遠

近」という使い分けが中国語のフィラー"这个"と"那个"の使用においても、ある程度保持され、心理的「遠近」により、使い分けすると考えられる。

　まず、下記の例を見てみよう。

（1）審判長：那第二被告认为这几个涉案照片是原告本人吗？

　　　第二被告：我们不知道，我们有可能不排除是别的人在上网上传。

　　　审判长：不认可这个照片。

　　　第二被告：嗯。

　　　审判长：两个被告都不认可原告本人，你们认为这个上头这个
　　　　　　　人是谁？被告。

　　　第二被告：您说那（nei），什么意思……是不是董璇。

　　　　　　　　　　　　中央电视台栏目《经济与法》"明星的困扰"

　　　　　　　　　　　　　　　　　　　　　（媒介言語コーパス）

（訳文）裁判長：それで、被告人2、この案件に関する何枚の写真
　　　　　　　　は原告本人ですか。

　　　　被告人2：わかりません。ネット上で流したものかもしれ
　　　　　　　　ません（ネット上で流された可能性もある）

　　　　裁判長：その写真を認めないということ。

　　　　被告人2：はい。

　　　　裁判長：被告人二人とも、原告人という事を認めないです
　　　　　　　　ね。では、その写真の人は誰だと思いますか。

　　　　被告人2：先ほど話していた意味は、え一、董璇だかどう
　　　　　　　　かという意味でしょうか。

例（1）では、被告人2は中国の俳優董璇（原告人）の許可をもらわず
に、彼女の写真を勝手に466という美容整形外科のホームページに載せてい
る。したがって、董璇は466という美容整形外科を相手に訴訟をおこした。

裁判で、裁判長は「那第二被告认为这几个涉案照片是原告本人吗？」
と聞いて、466という美容整形外科のホームページに載せている人は董
璇かどうかということを被告人2に確認している。被告人2は「我们不知
道（わかりません）」と答え、そのことを認めない。続いて、裁判長は
美容整形外科のホームページに載せている人は誰であるかと被告人2に
聞いた。被告人2は裁判長の質問を引き続き、答えた。「您说那，什么
意思……是不是董璇（先ほど話していた意味は、えー、董璇だかどうか
という意味でしょうか）」という返事をした。

ここでは、被告人2はフィラー"那"を使用し、後ろで表出する内容
「是不是董璇（董璇かどうか）」は、裁判で、裁判長が前に話した内容
「那第二被告认为这几个涉案照片是原告本人吗（それで、被告人2、こ
の案件に関する何枚の写真が原告本人ですか）」という話から推測した
ことである。

話し手は遠称"那"系指示詞から変遷したフィラー"那个"を使用
し、これから表出する内容は相手（裁判長の発話内容）に基づいて、自
分と関わりが少ないという心的表象を表している。

    (2)　千龙网代理律师：千龙网网页上所刊登的董璇的照片系千同网
                在于北京华盛兴业传媒公告有限责任公司合
                作期间，由华盛兴业传媒广告有限公司，提
                供，这个，千同网在上照片时，并不清楚该
                照片属于董璇所有。
                中央电视台栏目《经济与法》"明星的困扰"
                           （媒介言語コーパス）

　（訳文）千龍網代理弁護士：千龍網のホームページに載せている董
　　　　　　　　　　　　璇の写真は千龍網が北京華盛興業メ
　　　　　　　　　　　　ディア広告有限会社と提携した時、
　　　　　　　　　　　　北京華盛興業メディア広告有限会社か
　　　　　　　　　　　　ら提供され、その一、千龍網で載せた
　　　　　　　　　　　　時、写真が原告人かどうかは知らな
　　　　　　　　　　　　かったのですか。

　例文（2）では、裁判で話し手（千龍網代理弁護士）は原告人の利益
を犯していないという理由に関する文書を読んだ時、文中でフィラー
"这个"を使用している。話し手は発話したい内容を文書に載せてい
る。文書で書いている内容を頭に入力し、表出しようとした時、緊張な
どの理由で、一時的に、言葉がすぐ出てこない。よって、フィラーを使
用し、その空白を埋め、言語を表出するまで、時間を稼ぐ。

　また、フィラーを使用し、発話したい内容をすぐ表出でき、心理的に
近いので、近称"这"系指示詞から変遷したフィラー"这个"を使用
する。

　つまり、発話内容が話し手にとって、心理的に近く、すぐに表出でき
る場合、フィラー"这个"を使用するのに対して、表出する内容が心理
的に遠く、すぐに表出できない場合や今話している話題とは違う内容
で、相手の領域に属する内容を話す際、フィラー"那个"を使用するの
が一般的であろう。

　しかし、中国語フィラー"这个"と"那个"の使用はすべて区別でき
るわけではない。また、語感的に多少差がある。

　媒介コーパスを利用し、収集したフィラー"这个"に関する例文が
「今日観察」「海峡新干线」「环球视线」「新聞热线」「新聞広場」
「新聞纵横」「新聞调査」「中国新聞」「対話」「経済与法」「海峡両

岸」などの番組でよく出る。それらの番組は政治問題、時事問題、経済問題などに関する番組である。

しかしながら、収集したフィラー"那个"に関する例文が「乡约 — 辽河之源平泉」「乡约 — 辽河之源平泉」「乡约 — 倒立王」「资讯早八点题目 — 百姓生活故事—酷走西藏」「鲁豫有约 — 能人冯天贵—讲述潘长江和他的那些女人们的故事」「鲁豫有约—柳传志：曾经很呆很笨」「鲁豫有约 — 能人冯天贵讲述潘长江和他的那些女人们的故事」「今日观察 — 直降7000 推倒房价多米诺」「黄苗子：为学要如金字塔」などの番組でよく現れる。それらの番組の特徴はトーク番組や娯楽番組が多い。

堤（2012：203）抽象度：「時事問題や社会問題は、一般的に自分の身も回りの話題よりも抽象度が高い」と定義している。よって、フィラー"这个"の使用はフィラー"那个"より、抽象度が高い会話の中によく出ると考えられる。

中国語フィラー"这个"と"那个"の使い分けに関して、以下の結論を導いた。

* フィラー"这个"の使用はフィラー"那个"より、慎重に言語表現を工夫し、抽象度が高い内容について話すことや目上の人がよく使用するということを観察した。また、フィラー"这个"の使用は発話の主導権を強調し、自分の発話内容を押し付ける傾向がある。

6.6　日中両語におけるフィラーに関する対照研究
6.6.1　日本語のフィラーのみに見られる用法

(1) あのう、すみません。野球部はどこでしょうか。

　　不好意思。请问棒球部在哪里？　　　　　　　　　　（作例）

　フィラーは談話の冒頭の部分で現れて、発話する時点で、使われる談話開始マーカーである。日本語の場合は、「あのう、すいませんが」というペアでよく話し言葉として現れる。中国語には、"那个，不好意思"という組み合わせはない。

　ここでは、「あのう、すいません」はひきつける機能で、談話上、聞き手の存在を配慮し、聞き手に依頼をする時、唐突に直接依頼をすることを避ける。話し手は聞き手の存在を考慮し、「発話形式に気を配っているという態度を表明し、結果として発話のぞんざいさ・さしでがましさなどを減殺」（定延・田窪1995:86）できる。その主張を支持する。日本語では、その時の話し手の心的状況を考えると、名前検索や適切な言い方を検索するのではなく、相手の注意を引くようにしているのである。

　それに対して、中国語のフィラー"那个"にはそのような「ひきつけの機能」はあるのだろうかと言うと、ないのである。それは、「保持」という観点から、考えられる。つまり、フィラーは指示詞の性質をある程度もっている。日本語の場合「あのー」では、ア系指示詞は「共有知識」を要求しているから、「あのー」の使用することで、共同注意を促し、相手に対してひきつけている。中国語のフィラー"那个"は共有知識を要求する上に、話し手を中心に自分から遠いものを指すものもある。

　よって、中国語のフィラー"那个"はその用法を保持し、共有知識を呼び起こすより、話し手から遠ざけるものを指すことが優先される。よって、ひきつける機能は持つことができないのである。中国語では"喂"などの語はひきつける機能を持っている。

6.6.2　中国語のフィラーのみに見られる用法

6.6.2.1　発話編集中断

(2) 一位身着流行的超短裙，非常漂亮的小姐把香钱贴在顶梁柱上，燃着一大柱线香，在祷告着什么。"她在祈祷什么呢？"我问同行的驻上海的朋友。"<u>那个……</u>"朋友似乎也不知如何回答是好。"那么，现在中国人都有些什么烦恼呢？单位里的晋升？孩子的考试？如何挣钱？""恐怕是为了家里人的健康，或者，有谁生了病了吧。"

《人民日报》－《中日飞鸿》

(訳文) 流行のミニスカートをはいた、とてもきれいなお嬢さんが、お賽銭を柱に張り付け、大きな線香を燃やしながら祈っている。「何を祈願しているんでしょうね」と、同行した上海在住の友人に聞いてみた。「うーん…」という答え。「現代中国で、個人が持つ悩みは、どんなものがあるんですか？職場での昇進？子どもの受験？お金儲（もう）け？」「まあ、家族の健康、病気でしょうかね」というような会話を交わした。

　上の例文では、"我（私）"は"朋友（友人）"に"她在祈祷什么呢？（何を祈願しているんでしょうね）"と聞いた。人間の心は「不透明」で、他人が何を考えているのかわかるはずはない。よって、他人が「何を祈願している」かはわかるはずがない。フィラー"那个"の代わりに「我不知道（わからない）」は入れ替えられる。"朋友（友人）"は"我（私）"の質問にどう答えるかわからないので、フィラー"那个"を使って、躊躇している気持ちを表し、その場を取り持ち、間をおく。

聞き手“我”に対して、話し手“朋友”から言いにくいという合図を受けて、話し手は何らかの原因で答えられないという心理的葛藤をあらわしている。続いて、“我”（私）は“那么，現在中国人都有些什么烦恼呢？単位里的晋升？孩子的考试？如何挣钱？”（中国では、個人的な悩みは、どんなものがあるんですか？職場での昇進？子どもの受験？お金儲（もう）け？）と聞き方を変えながら、続けて質問する。

　中国語では、フィラー“那个”を使って、どう答えたらよいかわからないので、一時的に情報検索しても、答えが出てこないか、または、答えたくないので、一時的に情報検索しようとしないのかのどちらかである。上の例文での“那个”は「わからない」という回答をしたという意味で、それ以上相手の質問に対する回答に積極的に努力して答えない。情報編集に努力していないので、「発話編集中止」であると考えられる。

　日本語の場合では、「あのー」や「そのー」ではなくて、別の表現「うーん…」を使っている。それは、日中両語における指示詞の相違から出てきたからである。

　また、この例文では、フィラー“那个”は“这个”と入れ替えることができる。

　フィラーにおける「発話編集中止」というマーカーは中国語では“那个”であり、その意味において、中国語の“那个”に相当する日本語の指示詞起源のフィラーはなく、従って、「あのー」は対応せず、別の表現（うーん…）を使用する。それは、日本語のフィラーは指示詞に起源する、指示詞の機能を一部「保持」している。先に触れたように、「あのー」は話者の長期記憶知識と関わっている。もし、ここで「あのー」を使ったら、相手に「ただ今検索中」なので待ってほしいという合図になる。そして、後ろの「私」の発話は出て来ないということになる。

中国語の場合では、指示詞"那个"が自分の「長期記憶」と関わる場合以外、自分と関係がない、遠ざけるという意味も含まれている。よって、中国語でのフィラーは「発話編集中止」という機能を持つことになると考えられる。

6.6.2.2 話題転換

(3) "那个，——明天你不是要去钱家庄么？"

矛盾《霜叶红似二月花》

(訳文)「ところで、——君は明日、銭家荘へ行くんだろう？」

上の例文は小説の中に出てきたものである。話し手は前の発話と無関係なことを表出し、その発話の前に、フィラー"那个"を使用する。ここでは、"那个"と接続詞「不过/可是（でも）」などを入れ替えることは可能である。しかし、接続詞と比べると、語気がそれほど強くない。文を軽く転換する。

ここでは、話し手は表出する内容の「明天你不是要去钱家庄么」はすでにわかっている。また、前の発話と後ろの発話は内容自体が違うので、フィラーを使用し、唐突さを和らげると同時に、後には前文とは全く異なることが来るという前置きであると考えられる。

中国語におけるフィラー"那个"の使用は、二つの発話をうまく繋ぐためのコネクターとして、接続詞という文法的な機能を持っていると同時に、前後の意味的談話的整合性を取るという談話的な機能も考えられる。

それに対応し、日本語の場合では、「ところで」を使用する。この例文では、フィラー「あのー」と「そのー」を入れ替えると、話題の転換

より、前後の文とは整合しにくいので、全体として違和感を持たざると
えない。

6.6.3　両言語に共通したフィラーの用法
6.6.3.1　発話編集における名前の検索

　　(4) 那那个什么呢，他们说叫蒋……

王蒙《活动变人形》

　　(訳文)：それじゃ、あのー、あのー、蒋何だっけ……

　この例文では、話し手にとって、発話内容"蒋……"という名前はす
でに頭に格納された長期記憶知識として存在している。なぜならば、話
し手は発話内容を検索する際に、読んでいる本や他人の言葉などから獲
得した新しい知識により、検索するのではなく、脳に格納された記憶要
素、すなわち長期記憶知識を検索するからである。

　文脈指示の場合では、呉人・他（2005:13）は、「長期記憶の中の情
報を指示している場合には"那"を用いる」ということを提示してい
る。上の例文では、フィラーを使用して、"蒋……"という話し手の
「長期記憶」に属しているデータを検索する。話者が長期記憶を一時的
に思い出せないため、心的に遠いと認識し、遠称指示詞系フィラー"那
个"を使用する。

　つまり、"那个"は"蒋……"を思い出すための「心的コード」（きっ
かけづくり）であるということが理解できるであろう。よって、上の例
文でのフィラー"那个"は指示詞から転化したとは言えよう。指示詞
"那"とフィラー"那个"の関連性も見られる。

　日中両語において、この例文ではフィラーの検索内容"蒋何"は、長
期記憶知識として位置付けられる。フィラー「あのー」の使用には、話

したい内容はすでに脳に格納していることが示されている。ただし、話者が一時的に失念しているか、または、思い出せないかなどの原因で、「あのー」を使って考える時間を獲得している。

上の例文では、「蒋」は話者の長期記憶に属するもので、前のフィラー「あのー」は「そのー」に変換することはできない。それは、フィラーの起源による相違がでてきたものだと考えられる。

ア系文脈指示詞は「記憶指示」とも名付けられている。そして、フィラー「あのー」は長期知識を検索する。よって、フィラー「あのー」は指示詞性質を保持すると言えよう。また、同じ指摘は、大工原（2010:63）にも見られる。大工原（2010:63）は「あの（一）は直接経験領域内の意味構造の参照」にするということを主張している。

また、フィラーには時間制限がある。次の例2を見て見よう。

(5) "阿呀！础翁的大作，是的，那个……。是的，那——'中国国粹义务论'，真真要言不烦，百读不厌！实在是少年人们的座右铭，座右铭座右铭！兄弟也颇喜欢文学，可是，玩玩而已，怎么比得上础翁。"他重行拱一拱手，低声说，"我们的盛德乩坛天天请仙，兄弟也常常去唱和。础翁也可以光降光降罢。那乩仙，就是蕊珠仙子，从她的语气上看来，似乎是一位谪降红尘的花神。她最爱和名人唱和，也很赞成新党，像础翁这样的学者，她一定大加青眼的。哈哈哈哈！"

鲁迅《彷徨》

（訳文）「まったく！高先生の大作、そう、あの……。そう、あの——『中国国粹義務論』は、まことに簡にして要を得た、百読して飽きぬ御作ですな。これぞ青少年の座右銘とすべきもの。座右銘、座右銘！私も文学はすこぶる好きで

ありますが、ほんの手なぐさみで、とても高先生とはくらべものになりません」彼はまたも拱手の礼をして、それから声をひそめた。「私どもの盛徳易壇では、毎日道士を招いておりまして、私もしょっちゅう行って、詩の唱和をしております。高先生にも、ぜひ臨席を賜りたいものです。そこの術者が蕊珠仙子で、この婦人の話しぶりがまた、下界へ天降った化身のようでしてな。名士と詩の唱和をなさるのがお好きでして、それでいて進歩派にも理解がおありになる。高先生ほどの学者なら、きっと興味をもたれますぞ。ハハハー」

　話し手は"础翁的大作"（高先生の大作）についての具体的な書名"中国国粋义务论"を導くことから、その書名はすでに、持っている知識として記憶データに属していることが推測できる。しかしながら、書名に関する知識があるにしても、一時的に名前を思い出せないことから、フィラーを使って考える時間を獲得している。

　この例文では、フィラーは2回使われており、中国語では"那个""那"で、日本語では「あの…あの…」である。ここではそれぞれの使用用法を考察する。

　まず、"那个"は話者がその本の名前を知っているが、すぐに思い出せないということを聞き手に表明していることを表す。すなわち、発話したい情報を検索し始めているしるしである。

　フィラーには時間制限があると思われる。フィラーを使った後、10分間または1時間かかっても思い出せないような場合は成立しない。なぜなら話し手は発話した時、聞き手のことを考慮しないといけないからである。つまり、聞き手を長く待たせるのは、会話の中でかなり聞き手に負担をかけることになるからである。

　以上の記述により、話し手のフィラー"那个"と「あの…」を使っ
て、時間制限以内（談話場面によって時間の長さが異なる）で、①思い
出せないなら諦めるか、または、②フィラーをもう一回使って検索時間
を稼ぎ、続けて検索するか、という作業が行われる。後者の場合は「二
次検索」である。

　名前検索－文脈に依存する

　(6)　［ゼミで学会が発表した。発表の中で「コネクショニズム」
　　　　という言葉が出てきたが、教員はその言葉を聞いたのは、そ
　　　　れは初めてであった。］
　　　学生：以上で発表を終わります。
　　　教員：はい。全体としてよくまとまっていて、いい発表だっ
　　　　　　たと思います。…で、それと、何でしたっけ？その
　　　　　　二、コネクショニズム？次回の発表では、それについ
　　　　　　ての詳しい解説をお願いします。

　　　　　　　　　　　　　　　　　　　　　　　大工原（2010:67）

　この例文では、話し手「その一」を使用し、新規知識として獲得した
「コネクショニズム」を検索している。つまり、検索対象「コネクショ
ニズム」は話し手の長期記憶に属しているのではなく、相手の発話から
獲得した要素である。

　(7)　徐士秀一头高兴弄得冰冷，正想起身告辞，赵守义忽又问道：
　　　　"①那个，②那个宋少荣还说些什么？"

　　　　　　　　　　　　　　　　　　　　　　　茅盾《霜叶红似二月花》
　　　（訳文）徐士秀は折角の意気ごみを挫かれ、帰ろうとした。そこ
　　　　　　　へ、趙守義の声がした。「その一、その宋少栄はほかに何
　　　　　　　かいっていたか」

　話し手（趙守義）は相手（徐士秀）に「宋少栄はほかに何かいっていたか」ということを聞こうと思って、一時的に宋少栄の名前を思い出せないから、フィラーを使用し、思い出せるまで時間を稼ぐ。ここでは「あの」が使えないから、指示詞の機能も残存している。

　上の例文では"那个"が二回使われる。①"那个"はそのまま使用し、②"那个"＋固有名詞（"宋少荣"）で使用する。したがって、この二つの用法は同じとは言えないので、それぞれの用法を分析する。フィラー①"那个"は「ただ今検索中」という心的操作を行っているマーカーである。ここでは、話し手が発話したいことを一時的に表出できないから、フィラー①"那个"を使って、検索時間を稼ぎ、検索コードとして考えられる。

　上の例文では、話し手"宋少荣"の後ろに"还（また）"を使って、すでに人物"宋少荣"が前の文脈で出てきたことは判明している。すなわち、"宋少荣"という人の名前は他の人がいっていた、前の文に出た名前を引用している。中国語の場合、前文の内容と関係が直接的にある場合は、"那个"が使われる。証拠として、下の文を見てみよう。

(8) 忽然发现，远处山梁上女生们正在那儿照相，她们有人带了个相机。红头巾，绿头巾，蓝头巾，在黄土的大山上分外鲜明。李卓说："快看，驴奔儿。"小彬望着那个蓝头巾又犯傻。仲伟吹起《海港之夜》，我们齐声唱："当天已发亮，在那船尾上，又见那蓝头巾在飘扬！"

史铁生《插队的故事》

(訳文) その時遠くの山稜で女子が写真を撮っているのにはっと気がついた。彼女たちの中にカメラを持っている者がいたのだ。赤、緑、青のスカーフが黄土の山に映えて非常に鮮やかだ。李卓が「早く見ろ、驢奔児」と言うと、小彬は青い

スカーフを眺めてうっとりした。仲偉が『港の夜』を吹き
始めたので、われわれは"夜がもう明けて、船尾になびく
青いスカーフ"と声を揃えてうたった。

　中国語における指示詞"那个"は前の文脈で出てきた"蓝头巾"のこ
とを指している。つまり、指示詞"那个"の使用は前の文に出た名前を
引用している。

　日本語の場合では、「あのー」の代わりに「そのー」を使う。日本語
と中国語両言語では両方ともに「名前を検索する」という心的操作を
行っているマークとして存在している。ただし、この例文では、日本語
の場合では「あのー」ではなく、「そのー」を使っている。それは指示
詞の使用法と絡んでいるからである。

　大工原（2008:63）によると、「そのー」は「文脈を十分に踏まえて
言語形式を製作する」ということである。したがって、フィラーの「そ
のー」は文脈に依存している。それも指示詞ソ系が持っている用法と関
係がある。

　よって、日本語では「あのー」を使えない理由は発話したい対象「宋
少荣」は相手が言った内容を述べている、前の文脈に依存しているから
である。「そのー」はそういう性格を持っているから、この例文では
「そのー」を使う。

　次に、②"那个"についての出現原因とその用法を考察する。

　まず、フィラーを使用し、名前の検索をする際に思い出せない場合で
の、"那个"の出現する形式を分析する。

　次にフィラーの使用形式を考察する。

　　（9）陶喆：一个镇纸，我就从我们十三楼，而且我不只是站在那边
　　　　　　　这样丢，我就从客厅跑到卧室因为这个需要有<u>那个</u>……

　　　　陈鲁豫：助跑。助跑。

　　　　《鲁豫有约》：专访陶喆"初恋受母阻挠 现在渴望结婚"

（訳文）陶喆：一つの文鎮です。私は13階の窓からすぐ（文鎮を）

　　　　　　　　投げるのではなく、居間から寝室まで、走った。そ

　　　　　　　　れを投げるために、しないといけないことがある。

　　　　　　　　それはあのー…

　　　　陳鲁豫：助走。

　　上の例文では、あるトーク番組で、司会者の陳鲁豫と芸能人の陶喆と
の話である。陶喆は自分の昔いたずらしたことを述べている。陶喆の家
は13階で、いつも13階から、卵や、水いれのボールなどを投げていたと
いう昔の話をしている。しかし、今回は違っていて、文鎮を投げようと
したという。遠くまで投げるために、居間から寝室まで助走して、投げ
たというのである。そして、話している時は、陶喆は「助走」という言
葉を思い出せなかったのである。司会者として、すぐそれを埋めるよう
に対応し「助走」と助け船を出した。

　　上の例文では、陶喆が一時的に失念し、"那个……"を使用して
いる。収集した例文から見れば、名前が発声できない場合は、"那
个……"や"那个……那个……"（二次検索）というかたちでよく出て
くる。それは、検索時間を稼ぐ面もあるし、失念した内容（名詞）の代
替語としても考えられる。

　　次に、言語を表出する場合に、"那个"の出現する形式を分析する。

　　(10)　"我想，只有，一个。是的，有一个。明天，捆上城去，给他

　　　　　在那个，那个城隍庙里，搁一夜，是的，搁一夜，赶一赶，邪

　　　　　祟。"

　　　　　　　　　　　　　　　　　　　　　　　　　　　魯迅《彷徨》

（訳文）「じゃが、一つだけ、ぞうしゃ、一つだけ、あることはある。明日、あれを縛って、城内へ連れて行き、<u>あの</u>、<u>あの</u>城隍廟（県城の守護神を祭る廟）に、一晩、そうじゃ、一晩置いて、憑き物を、追っぱらうんじゃ」

　上の例文では、話し手は発話内容"城隍庙"を一時的に思い出せないので、フィラー"那个"を使用し、名前を検索するという心的作業を行っている。ここでは、中国語では"那个、那个"で、日本語では「あの、あの」という形で現れる。また、例（7）では中国語では、"那个，那个宋少荣"で、日本語では「そのー、その」という形で現れる。ここではフィラーを2度繰り返していることは心的な状態を表明する1つの形式となっていると考えられる。

　日本語の場合では、どうであろうか。

　（11）　「ノートルダムのせむし男って誰だっけ」
　　　　「<u>あのー</u>、かじもとです」

　　　　　　　　　　　　田窪・金水（1997：127）（下線は陳）

　上の例文では、話者は名前を検索するという心的操作を表明するマーカーとして「あのー」を使っている。日本語の場合では、「名前検索」という心的情報処理をする際に、フィラー「あのー＋名詞文」で済ませる。

　また、中国語におけるフィラー"那个"は後ろで名前を表出できる場合、"这个""那个…名詞"という形が収集しているデータの中で、ないということである。では、なぜ中国語の場合では、"那个…名詞"という形ではなく、"那那个什么呢""那个，那个＋名詞"という形を

取るのか。例（7）と合わせて説明する。その理由は二つあると考えられる。

① まず、下の例を見てみよう。

　　a “<u>那个</u>，宋少荣还说些什么？”

　　　（訳文）「<u>あのー/さて</u>、宋少栄はほかに何かいっていたか」

　　b “<u>那个</u>宋少荣还说些什么？”

　　　（訳文）「<u>その</u>宋少栄はほかに何かいっていたか」

　　c “①<u>那个</u>，②<u>那个</u>宋少荣还说些什么？”

　　　（訳文）「<u>そのー、その</u>宋少栄はほかに何かいっていたか」

　a“那个，宋少荣还说些什么（あのー/さて、宋少栄はほかに何かいっていたか）？”という文では、“那个”を使用し、発話内容を検索する時、日本語におけるフィラー「あのー」に対応する。話題の転換する際の“那个”の使用では、日本語の「さて」と対応する。

　b“那个宋少荣还说些什么（その宋少栄はほかに何かいっていたか）？”における“那个”の使用は、指示詞として考えられる。

　c“那个，那个宋少荣还说些什么（そのー、その宋少栄はほかに何かいっていたか）？”という例文においては、名前を検索する際、“那个，＋文”や“那个＋文”ではなく、“那个，那个＋文”という形で現れる。つまり、名前を検索する際、“那那个什么呢”“那个，那个”という形を取る。それは、指示詞や、発話内容を検索するなどと区別するために、そういう形で現れる。そうしないと（つまり、“那个，那个宋少荣还说些什么？”という形ではく、“那个宋少荣还说些什么？”“那个，宋少荣还说些什么？”という形で取る）名前検索という用法ではなく、指示詞や発話内容の検索という用法になるのである。

その点は日本語と違っている。日本語の場合では、名前を検索する時、「あのー＋文」という形で出てくるが、中国語の場合では、そういう形は取れない。

つまり、中国語の場合では、名前検索する際に、"那那个什么呢""那个，那个＋名詞"という形で取るのは、ほかの用法と区別するからである。それは名前検索のマーカーとして考えられる。

②日中両語において、フィラーの使用には、1回ではなく、2回で使われる場合がある。1回の時間では失念したものが出てこない場合である。その他にも要因として挙げることができるものがあると考える。中国語の場合では"那个，那个"で、日本語の場合では、「あのー」のあとに短く「あの」その直後に名詞が切れ目なく続くことがあると考えられる。

名前検索する際、中国語では、"那那个什么呢""那个，那个＋名詞"という形を取るのに対して、日本語では、「あのー」を使用する。その理由は下記のように考えられる。

中国語の場合では、「名前を検索する」時の"那个"は、指示詞の機能はまだ残っていて、完全にフィラーとして定着していないからであると考えられる。よって、他の文と組み合わせて使用する。日本語の場合では、名前検索する際、「あのー＋文」で済ませるのは、日本語におけるフィラーは完全に指示詞から虚化されて、フィラーとして、完全に定着したためと言えよう。

次に、②"那个"の用法を考察する。

②"那个"と"宋少荣"の間に"……"とか、"那什么"などの時間を延長するマークはないので、"那个宋少荣"という形で表出する。したがって、②"那个"は検索時間を作るより、発話の便宜上の言語表現で、指示機能が持っていると考えられる。それは、他の人ではなくて、話し手と聞き手、両方とも知っている特定の人のことを指している

からである。それは、ここでの"那个"はただのフィラーではなく、機能語として存在するからである。それは、"那个"は指示詞という機能を持つ時、単独で使えないからである。そして、その後ろに名詞を使用するか、または、一緒に連続して使用するかである。

　これは日本語も同じである。つまり、指示詞の機能とフィラーの機能の両方を果たしている状況のように考えられる。この2つは別々に存在しているのではなく、関連をもって存在しているのである。そこから、フィラーとして機能する場合でも、指示詞としての機能もその使用条件となり、使用されているということである。

6.6.3.2　適切な表現の検索

(12)　"二老，二老，你等等，我有话同你说，你先前不是说到那个——你做傻子的事情吗？你并不傻，别人才当真叫你那歌弄成傻相！"

沈从文《边城》

(訳文)　「二老、二老、ちょっと待って下さらんか、話がありますんで、さっきお前様はあの……ばかなことをしたと仰いませんでしたか？お前様は決してばかじゃございません、本当はこっちこそお前様の歌でばかみてぇになりましたのじゃ！」

　話し手は"二老，二老，你等等，我有话同你说（二老、二老、ちょっと待って下さらんか、話がありますんで）"と言って、話したいことがあるということを表明して相手（二老）を呼び止める。この場合、話し手はすでに相手に聞きたいことを用意し、ファイルとして頭に格納している。

　“你先前不是说到”（さっきお前様は）」と“你做傻子的事情吗”（ば
かなことをしたと仰いませんでしたか？）」の間でフィラー「那个（あ
の……）」を使用する。フィラーを使用する理由は次のような要因が考
えられる。“你做傻子的事情吗？”（ばかなことをした）という発話は
内容自体が失礼なことで、直接にいうと相手が傷付くか、または相手を
怒らせるか、などのことが想定できる。そのため、それらのことを避け
るために、フィラーを使って場を和らげる。そうしたことによって、直
接に言うという衝撃や言いにくさが軽減され、刺々しい言い方が避けら
れる。

　言語をうまく表出できない際、フィラーを使用するのは一般的であ
ろう。上の例文では、発話内容をすでに用意しているから、フィラー
を使用するのは、記憶を検索するのではなく、表出する形式に気を配っ
ていることを示している。つまり、“那个”と「あのう」は「言語検索
中」の「適切な表現の検索」という「心的行動」を表明している。話し
手は聞き手の存在を考慮し、「発話形式に気を配っているという態度を
表出し、結果として発話のぞんざいさ・さしでがましさなどを減殺」
（定延・田窪1995：86）できる。本書では、その主張を支持する。

　話し手はすでに用意する発話内容の前にフィラーを使っている。心理
的状況を考察すると、すぐ言語を表出するが、発話内容は多少言いにく
いという合図を聞き手に与える。また、聞き手もそういう合図を受け
て、心理上の準備をする。

6.6.4　結論

　本書では、以上の議論を基に、以下の結論を導いた。日中における
フィラーの異同点はそれぞれの指示詞が持っている用法から、その異同
点を生み出す。

日中両語フィラーにおける類似点・共通点は以下のとおりである：

① 両語とも、発話したい情報を検索し始めるマーカーとしての機能を持つ。

②「名前検索」や「適切な言い方検索」という両用法をもっている。

日中における相違点は以下のとおりである：

① 中国語のフィラー"这个・那个"は編集する内容が話し手にとって心理的に「遠近」により、使い分けする。日本語の場合は、「あのー・そのー」の用法を編集する内容がD-領域/I-領域のどちらの心的領域に属するかによって使い分けられる（大工原2005）。

② 中国語におけるフィラーは、「発話編集中止」や「話題転換」という用法があるのに対して、日本語における「あのー・そのー」はそういう用法を持っていない。別の語に対応する。それは指示詞からフィラー"这个"へと拡張していくうちに、中間的な機能を持つ形式が現れたからである。

③ 日本語におけるフィラー「あのー」はひきつけの機能があるのに対して、中国語におけるフィラー"这个""那个"はそういう機能を持っていない。

第七章

日中両言語の使い分けにおけるモデルの構築

7.1 日本語指示詞の使い分けにおけるモデルの構築

7.1.1 コ・ソ・ア系文脈指示詞における時間・空間上の応用

次に具体的な例（具体的な応用）を示しながら、それぞれの特徴を抽出する。

7.1.1.1 過去

日本語の指示詞は過去を指示する際、コ・ソ・ア系指示詞のいずれも使用できる。しかし、それぞれ相違がある。

(1) 私が先生と知り合いになったのは鎌倉である。<u>この/その/あの</u>時私はまだ若々しい書生であった。

（再掲）

(2) 私は、先週1週間休みを取って、釣りに行っていたのです。この魚は、<u>その時/＊あの時</u>私が釣ったもののうちの1匹なんですよ。

金水・木村・田窪（1989:34）（下線は陳）

(3) 相手「きのう、夜道で転んでしまいました」
    自分「あたまのけがは<u>その/＊この/＊あの時</u>」のものですね。

金水・木村・田窪（1989:35）（下線は陳）

　例 (1) において、ア系指示詞を使用できる一方、例 (2) や例 (3) において、ア系指示詞は使用できない。それは話し手が指示詞を使用する際、心内構造が異なっているからであると考えられる。つまり、指示詞の適用上、影響要素が異なっている。

　例 (1) において、私小説の文である。話し手（私）は先生とのことを述べている。小説の場合、話し手は読み手を対象として、物語を伝達している。読み手がどのような人であるか、または、指示対象に対してどのぐらいの知識を持っているかを想定するのは不可能であると言える。よって、小説の場合、暗黙のうちに、話し手は読み手が指示対象に対する知識や読み手への配慮を考慮せずに、指示詞の使い分けをするのは一般的であろう。

　例 (1) を例として説明する。例 (1) において、話し手（書き手）は自分の思い出について述べているので、指示対象に対して、知識を持っていると判断できる。話し手はソ系指示詞を使用し、過去のことを冷静に淡々と物語を述べている。コ系指示詞の使用は話し手が発話時点を強調し、あたかも目の前に発生しているように生き生きとしている語感がある。また、ア系指示詞の使用は回想場面における懐かしい感情を表している。よって、この例文では、話し手（書き手）は指示詞の使い分けにより、言語における二次的なもの、話し手がすなわち指示対象に対する感情を表している。

　例 (2) や例 (3) は、話し手と聞き手の間での会話である。聞き手に対して、発話しているため、聞き手が指示対象に対する知識や聞き手への配慮を考慮しないといけないと考えられる。また、話し手と聞き手は発話内容に直接に介入している。時間上の設定は発話当時である。したがって、時間を指示する際、発話する当時（現在）を参照して、使い分けをする。

例（2）において、話し手は過去のことについて、相手に伝達している。つまり、情報を伝達している。話し手の個人の体験なので、聞き手が指示対象に対して情報を持っているわけではない。よって、指示対象に対して共有知識を持っていないと判断できる。また、ア系指示詞を使用し、過去を指示する際、話し手と聞き手の指示対象に対する共有知識、または、話し手が回想にふけていることを要求している。よって、例（2）と例（3）において、ア系指示詞を使用できない。

例（3）において、話し手（自分）はソ系指示詞を使用し、指示対象「（相手）が夜道で転んでしまいましたこと」を指示している。相手が「夜道で転んでしまいました」ということを話し手に伝達しているので、話し手は相手の発話から指示対象に対してある程度の知識を獲得したと判断できる。また、指示対象「夜道で転んでしまいました」ということは相手の個人的経験で、話し手より相手の方が指示対象に対する知識量が豊富である。

知識量が自分より相手のほうが多いので、指示対象に対して、心理的に「遠い」と認識し、ソ系指示詞を使用する。

また、同じ指摘を金水・木村・田窪（1989）は「相手の発言の中で、自分が共通に体験していない出来事について指し示す時は、「その時」を用いる。「あの時」も「この時」も用いることはできない」と指摘している。

(4) あの時、あなたに助けていただいて、ほんとうにうれしかったです。

（再掲）

(5) あの時、1時間早く帰っていれば、叱られないで済んだのになあ。

（再掲）

　例（4）において、ア系指示詞は共有知識を指示している。例（5）において、話し手だけの知識、回想にふけている時のことについて述べている。以上の説明は下記の図7-1で示す。

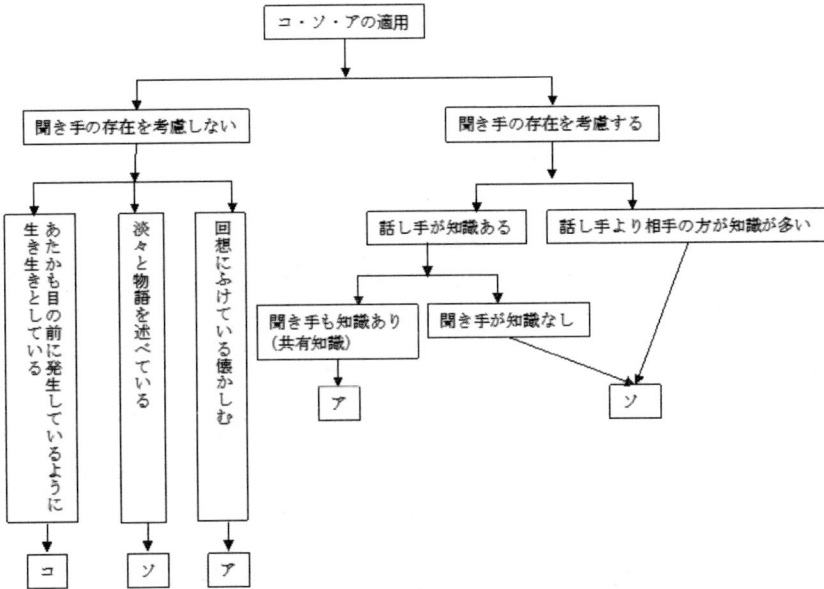

図7-1　過去を指示する際の指示詞の適用

コ系→目の前に発生したように

ソ系→話し手と聞き手が知識量が不平等な場合（話し手より聞き手
　　　の方が知識量が豊富、または、聞き手より話し手の方が知識
　　　量が豊富）

　　　→淡々と述べること

ア系→共有知識/回想

7.1.1.2　未来

　（6）もし1時間たっても熱が下がらなかったら、<u>その</u>時また電話し

てください。

金水・木村・田窪（1989:34）（下線は陳）

　この例文では、コ系・ア系指示詞は使用できずに、ソ系指示詞は使用
できる。「その時」は「もし1時間たっても熱が下がらなかった」時を
指示している。つまり、未来のことを指示している。

　また、1時間たっても、熱が下がる場合と熱が下がらない場合両方とも考えられる。よって、ソ系指示詞が指示する内容「もし1時間たっても熱が下がらなかった」が発生するかどうかは未定である。よって、この例文では、ソ系指示詞は未来の未定のことを指示している。

　ア系指示詞が過去のことしか指示できないので、例（6）において、ア系指示詞を使用できない。それはア系指示詞使用法における特徴から考えられる。ア系現場指示における「近くない」という認識は時間における「未来」を指示するということまで拡張していない。また、「現在」という時間は話し手が「近くない」と認識できないので、ア系指示詞は現在を指示することはできない。

　（7）この連休には旅行を予定しています。

（再掲）

　この例文では、コ系指示詞は確定できる時間を指示している。

　未来を指示する際、コ・ソ系指示詞両方とも使用できる。ただし、話し手は指示対象に対する認識（知識の認識の仕方）により、コ系とソ系指示詞を使い分けする。確定できる場合、心理的に「近い」と認識し、コ系指示詞を使用する。確定できない場合、心理的に「遠い」と認識し、ソ系指示詞を使用する。

7.2.1.3　現在

(8) 曾根二郎は、<u>この</u>/＊その/＊あの時だけ静かに言った。

井上靖「あした来る人」

現在を指示する際、コ系指示詞しか使用できない。

7.1.1.4　場所

話し手と聞き手が現場に立って、発話している。

(9) 猫は<u>ここ</u>にいます。

例(9)は現場指示で、コ系指示詞を使用し、現在地を指示している。

(10) 彼らは<u>ここ</u>で茶を飲み、ここで休息する外に、ここで海水着
を洗濯させたり、ここで鹹はゆい身体を清めたり、ここへ帽
子や傘を預けたりするのである。

夏目漱石「こころ」

この例文は私小説の中の地の文である。指差しがないので、文脈指示
として考えられる。話し手は「ここ」を使用し、自分が小説の中で描写
している現在地を指している。

(11) 来年イタリアへ旅行する予定だが、＊ココ/ソコ/？アソコで
はワインを友人への土産に買おう。

(再掲)

(12) 来年イタリアへ旅行する予定だが、<u>あそこ</u>には美味しい店
がいっぱいあります。

(再掲)

例（11）において、話し手は指示対象に対して知識を持っていないので、ア系指示詞を使用せずに、ソ系指示詞を使用している。例（12）において、話し手は指示対象に対して、知識を持っているので、ソ系指示詞を使用せずに、ア系指示詞を使用する。

下記の表7-1では、コ・ソ・ア系文脈指示詞が時間や空間を指示する際の特徴を表の形でまとめている。

表7-1　まとめ

	過去	現在	未来	場所
コ系	目の前のように生き生きしている	○	特定できる	現在地
ソ系	知識あり/知識なし	×	未定	現在地ではない（知識なし）
ア系	共有知識/回想	×	×	現在地ではない（知識あり）

次は「遠近」という認識から、コ・ソ・ア系指示詞が時間や空間を指示する際の適用を分析する。

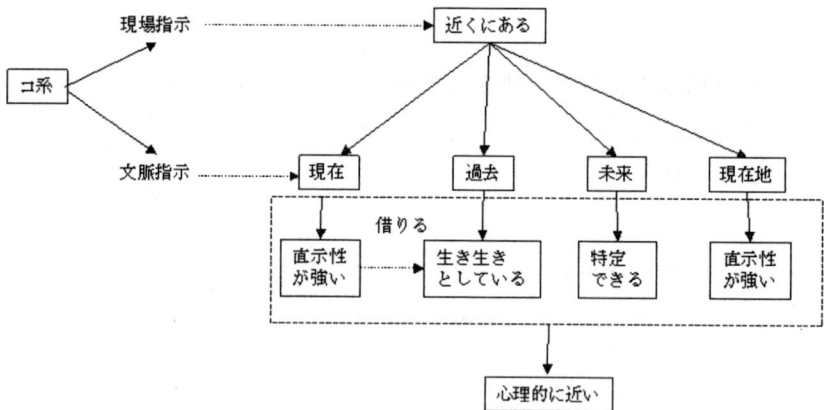

図7-2　コ系指示詞の適用

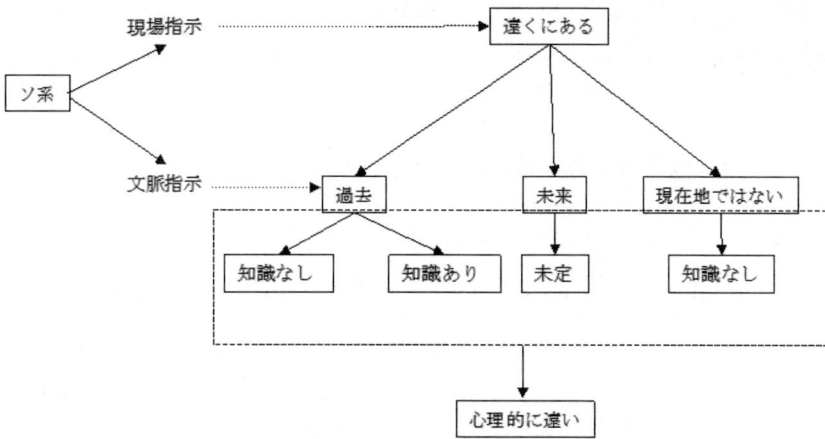

図7-3　ソ系指示詞の適用

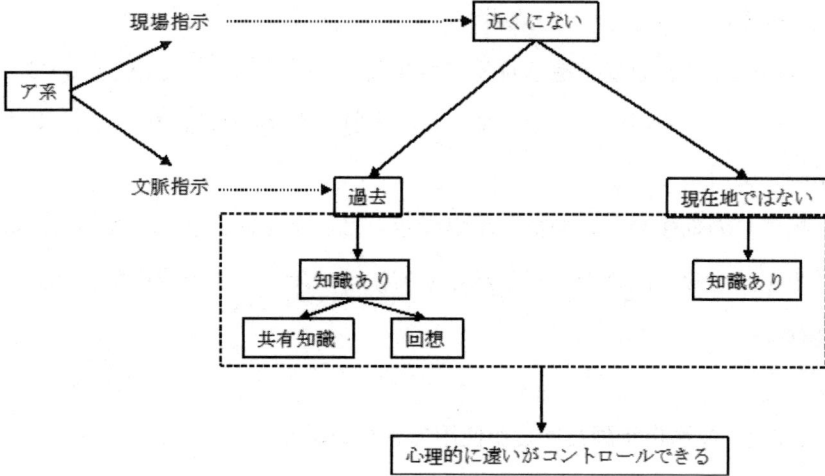

図7-4　ア系指示詞の適用

7.1.2　コ・ソ・ア系文脈指示詞の使用法における適用

7.1.2.1　コ系指示詞だけしか使用できない場合

7.1.2.1.1　知識量が最大に持っている場合

（13）こないだ2のコンサートに行ったよ。＊その/このバンドは、
　　　やっぱり人気があるね。会場は超満員だったよ。

（再掲）

　話し手は指示対象に対して、知識を最大に持っている場合、コ系指示詞しか使用できない。

7.1.2.1.2　現場指示の平行用法（直示性が強い）

　　(14) そういう有様を目撃したばかりの私の眼には、猿股一つで済まして皆の前に立っている<u>この</u>西洋人がいかにも珍しく見えた。

　　　　　　　　　　　　　　　　　　　　　　　　　　（再掲）

　話し手は目の前の状況を描写している。それは映像のように、読者の目に映る。そのため、の現場指示と見なされる。
　この例文において、指示対象（西洋人）が「前に立っている」ので、コ系指示詞を使用し、指示している。それは距離的に近いので、コ系指示詞を使用している。
　指差しの動作がないので、現場指示とは言えない。しかしながら、話し手がいる身の回りの現状を描写しているので、一種の現場指示と見なされる。

7.1.2.2　ソ系指示詞だけしか使用できない場合

　ソ系指示詞だけ使用できる場合は、下記の三つのパタンがある。

7.1.2.2.1　指示対象に対して、知識を持っていない場合

　　(15) 「私は死ぬ前にたった一人で好いから、他を信用して死にたいと思っている。あなたは<u>その</u>たった一人になれますか。なってくれますか。あなたははらの底から真面目ですか」

　　　　　　　　　　　　　　　　　　　　　　　　　　（再掲）

指示対象は話し手が仮定した既存していないことである。また、話し手は指示対象に対して、「他を信用して死にたい」ぐらいの知識しか持っていない。つまり、話し手は指示対象に対して知識を持っていないので、心理的に「遠い」とは認識し、ソ系指示詞を使用する。

7.1.2.2.2　指示対象に対して、話し手がある程度の知識を持っている場合

A 知識を持っていない部分を強調すること

> (16) 門の前に1人の男がたっていた。その/＊この男は私が出て行くと近づいてきた。
>
> （再掲）

話し手は指示対象「男」に対して知識を持っていても、誰か見知らぬ人、すなわち、不特定な人（身分不明）である。話し手は指示対象に対して、知っている特徴より見知らぬということを強調したいのでソ系指示詞を使用する。

B 指示対象を指定できない場合

> (17) 太郎は羊を飼っていて、それを育てて売ることで生計を立てている。花子は＊この/その羊にえさをやる。
>
> （再掲）

話し手は指示対象に対してある程度の知識を持っていても、指定できないため、ソ系指示詞を使用している。

7.1.2.2.3　指示対象に関して話し手が知識を持っている場合

A　先行詞の内容との一致性が欠く場合

（18）順子は「あなたなしでは生きられない」と言っていた。その/？？この順子が今は他の男の子供を2人も産んでいる。

（再掲）

話し手は文脈により、情報を提供している。話し手は指示対象に対する描写は前文と後文と一致していない場合、ソ系指示詞を使用している。

B　聞き手を配慮する場合

（19）ぼくは大阪にいるとき山田という先生に習ったんだが、君もその先生につく気はありませんか。

（再掲）

話し手が指示対象「山田」に対してある程度の知識を持っていることが推測できる。指示対象は聞き手にとって、未知な情報であると話し手は思っているということが推測できる。「～という～」という表現を使っていることから聞き手はもちろんのこと、話し手もこの先生について十分な知識を持っていないとも考えられる。ここでの「という」を使用しているのは、聞き手に対しての配慮ということになる。聞き手が知らないだろうという思いやり、配慮を示している。

　したがって、聞き手を配慮しているため、ソ系指示詞を使用し、話し手と指示対象に対する親密感を弱める。「あの先生」では聞き手に知っているということを押し付けているニュアンスとなる。

C　指示対象が聞き手の領域に属する場合

(20)　彼は昨日生協でぜんざいを食べたそうなんだけど、<u>＊この</u>
<u>/＊あの/その</u>ぜんざいはうまかったそうだ。

（再掲）

　この例文において、指示対象「ぜんざい」は一般的な「ぜんざい」で
はなく、相手である「彼」が食べた「ぜんざい」である。よって、指示対
象は相手の領域に属するものである。話し手が指示対象に対して持ってい
る知識は「彼は昨日生協でぜんざいを食べたそうだ」というレベルの知識
で、「彼が食べたぜんざいがおいしい」かどうかに対する客観的な知識を
持っていないと判断できる。話し手は指示対象に対する文脈で要求される
レベルの知識（美味しいかどうかということ）を持っていないため、ソ系
指示詞を使用している。この例文でのソ系は相手に対する配慮はあまり感
じられないが、単に客観的に聞き手へ説明している感じが強い。

7.1.2.3　ア系指示詞だけ使用できる場合
7.1.2.3.1　共有知識

(21)　（電話での会話）
A「ところで、<u>あの本</u>、もう読みましたか」
B「ああ、1週間まえにお借りした本ですね。半分くらい読んだとこ
　ろですが、なかなか面白いですね」

（再掲）

　話し手Aは何の文脈もなく、いきなり、「あの本、もう読みました
か」という質問をBにする。もし、「あの」がただ話し手の直接的経験
を指すのであれば、聞き手Bは理解できないから、「あの本ってどの
本？」と聞くしかないはずだと思う。

話し手は「あの本」と言った時、話し手と聞き手両方とも知っていると想定している。ア系文脈指示の使用は共有知識のマーカー（標識）として、聞き手の記憶にある共有要素を見出させようとする。それは、ア系文脈指示詞を使用することで聞き手に対して暗示的に、ある内的行為（つまり、記憶中の検索）を促しているのではないかということである。すなわち、このア系文脈指示詞は共有知識を指しているのである。例（21）において、話し手と聞き手の共有知識を持たないと、ア系指示詞の使用は不可能である。

7.1.2.3.2　回想にふける場合

(22) A「Bさんが芸能界に入ったのはどんな時代でしたか？」
　　　B「あの頃は浅草オペラの全盛時代でしてね」

（再掲）

話し手Bはだけが指示対象に対して、知識を持っている。つまり、自分の過去の経験を述べている。過去に対する懐かしむのが感じられる。この例では聞き手の存在はあまり意識していない。話し手Bだけの思い出について述べている。

7.1.2.4　コ系・ソ系・ア系の転換

次はコ・ソ・ア系指示詞の間に見られる転換について論じる。

7.1.2.4.1　コ・ソ系指示詞の適用

指示対象が聞き手の領域に属する場合、ソ系指示詞を使用するのが一般的であろう。しかし、あらゆる場合において、ソ系指示詞を使用するわけではない。

　また、聞き手の領域に属している指示対象が話し手と聞き手、双方によって共有される場合と共有されない場合においては、指示詞の使い方が異なる。

　よって、ソ系指示詞で指示する相手の領域に属する指示対象には一体どのような特徴があるのかという疑問が生じる。

　まず、下記の例を見てみよう。

(23)　私はやや安心した。私の変化を凝と見ていた先生は、それからこう付け足した。

　　　「しかし人間は健康にしろ病気にしろ、どっちにしても脆もろいものですね。いつどんな事でどんな死にようをしないとも限らないから」

　　　「先生も＊こんな/そんな事を考えてお出ですか」

夏目漱石「こころ」

　この例文は私小説の会話文である。話し手（登場人物としての私）は「そんな」を使用し、「しかし人間は健康にしろ病気にしろ、どっちにしても脆ろいものですね。いつどんな事でどんな死にようをしないとも限らないから」を指示する。指示対象は相手（先生）の発話なので、相手の領域に属している。よって、指示対象が話し手にとって心理的に近いとはいえないので、コ系指示詞の使用は不可能である。

(24)　「先生はさっき少し昂奮なさいましたね。あの植木屋の庭で休んでいる時に。私は先生の昂奮したのを滅多に見た事がないんですが、今日は珍しいところを拝見したような気がします」

「私は先刻そんな/？こんなに昂奮したように見えたんです
か」

「そんなにというほどでもありませんが、少し……」

夏目漱石「こころ」

例（24）は私小説での会話文である。この例文は主人公（私）と登場
人物（先生）との会話である。相手（私）は「先生はさっき少し昂奮な
さいましたね」と言って、「先生」が昂奮したことを述べている。話し
手（先生）は相手（私）の発話内容に基づいて、「私は先刻そんなに昂
奮したように見えたんですか」という発話をしている。

話し手（先生）は「そんな」を使用し、相手（私）の発言内容、即
ち、相手（私）が思っている自分の昂奮した様子を指示している。よっ
て、相手が言ったことは相手の領域に属するので、ソ系指示詞を使用
する。

例（23）では、コ系指示詞は使用できないのに対して、例（24）では
コ系指示詞は全く使用できないわけではない。

例（23）、（24）という二つの例文では、いずれもソ系指示詞は相手の
領域に属することを指示している。しかし、例（23）ではコ系指示詞の
使用が全く不可能であるのに対して、例（24）ではコ系指示詞の使用の
容認度が高くなるのはなぜか。その理由は指示対象の話し手及び聞き手
との関連性にあると考えられる。

例（23）では、指示対象は相手（先生）の話した内容に含まれるの
で、話し手との関わりはなく、聞き手と密接に関わっている。聞き手
の領域に属することは話し手にとって、心理的に近いと認識できないの
で、コ系指示詞の使用は不可能である。

例（24）では、指示対象は話し手と関連しているので、コ系指示詞を
全く使用できないわけではない。この例文では、指示対象が聞き手の領

域に属する一方、話し手との関わりもある。話し手が指示詞を使用する
際、指示対象は自分との関わりを強調するより、聞き手の領域に属する
ことを強調するので、ソ系指示詞を優先的に使用する。また、指示対象
が自分と関わりがあるのを強調したい場合、コ系指示詞を使用する。

　また、指示対象が聞き手の領域に属する場合、全てがソ系指示詞を使
用するわけではない。指示対象が話し手と関わりがある場合、もしく
は、話し手が指示対象に対する知識量が増える場合、コ系指示詞の使用
容認度が高くなる。例（25）を見てみよう。

　　（25）　A：……以上で、ファッション・シティ・プロジェクトの概
　　　　　　　　要の説明を終わります。
　　　　　　B：このプロジェクトは、いつから開始するのかね。

　　　　　　　　　　　　　　　　　　　　　　金水（1999:78）

　聞き手Aは「プロジェクト」を談話に導入したので、指示対象「プロ
ジェクト」がAの領域に属していると判断できる。聞き手の領域に属す
ることをソ系指示詞で指示することは予想できるが、「この」を使用で
きるのはなぜか。それは指示対象が聞き手Aに属している一方、話し手
Bと深く関わっているので、コ系指示詞も使用できるからである。

　この例文では、聞き手Aは指示対象「プロジェクト」の概要の説明を
しているので、話し手Bは指示対象に対してある程度の知識を持ってい
ると推測できる。また、「プロジェクト」は話し手Bと関連しているた
め話し手にとって心理的に近く、コ系近称指示詞が使用できる。この例
文において、コンテキストが指示詞の使用に対して、重要な位置を占め
ている。

　つまり、話し手Bが「このプロジェクトは、いつから開始するのか
ね」という発話をした時点で、話し手Bは、聞き手Aの指示対象である

「プロジェクト」についての説明により指示対象に対する理解を深め、自分と指示対象「プロジェクト」との関連性の強さを認識する。その結果、話し手Bは、コ系近称指示詞を使用する。また、話し手と聞き手両方とも指示対象に対して知識を持っており、両方とも指示対象と関わっている。すなわち、話し手と聞き手は指示対象を共有することを暗示している。コ系指示詞の使用は話し手と指示対象との一体感、親密性を示している。コ系指示詞を使用できる場合は図7-5[①]で表す。

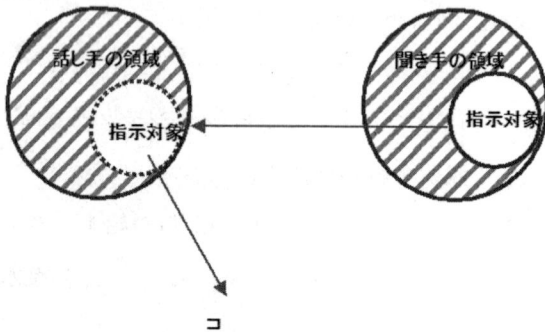

図7-5　コ系指示詞が使用できる場合

　ア系文脈指示使用規則は共有知識を要求するのが基本である。しかし、この例文では、ア系指示詞の使用は不可能である。この、コ・ア系指示詞の相違は何だろうか。

　例（25）を取り上げて、分析する。例（25）では、指示対象は相手の領域に属している。話し手の指示対象「プロジェクト」に対する知識は記憶データベースに格納したものではなく、相手の発話から新規知識として獲得したものである。また、ア系指示詞の使用法において、話し手と聞き手の両方ともが指示対象に対する知識を共有している。ア系指示

---

① 指示対象が聞き手の領域に属しているので実線で表記している。話し手は聞き手の発話により指示対象を獲得するため、点線で表記している。

詞の場合においては、発話する前に、話し手と聞き手がすでに指示対象に対する知識を持っている。つまり、両方とも指示対象に対する知識はすでに記憶データベースに格納している。

　話し手と聞き手が指示対象に対する知識を共有していても、共有するレベルが異なるので、指示詞の使い分けにその相違が反映する。指示対象が、発話の場で聞き手から獲得した話し手と関わりのある新情報の場合、コ系指示詞を使用する。コ系指示詞の使用は時間的には、現在である。ア系指示詞はお互いの長期記憶知識として存在しているので、指示対象に対する知識の共有や過去に獲得した情報を際立たせる。

　以上の説は下記の図7-6、図7-7で表記する（指示対象に対する知識がもともと話し手から獲得したのではなく、聞き手から獲得したので点線で表記している）。

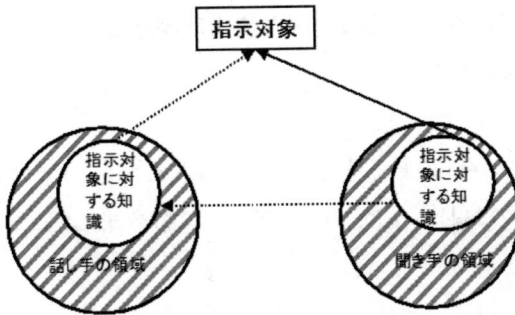

図7-6　コ系話し手と聞き手は指示対象に対する知識は不等

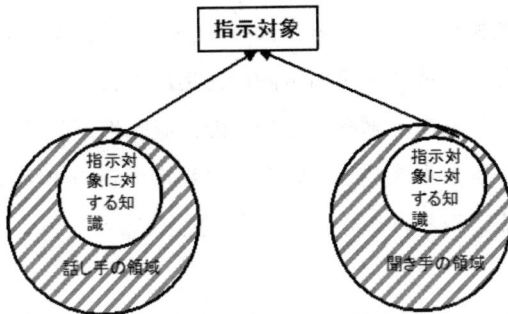

図7-7　ア系-話し手と聞き手は指示対象に対する知識が同等な場合

また、説明文、つまり聞き手の存在を考慮しない場合、コとソ系指示詞は自由に転換できる。

(26) 僕は昨日生協でぜんざいを食べたけど、<u>その/この</u>ぜんざいはおいしかったよ。

（再掲）

この例文は説明文で、話し手は情報を述べている。聞き手の存在を考慮せずに済んでいる。この例文において、話し手（僕）が実際にぜんざいを食べたので、指示対象「ぜんざい」に対して、知識を持っていると推測できる。

コ系やソ系指示詞の使用はそれぞれ持っている語感により差がある。コ系指示詞を使用する際、直示性が強く、目の前に発生しているように生き生きとしている。ソ系指示詞の使用は淡々と客観的に冷静に述べているというニュアンスがある。

(27) 昔むかし、あるところにおじさんが住んでいました。<u>その/この</u>おじさんは、山へ柴刈りに行きました。

（再掲）

例（26）と例（27）は説明文で、聞き手の存在を考慮せずに済んでいる。話し手は情報を述べている。よって、話し手は指示対象に対して知識を持っている。コ系やソ系指示詞の使用はそれぞれ持っている語感により差がある。コ系指示詞を使用する際、直示性が強く、目の前に発生しているように生き生きとしている。ソ系指示詞の使用は淡々と客観的に冷静に述べているというニュアンスが感じる。

＊ コ・ソ系指示詞の転換の最小限の条件は話し手が指示対象に対して知識を持っているということである。

7.1.2.4.2　ソ・ア系指示詞の適用

(28)　あ：読売新聞をとろうと思っているんだけど。

　　　い：<u>その/あの</u>新聞はやめた方がいいよ。朝日にしなさい。

　この例文では、話し手は「読売新聞」を取るべきかどうかについて、相手の意見を聞いている。つまり、聞き手（あ）は話し手（い）が「読売新聞」に対して知識を持っていると想定している。話し手（い）の発話「その/あの新聞はやめた方がいい」という意見から、話し手（い）は指示対象「読売新聞」に対して知識をもっているということが推測できる。そうでないと、「読売新聞」という新聞を取るべきかどうかは判断できない。よって、話し手と聞き手は指示対象「読売新聞」に対して知識を持っている。この場合、ソ系・ア系両方とも使用できるのはなぜか。それは話し手の知識に存在する指示対象の状況との関わりではなく、語用論に理由がある。ソは指示対象が相手（あ）と深く関わっていることを強調する。ア系指示詞の使用は話し手と聞き手が指示対象に対して共有知識を持っていることを強調する。

＊　ソ/ア→指示対象が聞き手の領域に属する＋発話時点ですでに話し手
　　の指示対象に関する知識（共有知識）を持っている。
　例（29）を変形し、「という」を外すと、下記の例（30）になる。

(29)　ぼくは大阪にいるとき山田という先生に習ったんだけど、君も<u>その</u>先生につく気はありませんか。

(30)　ぼくは大阪にいるとき山田先生に習ったんだけど、君も<u>その/あの</u>先生につく気はありませんか。

（例（29）の変形）

　例（30）において、話し手が「山田」の後に「という」を使用していないことから、話し手は聞き手が指示対象「山田」を知っていると思っていることが推測できる。つまり、話し手は、話し手と聞き手がともに指示対象に対して、知識を持っていると思っているので、ア系指示詞を使用できる。また、話し手は聞き手に対して「つく気はありませんか」という質問をする。焦点は聞き手に対する質問にあるので、ソ系指示詞も使用すると考えられる。

　例（29）と例（30）は両方とも聞き手に対して質問している。その区別は聞き手が指示対象に対して知識を持っているかどうかということである。例（29）では、ア系指示詞を使用するのは不可能で、例（30）では、ア系指示詞が使用可能である。

　その理由について考察すると、まず、指示詞の使用において、影響要素の間に優先順位があるからである。例（29）では、話し手だけが指示対象についての知識を持っているが、聞き手が指示対象に対して知識を持っていないと話し手は想定している。したがって、話し手は聞き手への配慮（指示対象に対する知識の有無）を考慮するので、ソ系指示詞を使用する。「あの先生」では聞き手に知っているということを押し付けているニュアンスとなる。よって、ソ系指示詞の使用も指示詞適用上のポライトネスとも考えられる。

　また、例（30）では、話し手と聞き手が両方とも指示対象について知識を持っているので、ア系指示詞を使用する。お互いにその先生を知っていることが前提で、ある種の一体感が生まれる。

7.1.3　日本語文脈指示詞におけるモデルの構築

　以上の分析に従い、日本語文脈指示詞の使用法の使い分けの要因をまとめる。最後に日本語文脈指示詞の使い分けのモデルの構築を試みる。

分析のため、話し手の知識量を三つの段階に分けている。

ある程度の知識を持っている場合はK_1で表記する。

文脈で要求されている知識量の場合はK_2で表記する。

固有名詞の場合、知識量が最大に近いので、K_{Max}で表記する。

K_Hは聞き手が指示対象に対する知識をさす。

K_Sは話し手が指示対象に対する知識である。

聞き手に対する話し手の配慮をする場合：聞き手の知識がない、もしくは話し手より少ない場合に行う。

分析結果を下記の表7-2にまとめる。

表7-2　コ・ソ・ア系文脈指示詞の使い分けにおける使用要素

指示詞	話し手が持っている知識量	他の影響要素
コ	K_{Max}あり	0
コ／ソ	K_{Max}ありK_2なし	0
	K_2あり	0
ソ	K_1/K_2なし	0
	K_1/K_{Max}あり	不特定／一致性なし
	K_1あり／K_1なし	聞き手の領域に属する
	$K_{S<H}$	聞き手を配慮する
ソ／ア	共有知識	聞き手の領域に属する
		聞き手を配慮する
ア	K_2あり	回想
	共有知識	0

表7-2を見ると、話し手が指示対象に対して知識量を最大に持っている場合、コ系指示詞を使用する。知識量が最大であっても、文脈レベルで要求される知識を持たない場合、コ・ソ系指示詞を使用する。さら

に、文脈レベルで要求される知識を持っている場合、コ・ソ系指示詞を使用する。つまり、知識量が減ると、ソ系指示詞使用の容認度が高くなる。

話し手が指示対象に対して知識を持たない場合は、ソ系指示詞しか使用できず、コ系指示詞の使用はできなくなる。また、他の影響要素「不特定/一致性なし」「指示対象が聞き手の領域に属する場合」「聞き手に配慮する場合」などは、ソ系指示詞を使用する。

また、「回想（時間的に過去）」「共有知識」の場合、ア系指示詞を使用する。指示対象「共有知識」を持っていても、「聞き手の領域に属する」「聞き手に配慮する」という影響要素がある場合、ソ系指示詞を使用できる。

日本語の指示詞の使用要因は一つの決め手によるのではなく、様々な要素に影響されている。それらを総合して、使い分けを判断する。

影響要素：

① 話し手・聞き手の知識量

② 聞き手への配慮

③ 聞き手の領域

④ 話し手が知識の提供に関する責任（特定、一致性）

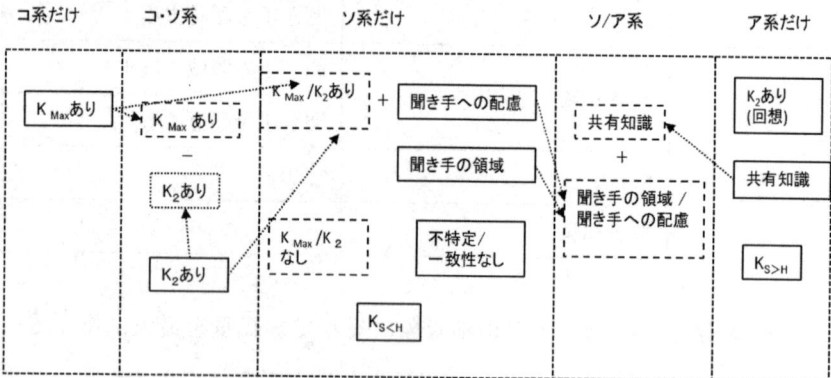

図7-8 コ・ソ・ア系文脈指示詞における使用要素

7.2　中国語指示詞の使い分けにおけるモデルの構築

7.2.1　"这""那"文脈指示詞における時間・空間上の適用

　次は具体的な例（具体的な応用）を示しながら、それぞれの特徴を抽出する。

7.2.1.1　過去

　(1)　这/那年他搬去了上海。

　（訳文）この/その年彼は上海に引っ越した。

（再掲）

　例（1）において、指示詞"这""那"はいずれも過去のことを指示している。発話する時点では、暗黙のうちに、「現在」と設定している。「過去」とは「現在」まである程度の時間を経て、時間上に遠いと話し手が認識しているということは断言できる。

　"这"の基本的な意義は指示対象が近くにあるということである。よって、"这"は「過去」を指示する際、指示対象に焦点を与えて、心理的に近づけ、目の前のように、生き生きとしているニュアンスがある。

　"那"の基本的な意義は指示対象が遠くにあるということである。それが指示対象が距離上遠いと話し手は判断している。「過去」を指示する際、指示対象を心理的に遠いと認識している。よって、距離上の判断基準は心理まで拡張してきた。「過去」という心理上の「遠い」という認識は指示詞"那"が持っている基本的な距離上の「遠い」の平行線上のものであるため、この例文では、指示詞"那"の使用は本機能で、省エネルギーであると考えられる。

　以上の説明は下記の図7-9で表記する。

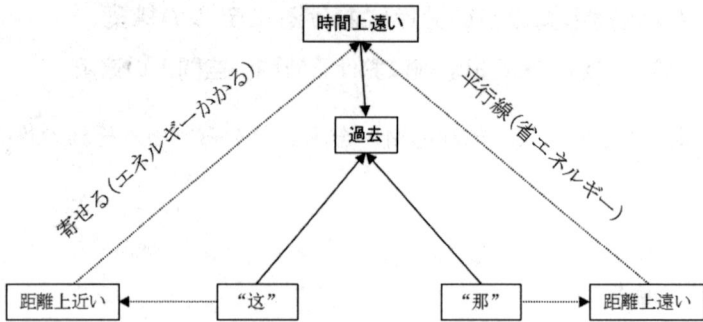
図7-9 過去における応用

7.2.1.2 現在

(2) 大白天，你走到一个小胡同里，僻僻静静，四周没有一个人，<u>这时候</u>前面出现了一个男人或者女人，向你那么一笑——还笑呢。再向你把手轻轻一招，不好！左面是海，右面是峡谷，后面是火。

王蒙《王蒙自传》

（訳文）まっ昼間でも人気のない小さな横町に入るとね、向うから男か女がやってきてニッコリ笑いかけてくるの—ニッコリよ。それから手招きするの、さあ大変！左は海、右は深い谷、後ろには火が燃えてる。

　この例文では、指示詞"这"を使用し、「現在」を指示している。また、「現在」を指示する際、近称指示詞"这"しか使えない。

7.2.1.3 未来

(3) <u>这个</u>春节全家的炊事问题就解决了，姐夫以一当十。

（訳文）<u>この</u>春節の休みの間、我が家の食事問題は解決する。

　この例文では、もし、発話する時点は正月の前、例えば10月や11月などの場合、指示詞"这个"を使用する際、これからの正月を指している。つまり、未来のことを指示している。

　　(3-1)　<u>那个</u>春节全家的炊事问题就解决了，姐夫以一当十。
　　(訳文)　<u>あの</u>春節の休みの間、我が家の食事問題は解決する。

　指示詞"那个"を使用する際、過去の正月を指示している。
　また、下記の例を見てみよう。

　　(4)　等毕业以后，他<u>那会儿</u>该可以独立生活了。
(呂1981：354)
　　(訳文)　卒業したら、<u>その時</u>彼は一人暮らしできるかな。

　　(5)　你<u>那会儿</u>还是个小学生呢。
(呂1981：354)
　　(訳文)　<u>あの時</u>、君はまだ小学生だ。

　例(4)において、指示詞"那"は未来のことを指示する際、文脈持ち込みが必要である。また、同じ指摘は木村（1992：204）にも見られる。木村（1992：204）では、指示詞"那"は「未来時を指す指示表現は必ず、次のように、文脈指示的な環境でしか---すなわち、聞き手にもそれがいずれの時点を指し示しているのかが文脈によって同定できるかたちでしか---用いることができない」と指摘している。例(5)において、何の文脈もない場合、指示詞"那"を使用する際、過去のことを指示するのは一般的である。
　したがって、指示詞"那"は「過去」を指示することは基本的な用法であると考えられる。

297

7.2.1.4　場所

先生は自分の研究室にいて、学生に電話をかけた。

(6) 来我这里一下。
(訳文) 私の研究室に来てください。

(7) "你家那院子的味儿就不对。"
(訳文)「かくしなさんな、おめえんとこの庭からそんなにおいが
　　　　してきたぞ」

　例（6）において、指示詞"这"は現在地を指示している一方、例
（7）において、指示詞"那"は現在地ではない場所を指示している。
しかし、指示詞の使用は全てそのルールに従っているのではない。ま
ず、下記の例を見てみよう。

(7) 祖国宝岛台湾省的东南海滨有个台东县。这里/那里坐落着一片
　　片高山族的农寨渔村。
(訳文) 我が祖国の宝島台湾の東南の海岸に台東県がある。そこに
　　　　は高山族の農民漁民の部落がたくさん点在している。

（再掲）

　この例文は作者が台東県のことを描写している。作者は指示対象「台
東県」にいるかどうかは判断できない。この例文では、作者は指示対象
に関する情報を伝達している。"这"と"那"の使い分けは語感上に差
がある。

しかしながら、例（5）と例（6）において、現在地を指示する際"这"を使用し、現在地ではない場所を指示する際、"那"を使用している。それはなぜか。

例（5）、（6）と例（7）の区別は話し手が発話で描写している場所に存在しているかどうかと関わっている。すなわち、話し手の居場所は指示対象（現在地、現在地ではない場所）の参照点になるかどうかと関わっている。例（7）において、話し手の居場所が発話に直接に介入しないため、"这"と"那"を自由に使用できると考えられる。

以上の説明は下記の表7-3で表記する。

表7-3　まとめ

	過去	現在	未来	場所
"这"	○	○	○	現在地
"那"	○	×	○	現在地ではない

7.2.2　"这""那"文脈指示詞の使用における適用

7.2.2.1　"这"文脈指示詞だけ使用できる場合

7.2.2.1.1　空間上近い一指示対象が身の周りにある場合

(8) 捧着玫瑰花向回走，顾小西突然想起今天是情人节来。不用说，<u>这</u>顶尖级的玫瑰是简佳男朋友送的，简佳有一个顶尖级的男朋友。

王海鸰《新结婚时代》

（訳文）顧小西は、花束を抱えて自分の部屋の方に戻りながら、気がついた。〈そうだ、今日はバレンタイン・デーだった。<u>この</u>超高級のバラは、きっと簡佳のお金持の彼氏からだわ〉と。

この例文では、小説の中での登場人物 "顾小西" の心的セリフである。ここで、指示詞の使用は話し手 "顾小西" の心内構造により決まる。指示対象は "顾小西" が発話時点、抱えているものである。指示対象が話し手の手元にあるものであるため、話し手にとって近い。したがって、近称指示詞 "这" を使用している。

この例文では、指差しがないため、文脈指示用法として考えられる。また、話し手と指示対象が同じ時空に存在し、話し手が実世界に存在しているもの（超高級のバラ）を指示していることから、現場指示の平行用法としても考えられる。

7.2.2.1.2　時間上近い場合

A　発話直後の場合

（9）我骂的是你，谁说的？身正不怕影儿斜，无病不怕喝凉水。咱们这么骂，坏人跑不出去，好人也屈枉不了。"

王蒙《活动变人形》

（訳文）名指さんのじゃから、我が身が直ければ影の歪みは恐れんもんや。ウチらの罵り方は、悪人は逃げられず、善人は濡衣を着んとす」

B　発生直後の場合

（10）汤料是排骨酱汤，经热水一冲，立刻，扑鼻浓郁的酱肉香味在办公室里弥漫开来。顾小西突然感到恶心，"噢"一声捂着嘴一溜小跑出门。（中略）因此，当听到简佳问她是不是怀孕了时，她自然忐忑，当即问简佳，我上次怀孕怎么没这些反应啊？简佳回说每次怀孕的反应不一定完全一样，她就不一样。

王海鸰《新结婚时代》

（訳文）それを湯沸かし機のところに持って行って、熱湯を注いだ。と、立ちどころに、豚骨スープの鼻をくすぐるような芳ばしい香りが、編集室内にひろがった。突然、顧小西は吐き気がこみ上げてきて、アーと口許を手で押さえながらドアから飛び出した。（中略）だから、簡佳が「あなた、妊娠しているんじゃないの？」と聞いたとき、思わずドキッとして、「この前妊娠したときは、つわりはなかったけど……」と、問い返した。簡佳は「いや私だって、妊娠するたびに、つわりは有ったりなかったり、きまっていないわ」と答えた。

　例（9）において、指示対象は話し手が発話直後のことで、例（10）において、指示対象は話し手と聞き手の間で発生直後のことである。この二つの例文はいずれも、遠称指示詞"那"を使用することはできない。なぜかというと、両方とも時間上近いと認識し、近称指示詞を使用するのは一般的だからである。また、下記の例を見てみよう。

　(11) 偶然延长到八点的时候也不是没有的，但那是例外中的例外。
　（訳文）たまえには、8時までかかることもないではないが、それは例外の例外なのだ。

　ここで、「那」が指示しているのは、全文で提示されたばかりの「延长到五点的时候」のことである。したがって、「言ったばかり」あるいは「提示したばかり」の事物であるかどうかは、ここでは「这」と「那」の使い分けの基準として必ずしも適切ではないといわざるをえない。

呉人・芦・加藤（2005：12）

例（11）において、呉人・芦・加藤（2005：21）によると、指示対象「延长到八点的时候」は話し手が「言ったばかり」のことであると提示している。本書では、例（11）のような文は「発話したばかり」や「言ったばかり」のこととして認められない。なぜかというと、例（9）や例（11）において、話し手が指示詞を使用する際、心的構造が異なっているからである。

比較するため、例（9）や例（11）を再掲する。

(9) 我骂的是你，谁说的？身正不怕影儿斜，无病不怕喝凉水。咱
    们这么骂，坏人跑不出去，好人也屈枉不了。"

(訳文) 名指さんのじゃから、我が身が直ければ影の歪みは恐れん
    もんや。ウチらの罵り方は、悪人は逃げられず、善人は濡
    衣を着んとすむ」

(11) 偶然延长到八点的时候也不是没有的，但那是例外中的例外。
(訳文) たまえには、8時までかかることもないではないが、それ
    は例外の例外なのだ。

                                                            （再掲）

例（9）において、話し手"咱们（うちら）"は指示詞を使用し、現場で発話したことを指示している。話し手が発話内容に存在し、自分が発話したばかりのことを心理的に近いと認識しているため、近称指示詞"这"で指示している。つまり、話し手は一つの要因として、談話に積極的に参加している。

例（11）において、話し手が発話の中に出現していない。すなわち、話し手が発話内容に直接に参加していない。情報を述べている。よって、時間上「遠近」という基準を参照せずに、指示詞を使用する。近称

指示詞"这"と遠称指示詞"那"の使い分けは話し手が指示対象に対する心的距離が窺える。

指示対象が「(話し手が)発話したばかり」「(話し手が)発生したばかり」のことである場合、近称指示詞"这"を使用するのは、指示対象が時間的に「近い」からである。それは現場指示のメタファー化した用法であると考えられる。つまり、距離上「近い」とは時間上にまで拡張したのである。

7.2.2.1.3　心理上近い一関心を持っている場合

(12) 小西妈一下子睁大了眼睛。原先女儿说时，她还半信半疑；后来儿子否定，她立刻相信这不过是一场误会。但看儿子刚才的激烈反应，方意识到了事情的严重。女儿那边的事情还没解决，儿子这边又闹出事来，丈夫却坐在一边自始至终一声没吭。

王海鸰《新结婚时代》

(訳文) 母親は、目を丸くした。さっき娘の話を聞いた時は、まだ半信半疑だったし、息子もあとで否定した。だから、すぐにあの話は、ちょっとした誤解だと思った。だが、たった今、息子が見せた激しい反応に、これは大変なことだと気がついた。娘の家庭問題もまだ解決していない。息子は息子で、厄介な状態に落ち込んでいる。夫は、ずっとそばに座ったままで、一言も言ってくれない。

この例文は母として娘と息子のことを心配している。つまり、話し手が今関心を持っていることを述べるとき、心理的に近いので、"这"近称指示詞を使用する。話し手がそれほど関心を持っていないことは、遠

称指示詞"那"で指示する。指示詞の使用により、心理の優先順位を表明している。つまり、近称指示詞"这"は距離上「近い」から空間、時間や心理まで拡張したのである。

7.2.2.2 "那"文脈指示詞だけしか使用できない場合

7.2.2.2.1 空間上遠い—指示対象が周りにない場合

(13) A：昨天你背的兜子，挺别致的。

　　　　［昨日持っていたバッグ、素敵だったね。］

　　　B：<u>那个</u>/＊这个兜子是我老公从国外给我带回来的。

　　　　［<u>あれ</u>は旦那が海外から買ってきてくれたの。］

（再掲）

　この例文において、遠称指示詞"那"を使用し、現場にない指示対象を指示する。話し手、聞き手や指示対象が発話の主な客観的に存在している要素である。指示対象（バッグ）が話し手の手元にないため、距離的に遠いと判断できる。指差しもなく、指示対象が現場にもないため、現場指示用法ではなく、文脈指示用法であると考えられる。

　現場指示において、指示対象が話し手にとって遠い場合、遠称指示詞"那"を使用する。この例文では、指示対象が話し手の手元にない、遠称指示詞"那"を使用している。したがって、この例文での指示詞の使用は現場指示使用法における心的構造が同じであると考えられる。

7.2.2.2.2 時間上遠い—過去において発生する場合

(14) 是你自己气成了①<u>那个</u>样子，恨成了②<u>那个</u>样子！你要是护着他我们不挡着，天天逛窑子又不花我们的钱。我们给他钱也早给过了！我们吃饭不吃饭你用不着操心。你吃不上饭可不是我们闹的！"

（訳文）お前怒って恨んでいた癖に、そのお前が奴を庇うんじゃか
　　　　らウチらは知らん、毎日女郎屋通いしようとこっちの金や
　　　　なし。

（再掲）

　この例文では、完了を表す助動詞"了"を使用しているため、遠称指
示詞"那"は相手の過去の様子を指示していると判断できる。過去で発
生したことを指示する際、遠称指示詞"那"を使用するのは一般的で
ある。

　「指示対象が身の回りにないこと」や「過去で発生したこと」を指示
する際、全て"那"を使用するわけではない。心理的の「遠近」という
要素は空間や時間的に「遠近」より優先的に使用される場合もある。そ
れは、指示対象について、いくつかの側面があり、話し手はどのような
側面に焦点を与え、または、どのような心的モードを使用し、発話する
かにより、使い分けするからであると考えられる。

　まず、下記の例を見てみよう。

(15) 那时候，顾小西还不知道什么叫"回报"，等她知道的时候，
　　　才发现妈妈当年这个词用得太温情脉脉了。那哪儿叫回报呀，
　　　说是一辈子都还不清的债也不过分。

王海鸰《新结婚时代》

（訳文）あの時、顧小西は「お返し」の意味がよくわからなかっ
　　　　た。結婚してから、その意味がわかってきたが、それにし
　　　　ては、母の言葉はまだ甘すぎると思った。

　例（15）において、指示対象"回报"という言葉は、相手（母）が過
去話したことである。指示対象が時間的に「遠く」存在しているので、

305

近称指示詞"这"ではなく、遠称指示詞"那"を使用すると予測でき
る。しかし、この例文では、近称指示詞"这"も使用できる。

　近称指示詞"这"を使用し、指示対象"回报"に話し手の関心を払
い、話題に乗せて、心理的に近いと認識している。それは近称指示詞
"这"が持っている基本的な意味合い「話し手にとって近い」というこ
とに求められる。

　　たくさんの本を抱えている女の子が話し手の目の前を通った。
　　(16) 这女子究竟是谁?
　　(訳文) 一体この女の人はだれでしょう。

　例 (16) において、指示対象が発話する時点、現場にいないため、空
間上に遠く存在していると判断できる。したがって、指示対象が現場に
いない場合、遠称"那"を使用するのは予測できる。しかし、話し手は
近称指示詞"这"も使用できる。それは近称指示詞"这"の使用によ
り、話し手と指示対象との心的距離を示している。話し手が今一番関心
を持っているのは「この女の子はだれか」ということである。つまり指
示対象「女の子」の身分である。よって、指示対象が心理的に「近い」
と認識し、近称指示詞"这"を使用している。

　例 (13) と例 (16) はいずれも、指示対象が現場にいない。また、例
(14) と例 (15) はいずれも過去のことである。しかし、それぞれ指示
詞の使用が一致していない。

　分析するため、上の例文を再掲する。

　　(13) A：昨天你背的兜子，挺别致的。
　　(訳文) 昨日持っていたバッグ、素敵だったね。

　B：<u>那个/＊这个</u>兜子是我老公从国外给我带回来的。

　（訳文）<u>あれ</u>は旦那が海外から買ってきてくれたの。

　たくさんの本を抱えている女の子が話し手の目の前に通した。

　（16）<u>这/那</u>女子究竟是谁？

　（訳文）一体<u>この/その</u>女はだれでしょう。

　例（13）と例（16）において、いずれも指示対象が現場にいない。しかし、例（13）では、遠称指示詞をしか使用できない一方、例（16）では、近称指示詞"这"と遠称指示詞"那"は両方とも使用できる。それはなぜか。それは指示詞を使用する際の心的モードが異なっているからである。

　例（13）において、指示対象"兜子（バッグ）"は相手Aが昨日見た話し手Bが「持っていたバッグ」で、実世界にある特定な場所に定位させている。話し手Bは指示対象を指示する際、指示対象のある場所を参照し、指示詞を使用する。つまり、現場指示における心的認知モデルを使用し、指示詞の使い分けをする。

　例（16）において、"女子究竟是谁（女性はだれでしょう）"という文から、指示対象"女子"の身分について、記憶データベースの中で検索する。したがって、話し手が指示対象を指示する際、現場にいるかどうかを参照せずに、指示詞の使い分けをしている。つまり、例（16）における指示詞の使用における心的認知モデルは現場指示用法の心的認知モデル（指示対象が時間や空間上の「遠近」という判断基準）と異なって、観念指示における認知モデル（心理上の距離の遠近）を用いている。

　次は例（14）と例（15）をもう一度再掲する。

(14) 是你自己气成了①<u>那个样子</u>，恨成了②<u>那个样子</u>！你要是护着他我们不挡着，天天逛窑子又不花我们的钱。我们给他钱也早给过了！我们吃饭不吃饭你用不着操心。你吃不上饭可不是我们闹的！"

（訳文）お前怒って恨んでいた癖に、そのお前が奴を庇うんじゃからウチらは知らん、毎日女郎屋通いしようとこっちの金やなし。

（再掲）

(15) 那时候，顾小西还不知道什么叫"<u>回报</u>"，等她知道的时候，才发现妈妈当年<u>这/那</u>个词用得太温情脉脉了。那哪儿叫回报呀，说是一辈子都还不清的债也不过分。

（訳文）あの時、顧小西は「お返し」の意味がよくわからなかった。結婚してから、<u>その</u>意味がわかってきたが、それにしては、母の言葉はまだ甘すぎると思った。

（再掲）

例（14）と例（15）は、いずれも指示対象が過去のことを指示している。しかし、例（14）では、遠称指示詞をしか使用できない一方、例（15）では、近称指示詞"这"と遠称指示詞"那"は両方とも使用できる。それはなぜか。それは指示詞を使用する際の心的認知モデルから求められる。

例（14）において、完了を表す助動詞"了"の使用は相手の過去の様子を示唆しているので、遠称指示詞"那"を使用する。

例（15）において、指示対象"回报"は過去相手が話し手ことであっても、時間上の「遠近」を参照せずに、使用する。この例文において、指示対象に関する描写"顾小西还不知道什么叫"回报"（顧小西は「お返し」の意味がよくわからなかった）"という文から見ると、話し手は

指示対象の意味合いを考慮している。したがって、時間上の「遠近」という認知モデルを使用せずに、中国語の観念指示における認知モデル（心理上の距離の遠近）を使用している。よって、近称指示詞“这”と遠称指示詞“那”は両方とも使用できる。

以上の分析に従い、下記のことを言えよう。

文脈指示用法において、幾つかの認知モデルがある。どのようなモデルを使用するかは話し手が指示対象をどのように捉えるかにより決める。

7.2.2.2.3　心理上遠い―遠ざける場合

(17) 魏石头愣了，“什么？我骂共产党？我报共产党的恩还报不过来哪！再说，有那心，我也没那个胆儿啊，找死呀，……”

（訳文）魏石頭はびっくりした。「おれが共産党を罵ったって？党のご恩に報いるひまもないのに。それに、かりに心の中で悪口を言いたいと思っていても、口に出すほど肝っ玉が太くはないよ。誰がてめえの首を締めるようなことをするかよ……」

（再掲）

話し手は相手が言った自分と関連すること“骂共产党（共産党の悪口を言った）”ということを否定し、遠称指示詞“那”を使用し、心理的に遠ざけることや自分と関わりたくないことを表明している。こういう用法は遠称指示詞“那”が持っている基本的な意義「遠い」ということから拡張したものであると考えられる。

7.2.2.2.4　記憶指示用法

A 記憶指示

（18）他永远不能忘记的是这一次。是在<u>那</u>个深秋的明亮的下午以后，是在父亲重病以后。

（訳文）彼が永遠に忘れえないのはこの一回。<u>あの</u>晩秋の晴れわたった午後、父の病み上がり後の一回だ。

（再掲）

　この例文では、指示詞"那个"は話し手だけが持っている長期記憶に格納したことを指している。

　この例文において、指示詞の使用は時間上の「遠近」と関わっている。それは話し手が思い出にふけていることに求められると考えられる。よって、遠称指示詞"那"を使用する。

　B　共有知識

（19）"不算，不算，他是一个远房舅舅的儿子；跟我没来往，下午，我出了<u>那</u>个事儿，起山没上学，也忘了请假，他来找……"

莫言《金光大道》

（訳文）「いえ、その遠縁にあたりまして、別に行き来はないんですが、昼から<u>あの</u>ことがあって、起山が学校休んだのに、届けを出すの忘れたもんだから、訪ねてきたんです……」

　この例文では、指示詞"那"は指示している内容は話し手と聞き手が両方とも知っている共有知識を指している。共有知識を持っていないと、指示対象が何を指示するかは不明である。

7.2.2.3 "这""那"の両方とも使用できる場合

　A　長期記憶

（20）我知道旁边就是<u>柏油马路</u>，不时有高级轿车从<u>这/那</u>路上驶
　　　过，路的两侧是丰满而又恢宏的法国梧桐。

（訳文）傍らのアスファルトの道を高級車がしきりに駆けぬけてい
　　　く。道の両側にはうっそうと繁ったフランス桐が立ち並ぶ。

　　　　　　　　　　　　　　　　　　　　　　　　　　　　（再掲）

　この例文では、作者は指示詞"这""那"を使用し、すでに作者
（私）の観念に既存している指示対象（柏油马路）を指示している。
指示対象（柏油马路）は話し手にとって長期知識であると判断できる。
"这""那"の使い分けは語感上に差がある。

　"这"→今目の前にあるかの様に脳裏にありありと浮かぶということ
である。

　"那"→記憶に存在する過去のことを述べていることを強調している。

B　相手の領域に帰属する場合

（21）罗旭光笑笑说："你<u>这/那</u>个比喻很恰当。"

（訳文）羅旭光は笑った。「<u>その</u>例えはどんぴしゃりだ」

　　　　　　　　　　　　　　　　　　　　　　　　　　　　（再掲）

　この例文では、指示対象（例え）は相手の領域に属している。

　"这"→話し手の関心を示し、評価している。

　"那"→話し手と関わりが少ない、相手の領域に属することを淡々と
述べている。

　特別の制限がない限り、"这""那"両方とも使用できる。ただし、
ニュアンスに差がある。

　記憶指示用法（長期記憶）であっても、相手の領域に属すること（新規記憶）であっても、指示詞の使用は時間や領域と関係なく、話し手は自由に指示詞を使用する。

7.2.3　中国語文脈指示詞におけるモデルの構築

　中国語指示詞において、現場指示における「遠近」という距離上の認識は時間、空間や心理まで拡張してきた。

　近称指示詞"这"は「話し手にとって近い」という現場指示用法から、「身の回りにある（空間的に近い）」「発話/発生直後（時間的に近いということを強調している）」「心理的に近い」まで拡張した。

　「心理的に近い」は話し手の主観により決まる。

　　「心理的に近い」
　　① 関心を持っていること。
　　② 話題になっていること。
　　③ 目の前に生き生きとしていること。

　遠称指示詞"那"は「話し手にとって遠い」という現場指示用法から、「身の回りにない場合（空間的に遠い）」「以前発話（発生）したこと（時間的に遠い）」「心理的に遠い」まで拡張してきた。

　　「心理的に遠い」
　　① 関心を持っていないこと。
　　② 関わりたくないこと。
　　③ 心理的に遠ざけること。

　中国語における指示詞の使用において、聞き手の知識量や聞き手への配慮を考慮せずに、使用される。

　以上の説明は下記の図7-10で表記する。

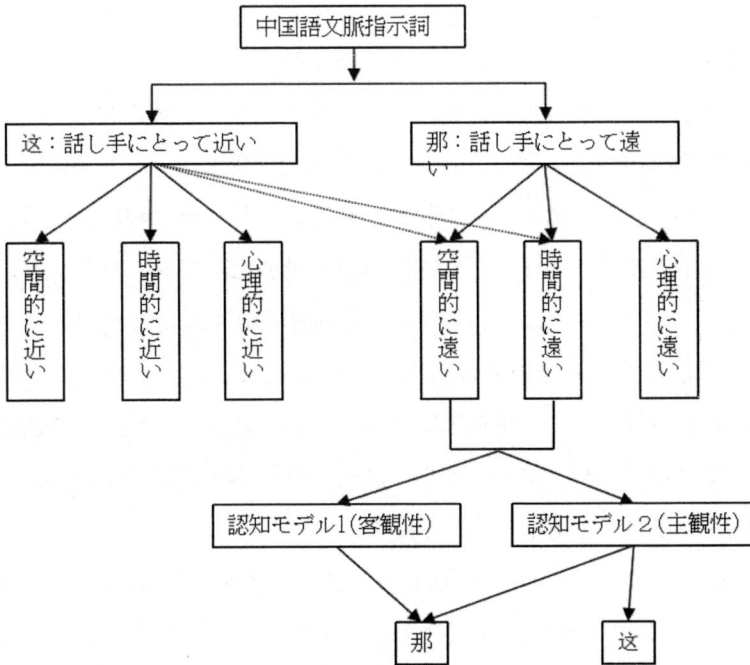

```
                    中国語文脈指示詞
                    ┌──────────┴──────────┐
        这：話し手にとって近い          那：話し手にとって遠い
```

空間的に近い　時間的に近い　心理的に近い　空間的に遠い　時間的に遠い　心理的に遠い

認知モデル1（客観性）　　認知モデル2（主観性）

那　　　这

図7-10　中国語文脈指示の使用法における認知モデル

7.3　日中両語の指示詞の使用における共通モデル

　日中両言語の指示詞は現場指示における「遠近」という距離上の認識は時間、空間や心理領域まで拡張した。しかし、指示詞を使用する際、両語における話し手の心内構造が異なっていて、それを指示詞の使用法に反映しているからである。

①「近い」という認識
日本語におけるコ系近称指示詞や中国語における"这"近称指示詞は

いずれも、「過去・現在・将来」や「現在地」を指示することができる。また、日本語におけるソ・ア系指示詞や中国語における"那"遠称指示詞はいずれも、「現在」や「現在地」を指示することができない。それはそれぞれの基本的な使用法から求められる。

　現場指示用法において、指示対象がある特定な時間（現在）や空間の中で固定している。日本語におけるコ系指示詞や中国語における"这"近称指示詞は現場指示用法において、基本的な用法は「話し手にとって近い」ということである。その認識が時間に適用され「現在」や「現在地」を指示するようになったことは容易に拡張として見られる。しかしながら、ソ系・ア系指示詞と"那"遠称指示詞は現場指示用法において、いずれも基本的な用法は「話し手にとって遠い」ということである。それが「現在」や「現在地」ということと認知上の類似性や接近性を持っていないため、ソ・ア系指示詞や"那"指示詞はいずれも、「現在」や「現在地」を指示することはできない。

　「近い」とは、「距離的・時間的に近い」（客観性が強い）、「心理的に近い」（主観性が強い）などである。よって、日中両言語における近称指示用法において、多様性が見られる。両言語の使用上の差は両言語の主観認知が異なっているからである。それは言語応用上の分析である。両言語における主観認知における「近い」に対する差はそれぞれの文化や性格なども関連していると考えられる。本書では、言語の裏における認知上の差を明らかにする。

　心理的に「近い」という認識は日中両語の認識上の差が見られる。

コ系指示詞→知識量が多い

"这"指示詞→発生/発話直後のこと（時間的に近い）−客観性を重視
　　　　する

　　　　話し手の主観により決まる（関心度・話題性）

　上の説は下記の図7-11で表記する。

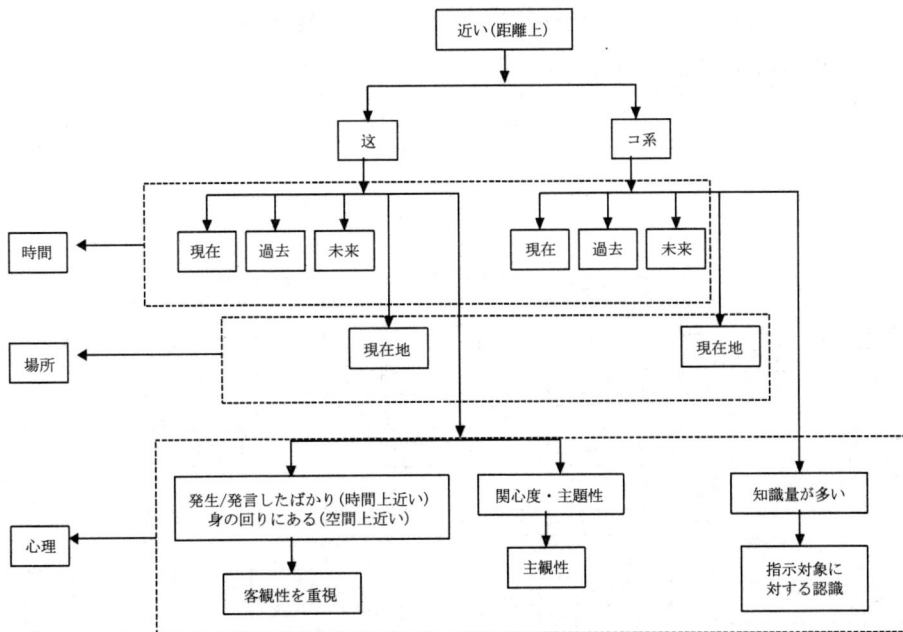

図7-11　「近」という要素の応用

②「遠い」という認識

　日本語におけるソ系・ア系遠称指示詞や中国語における"那"近称指示詞は現場指示用法において、基本的な用法は「遠い（または近くない）」ということである。また、それは文脈指示用法において、いずれも、「過去」や「現在地ではないところ」を指示することはできる。ソ系や"那"遠称指示詞は「未来」のことを指示している。それはそれぞれの基本的な用法から求められる。

　「遠い（近くない）」とは、「距離的・時間的に遠い（近くない）」（客観性が強い）、「心理的に遠い（近くない）」（主観性が強い）などの認識はある。

　ソ系：知識量が少ない、聞き手の領域・聞き手への配慮（知識量の多寡）
　"那"→話し手の主観により決まる（関心度・関わりたくないことなど）

ア系・"那"→回想（話し手だけの記憶）/共有知識

上の説は下記の図7-12で表記する。

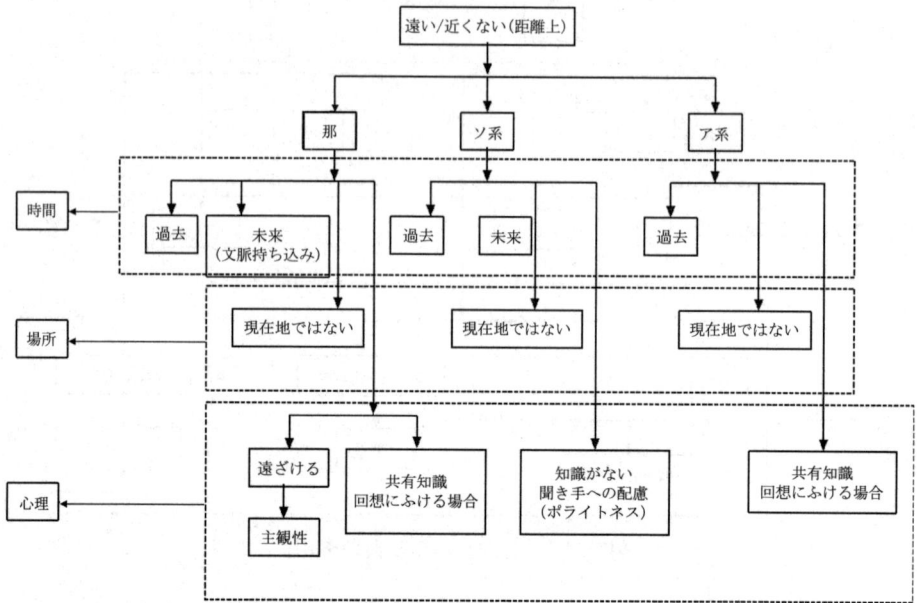

図7-12 まとめ

第八章

終章

8.1 本書のまとめ

　本研究では日中両語における文脈指示詞を研究対象として、認知言語学的アプローチを用い、日中両語における文脈指示詞に関する体系的研究である。

　本書の流れとして、まず先行研究における問題点を提示し、本研究の位置づけを取り上げ、本研究における研究方法を決めた。次に、日中両言語における文脈指示詞の使用法を明らかにした。指示詞における基本的な用法を明らかにした上で、周辺的な用法、すなわち文法化したものにも触れた。つまり、指示詞系のフィラーの用法に関する分析を行った。最後に、それぞれ指示詞の使用におけるモデルを構築し、共通の認知モデルを立てた。

　以下、本研究の各章におけるまとめについて述べる。

　第一章において、日中両言語の先行研究における問題点を明らかにした。先行研究における解釈できない例文や問題点などに基づいて、話し手の「心的構造（心的メカニズム）という認知的視点から指示詞を捉えなおすことで、新しいプロトタイプ的なモデルを提案した。つまり、指示詞の使用法はそれぞれの現場指示における「遠近」に対する認識に求められ、話し手は心内領域で指示対象をどのように捉えているのかに焦点を当てて、指示詞の使用法を明らかにした。

　第二章と第三章において、研究目的、研究方法や指示詞の概観について考察を行った。日中両語における文脈指示詞の体系的研究において、認知言語学的アプローチは不可欠な研究方法であると考えられる。

　指示詞の概観において、指示詞の定義、日中指示詞の構成体系、指示詞の分類や指示詞の機能に関して、考察を行った。本研究では、研究方法や研究内容に従い、「指示詞とは、外的世界（現場・文脈）に存在する事柄を、心内の言語構造により、言語化して指示詞の使い分けをする」というふうに定義している。また、日本語の指示詞において、「コ・ソ・ア」という形態素から、名詞、形容詞、副詞など生み出す。したがって、本書では、単に形態と意味に基づいて、コ系・ソ系・ア系指示詞という総称名称をとる。中国語の指示詞は「demonstrative pronouns」指示代名詞で使用されている。他の語彙（量詞、名詞など）と組み合わせて、使用されている。中国語の場合、日本語の指示詞との言い方と統一するために、“这”と“那”指示詞という名称を用いる。本書では、従来現場指示の使い分けの主流であった人称区分説や距離区分説を紹介し、日中両語の現場指示詞における「遠近」による認識という考え方に採用した。コ系は「話し手にとって近いと認識している」。ソ系は「話し手にとって遠いと認識している」。ア系は「話し手にとって近くないと認識している」という基本的な基準を定めた。中国語の場合、先行研究に従い、“这”は「話し手にとって近い」、“那”は「話し手にとって遠い」という基準を策定した。

　指示詞の分類に関して、各指示詞の使用法における連続性を究明するために、指示詞は現場指示と文脈指示として大きく二つ分けて分析を行った。「文脈指示」に対して、指示対象の同定の仕方により「広義文脈指示（文脈指示)」と「狭義文脈指示（記憶指示)」に下位分類する。「記憶指示」は「現場指示」より「文脈指示」との性質が近いため、「記憶指示」と「文脈指示」は同じカテゴリに入れた。

　現場指示において、「指差し」は本質で、言葉を加えた時、話し手は指示対象に対して、より詳しい説明を付け加え、聞き手もより正確に指示対象の存在場所が確認できた。

　広義文脈指示（文脈指示）は、指示対象が文脈により同定した。狭義文脈指示（記憶指示）は、指示対象が話し手の記憶や共有知識により同定した。

　中国語の指示詞における「助指」という用法は指示詞の基本的な機能が弱くなった（陳2009:31）のではなく、前方照応の下位分類として考えられる。日中両語の指示詞において、一次的には指示で、副次的に区別の機能であると考えられる。

　第四章において、日本語における文脈指示詞の使用法に関して、考察を行った。近年の先行研究において、解釈できない例文がある。日本語における文脈指示詞の使用法において、話し手が指示対象に対する知識の状態だけを判断するという二次的な用法を追求すると、正確には判断できない場合がある。よって、指示詞の使用法の研究において、より抜本的な研究方法の提案が望まれる。本章では、指示詞の使用の裏に隠れている話し手の認知メカニズムに焦点を当てて、コ・ソ・ア系指示詞の使用法を考察する。以下の結論を導いた。

1. コ系指示詞の根本的な使用法は話し手が指示対象に対する知識量と関わっている。すなわち、文脈レベルで要求される以上の知識量を持つ場合、コ系指示詞を使用する。聞き手への配慮も指示詞の使用法に影響する。それは効く場合もある（文脈レベルで要求される知識を持つ場合）が、効かない場合もある（指示対象が固有名詞の場合）。

2. ソ系指示詞の根本的な使用法は聞き手の存在を考慮しない場合では、基本的に話し手が指示対象に対する知識量と関わっている。聞き手の存在を考慮する場合、指示対象が聞き手の領域に属することや話し手は聞き手への配慮を考慮することは、ソ系指示詞も使用する。話し手は指示対象に対して、「知識を持たない」「知識を持っていない部分を強調する」「指定できない」「聞き手の領域に属す

る」「知識を持ち、聞き手を配慮する」「情報の提供の一致性が欠く」場合では、「遠い」と認識し、ソ系指示詞を使用する。

3. ア系文脈指示使用規則は話し手の文脈レベルで要求される知識に基づき、共有知識を要求するということである。共有知識を持っていない、もしくは、聞き手の知識を想定しないとした場合に、ア系が使用された場合には、聞き手は、話し手と共有する知識を見出すことを止める。したがって、双方の「共有知識」に焦点をあてたという優先性を保持する。ア系文脈指示詞の基本的用法から、相手を責めるとか、相手との距離感を縮めて一体感を表すという機能に拡張した。それはコミュニケーションの継続保持の観点から、聞き手への配慮を促した結果である。

第五章において、中国語における文脈指示詞の使用法に関して、考察を行った。"这"系現場指示詞は話し手にとって物理的に「近い」ものを指すと一般的に認識されている。"那"系現場指示詞は話し手にとって物理的に「遠い」ものを指すと一般的に認識されている。それが時間的、空間的、心理的な領域にまで拡張した。本書では、下記の結論を導いた。

1. 中国語における文脈指示詞の使用法は聞き手の知識量や聞き手の領域などと関係なく、使用される。中国語の指示詞は、我々(話し手と聞き手)の領域を形成しやすい。中国語の指示詞の使用範囲は自由度が高い。

2. 近称指示詞"这"は時間や空間に近いという判断基準は現場指示用法も文脈指示用法も強く影響を受ける。特に文脈指示用法は現場性が強い。それ以外は話し手の主観的な関与が働くことが多い。

3. 遠称指示詞"那"は時空を指示する際、「過去」や「現在地ではないところ」を指示するのは一般的である。「未来」を指示する際、文脈持ち込みが必要である。よって、時空を指示する際、現場に依

存性が高い。中国語の指示詞の使用法は自由度が高い、話し手の主観により、使い分けする場合が多い。指示対象が「話し手との関わりが少ない」「特定できない」や「知識量が少ない」場合、心理的に遠いと認識し、遠称指示詞"那"を使用している。

　第六章において、日中両語の文脈指示詞の文法化における指示詞系のフィラーに関して考察を行った。日本語の場合では、「あの（ー）、その（ー）、」という指示詞系フィラーがある一方、中国語の場合では、"这个（このー）、那个（そのー）"もある。本章では、日本語におけるフィラーに関する研究方法を用いて、中国語におけるフィラーの使用法を掘り起こす。したがって、下記の結論を導いた。

1. フィラー"这个""那个"に関する使用法は話し手の心内行動により、四つに分けられる。それぞれは「発話編集中断」と、「話題転換」「発話編集」と「文の編集」である。

2. 中国語におけるフィラーの使い分けは長期記憶・新規記憶から区別するわけではなく、中国語フィラー"这个"と"那个"は編集する内容が話し手にとって心理的に「遠近」により使い分けをする。フィラーの使用法はコンテキストにより、フィラー"这个"の使用法を決める。"这个"の使用はすべて目上の人が使用するわけではないということがわかった。

3. 指示詞"这个""那个"からフィラー"这个""那个"へと変遷していくうちに、機能語（接続詞）という中間的な機能を持つ形式が現れる。

　日中におけるフィラーの異同点はそれぞれの指示詞が持っている用法から、その異同点を生み出す。

　日中両語フィラーにおける類似点・共通点は以下のとおりである：

1. 両語とも、発話したい情報を検索し始めるマーカーとしての機能を持つ。

2. 「名前検索」や「適切な言い方検索」という両用法をもっている。

　日中における相違点は以下のとおりである：

1. 中国語のフィラー"这个・那个"は編集する内容が話し手にとって心理的に「遠近」により、使い分けする。日本語の場合は、「あのー・そのー」の用法を編集する内容がD-領域/I-領域のどちらの心的領域に属するかによって使い分けられる（大工原2005）。

2. 中国語におけるフィラーは、「発話編集中止」や「話題転換」という用法があるのに対して、日本語における「あのー・そのー」はそういう用法を持っていない。別の語に対応する。それは指示詞からフィラー"这个"へと拡張していくうちに、中間的な機能を持つ形式が現れたからである。

3. 日本語におけるフィラー「あのー」はひきつけの機能があるのに対して、中国語におけるフィラー"这个""那个"はそういう機能を持っていない。

　第七章において、日中両言語の使い分けにおけるモデル構築を行った。

　日本語文脈指示詞の使用は「話し手だけがその指示対象をよく知っている（久野1973）」かどうか、「直接的知識・間接的知識（黒田1979）」ではなく、話し手が指示対象に対する知識量と関わっていると考えられる。話し手が指示対象に対して知識量を最大に持っている場合、コ系指示詞しか使えない。また、日本語の指示詞の使用要因は一つの決め手ではなく、いろいろな要素（知識量、聞き手への配慮、聞き手の領域、知識の提供に関する責任（特定、一致性）など）に影響されている。それらを総合して、使い分けを判断する。具体的な内容は7.1における図7-8を参照されたい。

　中国語指示詞において、近称指示詞"这"は「話し手にとって近い」という現場指示用法から、「身の回りにある（空間的に近い）」「発話/発生直後（時間的に近いということを強調している）」「心理的に近

い」まで拡張した。「心理的に近い」は話し手の主観により決まる。

　遠称指示詞"那"は「話し手にとって遠い」という現場指示用法から、「身の回りにない（空間的に遠い）」「以前発話したこと（時間的に遠い）」「心理的に遠い」まで拡張してきた。具体的な内容は7.2における図7-10を参照されたい。

　本書では、以下の結論を導いた。

1. 日中現場指示用法は、距離上の「遠近」から求められる。現場指示用法の要素は話し手、（聞き手）、指示対象である。日中両言語において、指示対象までの距離により、指示詞の使い分けをする。その距離上の認識は時間、空間、心理まで拡張してきた。

2. 両言語の指示詞において、それぞれ指示詞の使用法における影響要素が異なっている。例えば、日本語文脈指示詞において、話し手が指示対象に対する知識量の多寡や聞き手への配慮（聞き手の領域に属することや聞き手の知識量が多寡など）などにより、指示詞の使い分けをする。中国語指示詞において、話し手を中心に、時空（客観性）・心理（主観性）の「遠近」により使い分けをする。

3. 中国語の指示詞"那"は日本語におけるソ系指示詞より、ア系指示詞と用法上に近い。

4. 両言語において、両方とも共有知識を指示する指示詞を持っている。

8.2　本研究の学問的意義

　本書では、話し手は指示詞の使い分けをする際、心内でどのように捉えるかを問題意識としている。指示詞のそれぞれの用法を掘り起こすという機能言語学の手法を取るのではなく、認知言語学というアプローチを用い、日中両語における文脈指示詞の使用法に関する体系を明らかにした。指示詞の使用法を分析する際、「聞き手の知識への配慮」を日本語の指示詞の意味に内包させるべきであると考えられる。すなわち、

「聞き手の知識への配慮」を指示詞の本来的な意味として必須であることが分かった。

　また、日中両語の指示詞において、それぞれは現場指示における「遠近」に対する認識は文脈指示用法にも求められる。現場指示において、指示対象がある特定の時間や空間の中で固定されて発話する。したがって、時間や場所を指示する際、両言語の類似しているところが見だされる。例えば、日本語におけるコ系近称指示詞や中国語における"这"近称指示詞はいずれも、「過去・現在・将来」や「現在地」を指示することができるということも本書で初めて言及された。また、日本語におけるソ・ア系指示詞や中国語における"那"遠称指示詞はいずれも、「現在」や「現在地」を指示することができないことも初めて明らかにした。しかし、それ以外の用法において、さらに多様性が見られるが、それはそれぞれ「遠近」に対する認知体系が異なっていることからくるものであることも明らかにした。

8.3　今後の課題

　本書では、文脈指示詞を研究対象として考察を行った。現場指示用法に関して詳しい分析を行なっていない。よって、現場指示用法を明らかにし、具体的にどのように文脈指示用法へと拡張したかを明らかにする必要があると考えられる。さらに通時的用法とその変化についても明らかにする必要があるであろう。

　スリランカのシンハラ語などの4系列の指示詞を持っている言語を考察する必要がある。2系列、3系列や4系列の類似性、相違性などを明らかにする必要がある。このような系列数の異なる言語における指示詞に共通した認知モデルを創造することで、更なる汎用性のある認知類型論モデルを掘り起こしたいと思う。

参考文献

日文文献（五十音順）

庵功 雄 (2007)，『日本語におけるテキストの結束性の研究』，くろしお.

岩田一成 (2014)「指示詞から感動詞へ：アノ（ー）・ソノ（ー）について」，『山口国文』37，山口大学人文学部国語国文学会，pp. 26-38.

上林洋子 (2000)，「固有名の意味論」，『文学部紀要』14(1)，pp. 44-53.

岡崎友子 (2010a)，『日本語指示詞の歴史的研究』，ひつじ書房.

岡野一郎 (1993)，「共有知識とコミュニケーション的行為」，『ソシオロゴス』17，pp. 44-55.

小川典子 (2008)，「日本語指示詞の認知的研究：ソ系指示詞における『聞き手』の位置づけ再考」，『言語科学論集』14，京都大学大学院人間・環境学研究科言語科学講座，pp. 57-88.

木村英樹・森山卓郎，「聞き手情報配慮と文末形式-日中両語を対照して-」，『日本語と中国語の対照研究論文集（下）』，くろしお出版，1992，pp. 3-43.

金水 敏 (1988)，「日本語における心的空間と名詞句の指示について」，『女子大文学（国文編）』第39号，pp. 1-24.

金水 敏 (1989)，「代名詞と人称」，北 原保：雄(編)，『講座：日本語と日本語教育』，第4巻，pp. 98-116. 明治書院.

金水 敏 (1991)，「伝の発話-行為と日本語の文末形式」，『神戸大学文学部紀要』，第18号，pp. 23-41.

金水 敏 (1992)，「談話管理理論からみた『たろう』」，『神戸大学文学部紀要』，第19号，pp. 41-59.

金水　敏（1999），「日本語の指示詞における直示用法と非直示用法の関係について」，『自然言語処理』6(4)，言語処理学会，pp. 67-91.

金水　敏・田窪行則（1990），「談話管理理論からみた日本語の指示詞」，『認知科学の発展vol. 3』，講談社.

金水　敏・田窪行則・木村英樹（1989），『日本語文法セルフ・マスターシリーズ4 指示詞』，くろしお出版.

金水　敏（2004），〔書評〕李　長波著『日本語指示体系の歴史』，『国語学』第55巻3号（通巻218号），pp. 1-6.

郭　玉英（2009），「日中指示詞の対照研究：『コ・ソ・ア』と『那』」，『国際文化研究』15，東北大学国際文化学会，pp. 73-83.

久野　暲（1973），「コ・ソ・ア－『日本文法研究』より」，『日本語研究資料集【第一期第七巻】指示詞』，ひつじ書房，pp. 69-73.

黒田成幸（1979），「（コ）・ソ・アについて」，『日本語研究資料集【第一期第七巻】指示詞』，ひつじ書房.

呉人　恵・芦　英順・加藤重広（2005），「指示詞の照応用法に関する日本語と中国語の対照研究」，『富山大学人文学部紀要』43（富山大学人文学部）pp. 1-22.

高　芃（ホウ）（2002），「中国語指示代詞"这"和"那"の虚化について」国際言語文化科.

高　芃（ホウ）（2006），「中国語の指示詞"那"の機能分析：観念指示という立場から」，『ことばの科学』19，名古屋大学言語文化研究会，pp. 87-98.

高　芃（ホウ）（2007），「中国語における指示詞と視点移動：文脈指示を中心に」，『多元文化』7，名古屋大学国際言語文化研究科，名古屋大学国際言語文化研究科国際多元文化専攻，pp. 119-134.

小出慶一（2006），「フィラー『このー』『そのー』『あのー』について：その由来、機能、相互関係」，埼玉大学教養学部,埼玉大学紀要（教養学部），42(2)，pp. 15-27.

小出慶一 (2007), 「フィラー『この一』『その一』『あの一』について：その由来、機能、相互関係」, 『埼玉大学紀要教養学部』42-2, 埼玉大学, pp. 15-27.

小林由紀 (2006), 「文章中の現場指示的な指示語の用法について：随筆中の『この』を中心に」, 『早稲田日本語研究』15, 早稲田大学日本語学会, pp. 1-12.

胡　俊 (2005), 「日本語と中国語の指示詞についての対照研究：現場指示の場合」, 『地域政策科学研究』2, (鹿児島大学大学院人文社会科学研究科) pp. 29-51.

胡　俊 (2006), 「日本語と中国語の指示詞についての対照研究：文脈指示用法の場合」, 『地域政策科学研究』3, 鹿児島大学大学院人文社会科学研究科, pp. 1-23.

胡　俊 (2010), 「文脈指示における日本語と中国語の指示詞についての対照研究：論説文の場合」, 『地域政策科学研究』7, 鹿児島大学大学院人文社会科学研究科, pp. 127-138.

阪田雪子 (1971), 「指示語『コ・ソ・ア』の機能について」, 『日本語研究資料集【第一期第七巻】指示詞』, ひつじ書房.

迫田久美子 (2004), 「指示詞コソアの正用と誤用」, 『月刊言語』33-11, 大修館書店, pp. 130-131.

迫田久美子 (2007), 「日本語学習者によるコソアの習得」, 『月刊言語』36-2, 大修館書店, pp. 66-73.

佐久間鼎 (1951), 「指示の場と指す語─『人称代名詞』と『コソアド』」, 『日本語研究資料集【第一期第七巻】指示詞』, ひつじ書房, pp. 32-34.

定延利之・田窪行則 (1995) 「談話における心的操作モニター機構：心的操作標識『ええと』と『あの (一)』」, 『言語研究』, 日本言語学会108, pp. 74-93.

定延利之 (2015), 「感動詞と内部状態の結びつきの明確化に向けて」, 友定賢治 (編)『感動詞の言語学』, pp. 3-14, ひつじ書房.

讃井唯允（1988），「中国語指示代名詞の語用論的再検討」『東京都立大学人文学報』198，pp. 1-19.

史　隽（2008），「文脈における日中指示詞の対照研究」，『一橋大学留学生センター紀要』11，一橋大学留学生センター，pp. 65-77.

鈴木進一（2009），「明治以降における日本語指示詞研究の歴史」，『人文研究』168，神奈川大学人文学会，pp. 189-237.

大工原勇人（2008），「指示詞系フィラー『あの（一）』・『その（一）』の用法」，『日本語教育』138，pp. 80-89.

大工原勇人（2008），「指示詞系フィラー：アノ（一）・ソノ（一）について」，『日本語教育』138，pp. 53-62.

大工原勇人（2010）「日本語教育におけるフィラーの指導のための基礎的研究-フィラーの定義と個々の形式の使い分けについて-」博士論文，神戸大学大学院国際文化学研究科.

田窪行則・木村英樹（1992），「中国語，日本語，英語，フランス語における三人称代名詞の対照研究」，河内康憲（編）『日本語と中国語の対照研究論文 集（上）』，137-152.くろしお出版.

田窪行則・金水敏（1996），「対話と共有知識—談話管理理論の立場から—」，『言語』Vol. 25，No. 1，pp. 30-39，大修館書店.

田窪行則・金水敏（1996），「複数の心的領域における談話管理」，『認知科学』Vol. 3，No. 3，pp. 59-74，日本認知科学会.

田窪行則・金水敏（1997），「応答詞 感動詞の談話的機能」，『文法と音声』，pp. 257-279，くろしお出版.

田窪行則（1992）「談話管理の標識について」，『文化言語学—その提言と建設—』，pp. 1097-1110，三省堂.

田窪行則（1995）「音声言語の言語学的モテルをめざして-音声対話管理標識を中心に-」，『情報処理』36-11，pp. 1020-1026，情報処理学会.

田窪行則（2005），「感動詞の言語学的位置づけ」，『言語』34-11，pp. 14-21，大修館書店.

竹内直也（2011），「『そして』『そうして』『それから』の意味機能：置き換えから見た機能の相違」，『學習院大學國語國文學會誌』，學習院大學文學部国語国文學會，pp. 90-79.

建石　始（2005），「談話的機能の観点から見た後方照応」，『日本語教育』124，日本語教育学会，pp. 33-42.

新村朋美（2006），「日本語と英語の空間認識の違い」，『月刊言語』35-5，大修館書店，pp. 35-43.

単　娜（2009），「中国語を母語とする学習者の指示詞コソアの習得に関する研究：ダイクシスと照応を統合したモデルによる分析」，『言語文化と日本語教育』37，お茶ノ水女子大学日本言語文化学研究会，pp. 11-20.

陳　海涛（2016a），「ア系文脈指示詞と聞き手の存在認知に関する研究」，『九州大学・芸術工学研究』Vol. 24，pp1-12.

陳　海涛（2016b），「中国語におけるフィラー"那个"の使用における心的モニターの構造とその由来」，『日中言語対照研究論集・第18号』，pp180-199，白帝社.

陳　海涛（2016c），「中国語フィラー"那个"の使用法における心的容量に関する認知研究」，『第39号国際連語論』国際連語学会，pp67-76.

陳　海涛（2018），「日本語コ系文脈指示詞の使用法における影響要素に関する研究」，『九州大学・芸術工学研究』VOL.26/27，pp：1-14.

陳　海涛（2017b），「ソ系文脈指示詞の使用法における認知モデルの構築−指示詞の使用における影響要素を中心に−」，『ことばの研究科学・第18号』，pp：75-100.

陳　海涛（2017c），「中国語におけるフィラー"这个"の使用法に関する考察−日本語におけるフィラー『その（一）』と比較対照して−」，『日本语言文化研究第六辑』，pp：75-81.

陳　海涛（2017d），「中国語フィラー"那个"の使用法に関する認知研究-言語検索を中心に-」，『連語論研究・第41号』，国際連語論学会pp：79-88.

陳　海涛（2017e），「中国語フィラー"这个"の使用法の分類に関する考察」，『人間生活文化研究・27』.

陳　海涛（2017f），「コ・ソ・ア系文脈指示詞における時間・空間上の応用」，『日本中部言語学会vol. 25』，日本中部言語学会pp：53-70.

陳　海涛（2019），「コ・ソ・ア系文脈指示詞の使い分けに関する研究-知識量との関連性を中心に-」、『言語の研究-言語学、日本語学、日本語教育、言語コミュニケーション学からの視座』、花書院　pp：137-155.

堤　良一（1998），「文脈指示における『その/この』の言い換えについて」，『日本語・日本文化研究』8，大阪外国語大学.

堤　良一（2012），『現代日本語指示詞の総合的研究』，pp. 192-218，ココ出版.

堤　良一（2010a），「談話中に現れる間投詞アノ（ー）・ソノ（ー）の使い分けについて」，『古代・現代語の指示詞における総合的研究』平成21年度科学研究費補助金基盤研究（C）研究成果報告書，研究代表者：岡崎友子（就実大学人文科学部）pp. 52-73.（堤2008再録）

堤　良一（2010b），「プロフィシエンシー研究と言語研究の接点-間投詞アノ・ソノの考察を通して-」，『古代・現代語の指示詞における総合的研究』，平成21年度科学研究費補助金基盤研究（C）研究成果報告書，研究代表者：岡崎友子（就実大学人文科学部）pp. 74-89.（堤2009再録）

東郷雄二（2000），「談話モデルと日本語の指示詞コ・ソ・ア」，『京都大学総合人間学部紀要』7，京都大学総合人間学部，pp. 27-46.

西山猛（2014），『漢語史における指示詞と人称詞』，好文出版.

服部四郎（1968），「コレ・ソレ・アレとthis，that」，『日本語研究資料集【第一期第七巻】指示詞』，ひつじ書房.

福島祥行（2004），「冠詞・指示・知識―相互知識のパラドクスと相互行為―」，『森本英夫先生古希記念『周辺』『TLLMF』合併号』，シメール社，pp. 61-74.

堀口和吉（1978），「指示語の表現性」『日本語・日本文化』8，大阪外国語大学，pp. 23-44.

前田昭彦（2005），「ア系指示詞と聞き手の知識」，『長崎大学留学生センター紀要』13，長崎大学留学生センター，pp. 49-73.

松岡洸司（1997），「感動詞における研究史と位置づけ」，『上智大学国文学科紀要』14，pp. 31-50，上智大学国文学科.

三上 章（1970），「コソアト抄―『文法小論集』より一部」，『日本語研究資料集【第一期第七巻】指示詞』，ひつじ書房，pp. 35-37.

山根智恵（2002），『日本語の談話におけるフィラー』，くろし出版.

吉本 啓（1992），「日本語の指示詞コソアの体系」，『日本語研究資料集【第一期第七巻】指示詞』，ひつじ書房，pp. 105-123.

劉 驫（2012），「日本語と中国語の文脈指示詞の対立型と融合型：談話モデルによる分析をもとに」，『京都大学大学院人間環境学研究科』第21号.

梁 慧（1986），「『コ・ソ・ア』と『这・那』―日本語・中国語の比較対照研究―」『都立大学方言学会報』116，pp. 9-18.

中国語文献

陈玉洁（2010），《汉语指示词的类型学研究》，中国社会科学出版社.

方梅（2002），指示词"这"和"那"在北京话中的语法化.《中国语文》04期，pp343-383.

高顺全（2004），《三个平面语法研究》，学林出版社，pp64-81.

郭风岚（2009），北京话话语标记"这个"、"那个"的社会语言学分析.《中国语文》05期，pp429-437.

何继军（2011），《祖堂集》"这者""那"的指示功能及虚化轨迹.《语文研究》02期，pp55-60. 胡邦岳（2021），"这"和"那"的冠词化.《汉语学习》01期，pp36-46.

吕叔湘（1955），《汉语语法论文集》，科学出版社，pp177-187.

吕叔湘（1980），《现代汉语八百词》，商务印书馆，pp351-361，584-594.

吕叔湘（1985），（江蓝生补）《近代汉语指代词》，学林出版社，pp182-245.

吕叔湘（1992），《吕叔湘文集》，商务印书馆.

许家金（2008），汉语自然会话中话语标记"那（个）"的功能分析.《语言科学》（1），pp. 49-57.

张伯江　方梅（1996），《指示功能语法研究》，江西教育出版社，pp155-162.

张秋行（2020），"这""那"在汉语关系从句中不对称分布的篇章功能解释.《外语教学》04期，pp36-40.

石毓智（2011），《语法化理论-基于汉语发展的历史》，上海外语教育出版社.

殷树林（2009），话语标记"这个"、"那个"的语法化和使用的影响要素.《外语学刊》04期，pp92-96.

英語文献

Holger Diessel (1999), Demonsrratives: Form, Function, and Grammaticalization (Typological Studies in Language) John Benjamins Pub Co.

Lakoff, G. 1987. Woman, Fire, and Dangerous Things. Chicago and London: The University Of Chicago Press（池上嘉彦訳（1993）.『認知意味論』紀伊國屋書店）.

あとがき

　多くの方々の貴重なご助言や懇切なご指導をいただいたおかげでこの研究を遂行することができました。

　まず、博士課程在籍中、終始暖かく見守りご指導くださった指導教員・主査の板橋義三先生（九州大学）に言葉に尽くし切れない感謝の意を申し上げます。この四年間、先生は面談に際していつも、優しい励ましや多くの貴重なコメントをくださいました。そのお陰で、私は論文を順調に進めることができました。先生はいつも学生たちに創造的な思考法を鍛えさせ、分析力を養うことを大事にしています。中国の大学の修士課程では、文学専攻で、博士に入ってから言語学へ転身しました。4年間未満で博士号の学位が取得できたのは、ひとえに先生のご指導やご教育方針の賜物です。また、先生から勉学面のみならず、多方面に渡り、多くの示唆に富むお言葉や発想のヒントをいただいたことは、人生の貴重な宝物です。

　学位論文の審査に際しては、副査を担当してくださった西山猛先生（九州大学大学院言語文化研究院）並びに矢向正人先生（九州大学本学府）から的確かつ貴重なご助言を賜りました。西山先生には今後の研究内容（朝鮮語を分析することが重要であること）などに関して、矢向先生には「知識・情報」に関して、貴重なご指摘をいただきました。心より御礼申し上げます。

　ご多忙な中にもかかわらず、快く論文の審査を引き受けてくださったことに、改めて心より感謝申し上げます。先生方々のお陰で、より精緻な論文に仕上げることができました。

　さらに、この場を借りて、貴重なご助言などをいただいた先生方々や板橋研究室の皆様に感謝の意を申しあげます。宋協毅先生（大連大学）を始め、林楽常先生（大連大学）、李慶祥先生（中国海洋大学）、鄭泰暎先生（韓国　東明大学）、杉村泰先生（名古屋大学）、劉驫先生（九州大学大学院言語文化研究院）、王慶先生（九州外国語学院）、謝新平先生（上海海事大学）には叱咤激励して頂き、また、劉挺松氏、許安氏、曹銀敬氏、相馬実華氏などにご助言等も頂きつつ、温かく見守って下さり、この場を借りて、ご深甚の謝意を表します。

　本書のネイティブチェックをお願いした村上康子さんには快く引き受けてくださったと同時に、貴重な時間をさいていただいたことにも心より感謝いたします。

　また、研究を進めるにあたり、ご支援、ご協力を頂きながら、ここにお名前を記すことが出来なかった多くの方々に対しても心より感謝申しあげます。

　今まで、常に励まし、支えてくれた祖母、両親、夫、弟などにも感謝の意を表します。私のことをずっと可愛がってくれた、もう既に天国に召された祖父は私が学位を取得したことが知り、喜んでくれていると思っています。これまで本当にありがとうございます。

　これまで、多くの方々に支えられながら、博士論文を完成させることができました。今後も「初心を忘れずに」精進して参ります。誠にありがとうございました。

2021.06

陳海涛